This is a Simplified Chinese edition of the following title published by Cambridge University Press:

Libertas as a Political Idea at Rome during the Late Republic and Early Principate
ISBN 978-0-521-04468-4

© Cambridge University Press 1968

This Simplified Chinese edition for the People's Republic of China (excluding Hong Kong, Macau and Taiwan) is published by arrangement with the Press Syndicate of the University of Cambridge, Cambridge, United Kingdom.

© SDX Joint Publishing Company 2024

This Simplified Chinese edition is authorized for sale in the People's Republic of China (excluding Hong Kong, Macau and Taiwan) only. Unauthorised export of this Simplified Chinese edition is a violation of the Copyright Act. No part of this publication may be reproduced or distributed by any means, or stored in a database or retrieval system, without the prior written permission of Cambridge University Press and SDX Joint Publishing Company.

Copies of this book sold without a Cambridge University Press sticker on the cover are unauthorized and illegal.

本书封面贴有Cambridge University Press防伪标签，无标签者不得销售。

Libertas as a Political Idea at Rome during
the Late Republic and Early Principate
CH. Wirszubski

罗马政治观念中的自由

[以色列] 维尔苏斯基 著

何 涛 译

生活·讀書·新知 三联书店

Simplified Chinese Copyright © 2024 by SDX Joint Publishing Company.
All Rights Reserved.

本作品简体中文版权由生活·读书·新知三联书店所有。
未经许可，不得翻印。

图书在版编目（CIP）数据

罗马政治观念中的自由／（以）维尔苏斯基著；何涛译．—北京：生活·读书·新知三联书店，2024.7
（现代世界）
ISBN 978-7-108-07804-9

Ⅰ.①罗…　Ⅱ.①维…②何…　Ⅲ.①自由观－研究－古罗马　Ⅳ.①D081

中国国家版本馆CIP数据核字(2024)第055660号

责任编辑　王晨晨
装帧设计　薛　宇
责任校对　曹秋月
责任印制　卢　岳

出版发行　生活·讀書·新知三联书店
　　　　　（北京市东城区美术馆东街22号 100010）

网　　址　www.sdxjpc.com
经　　销　新华书店
印　　刷　北京新华印刷有限公司
版　　次　2024年7月北京第1版
　　　　　2024年7月北京第1次印刷
开　　本　880毫米×1230毫米　1/32　印张7.5
字　　数　168千字
印　　数　0,001-5,000册
定　　价　45.00元

（印装查询：01064002715；邮购查询：01084010542）

现代世界
总　序

　　不同人类群体在时间和空间上发展的多种文明，共存在同一个世界秩序中，并借助这一秩序相互理解，这是人类前所未有的经验。此前，各种世界秩序的基本框架，都依据单一文明或主体文明的历史视角与空间逻辑构成，其他文明被视为非文明的野蛮形态或反文明的敌对形态。虽然任何世界秩序在建立生活理想与政治、经济、文化形态时，都不得不考虑文明的差异与分歧，但等级制和排斥的逻辑仍然是这些世界秩序处理其他文明的主要方式。不同世界秩序之间始终存在经济或文化上的往来，也有地缘政治的摩擦甚至竞争，甚至一个世界秩序会完全取代另一世界秩序，容纳或消化后者的文明因素作为自己的一部分，文明与秩序跌宕起伏的命运，在今天，都被重新理解为现代世界秩序的史前史。现代世界是人类文明共存与相互理解的一个新阶段。

　　现代世界的复杂构成、漫长演进和多元谱系，是现代学术面临的核心问题。现代学术是现代世界理念的重要来源。一个文明进入现代世界，首要的任务，是建立该文明与其他文明在现代世界的共存关系。无论是比较历史语文学的批评方法、哲学和科学的新体系，还是社会科学的经验途径与田野实践，作为现代学术的核心，都有深刻的文明动机与丰富的世界意涵，成为现代世界观察与理解各种文明形态的主要范式。但由于现代学术的推进往往依托现代文化与政治的各项制度（特别是现代大学的研究体制），在现代学术的实际发展中，大多数文明，仍然只是作为研究素材，以博物馆或田野的方式被纳入现代世界的思想秩序中。现代学术构建的现代世界秩序，往往发端于学术制度背后的政治与文化的母体，这一母体的文明理想，在很大程度上被直接充当现代世界的理念，而现代学术有意或无意地借助这一文明的思想图景，通过泛化和宽容的方式，将其他文明作为对象文明纳入现代世界的秩序中。现代学术的世界秩序理念，仍然很大程度上囿于实际研究中主体文明与对象文明的经验对立，从而限制了进入现代世界的诸多文明自身的思想成熟。"二战"以来的多元文化视野、全球视角和本土化努力，并未在整体上改变现代世界在理念上的这一矛盾处境。现代学术所承诺的世界秩序，在思想上，仍然是未完成的。勇敢地运用文明中的理性与情感的力量，推动各文明激活自身传统的生命力，在现代世界中实现思想成熟，仍然是现代学术的根本课题。

现代世界的学术所面临的文明处境与思想挑战，需要长期系统的建设性工作。现代世界的形成，是一个长时段的历史进程。只有超越现代化的短期视角，超越从中世纪晚期开始直至17、18世纪西欧文明的"古今之争"，甚至突破来自现代学术的主体文明对古典-中世纪与现代的划分以及尚待反省的理论预设，才能更好地理解各种文明在漫长的历史进程中如何以不同方式进入现代性的世界秩序。而要把握现代世界秩序的形态，需要跨越现行学术体制的学科界限，综合政治、法律、经济和社会的视角，兼顾制度与思想的维度。"现代世界"丛书希望从翻译入手，在丰富现代中国思想的学术资源的同时，开辟更为宽广的思想空间，为探索现代世界的理念进行学术上的积淀与准备。

李　猛

2019年9月

罗马政治观念中的自由

LIBERTAS AS A POLITICAL IDEA AT ROME DURING THE LATE REPUBLIC AND EARLY PRINCIPATE

献给我的妻子

目 录

译者前言 | i
序 言 | v

绪 论 | 1
第一章 自由的基本特征 | 8
第二章 内斗：贵族派与平民派 | 37
第三章 传统政体的衰落 | 77
第四章 奥古斯都元首制与自由的关系 | 114
第五章 元首制与自由：两个长期不能并存之物 | 145

参考文献 | 203
索 引 | 209

译者前言

《罗马政治观念中的自由》是一部关于罗马政治思想与政治制度的经典著作。该书作者哈依姆·维尔苏斯基（Chaim Wirszubski，1915—1977），中国读者可能比较陌生，这里有必要对他的生平与著作进行简要介绍。

维尔苏斯基是一名犹太人，1915年出生在今天立陶宛的维尔纽斯。1933年前后，他移居到巴勒斯坦地区生活、学习。后来在英国文化教育协会的资助下，维尔苏斯基前往剑桥大学攻读博士学位，毕业后回到耶路撒冷希伯来大学任教，主要讲授古典学。维尔苏斯基的主要学术成果是将斯宾诺莎的名著《神学政治论》翻译为希伯来语，并且添加了详细的注释，他还为希伯来语版的塔西佗《编年史》撰写了导论。晚年的维尔苏斯基专注于犹太教神秘主义哲学卡巴拉，尤其是对文艺复兴时期的传奇人物、神秘主义哲学家皮科·米兰多拉（Pico della Mirandola，1463—1494）进行了深入研究。他关于皮科的遗作在1989年出版，受到该领域学者的广泛赞誉。

《罗马政治观念中的自由》最初是维尔苏斯基1946年在

剑桥大学完成的博士论文。经过略微增改后，于1950年由剑桥大学出版社正式出版。虽然作者曾在序言中谦虚地表示，自己作为非英语母语的研究者存在诸多不便，但实际上他的文笔非常清晰典雅。而通晓多门语言这一优势又使他可以直接阅读和征引包括诗歌、戏剧、铭文在内的大量拉丁语和古希腊语文献。该书出版之后旋即成为罗马政治思想与制度研究领域的必读经典，多次再版并被译为德语、法语，影响深远。仅举一例，剑桥学派的思想史与共和主义研究大师昆廷·斯金纳的名著《自由主义之前的自由》，其中对罗马自由观的论述主要参考的就是维尔苏斯基的著作。

  自由，无疑是西方历史上最重要，同时也是被误解最多、争论最多的观念。当代的自由支持者和批评者为了论辩的目的，常常试图挖掘自由在古典时期的内涵与特质。但其中许多研究，又难免犯下了用今天的视角来"刻舟求剑"的错误。维尔苏斯基这本经典之作的优点，恰恰在于尽最大可能悬置现代人的偏见，完全从古罗马的法律、制度和文本出发，探查当时的罗马人究竟如何理解自由。至于我们现代人是喜欢还是反感这种自由，则属于另外一回事了。

  于是，他条分缕析地向我们阐明，罗马人认为自由首先是一种公民身份，也就是奴隶身份的对立面。自由绝非一种天赋权利，而是罗马法律所赋予的公民权利的总和。自由是主张自己应有之物的权利，也是尊重他人所有之物的义务。自由与放纵完全不同，只有在法治的前提之下，人们才能享有真正的自由，正如西塞罗的名言所说——"为了可能得到自由，我们只能做法律的奴仆"。而要实现真正的法治，既要有强大的权力在必要时执行法律，又要能有效防止掌权者滥用权力。于是，罗马人的自由最终依赖的是一种建立在人民、官员与元老院三者之间恰当分配权力的机制，即共和制。维尔苏斯基对罗马自由观念的考察，实际上也是对罗马共和制的系统分析。他细致分析了元老院、保民官、平民大会、土地法、投票法、元老院终极决议、非常规权力等具体的制度设计。因为在罗马人看来，优良的制度才是确立和维持自由的工具，是"自由的堡垒"。

自由随着共和制的建立而产生，最终也随着共和制的衰落而消亡。维尔苏斯基这本书的另一个主题就是从宪制变迁的角度，考察罗马人失去自由的过程与原因。其中的关键阶段，正是从共和制末期到元首制初期。在他看来，这一时期的一些贵族为了追求所谓的高人一等的尊严，不惜用破坏传统共和制的手段来相互争斗，结果让罗马陷入了持续的动荡直至恐怖的内战。当罗马人民最终发现古老的共和制难以恢复法律与秩序时，他们转向求助掌握所有权力的元首来实现持久的和平。维尔苏斯基在结尾部分用冷峻的笔触告诉我们，虽然元首们表面上也常常尊重甚至称赞自由，但由于作为自由之基础的法治实际上已经被元首的意志取代了，因此这时的自由只是一种随时可以撤回的恩赐，失去了它的本质属性。也正是到了这个时期，罗马社会才流行起了斯多葛主义式的对自由的新理解——个人的自由意志与直面痛苦的勇气。

台湾"中研院"历史语言研究所研究员、罗马史专家邢义田先生，曾选译了该书的第一章，将它作为一份特殊礼物，恭贺其恩师林毓生先生七十寿诞，一时间传为学界佳话。该译文2005年以《古代罗马政治概念中的自由》为题，收入丘慧芬先生主编、允晨文化出版的《自由主义与人文传统：林毓生先生七秩寿庆论文集》，让中文读者终得一瞥维尔苏斯基研究的精华。

然而，这样一本经典著作长期以来未能被完整引入中文学界，着实令人遗憾。幸得三联书店与北京大学李猛老师慧眼识珠，精心策划"现代世界"丛书并将其收入。天津师范大学刘训练教授热情推荐我承担翻译工作，在翻译过程中，又承蒙好友山东大学张新刚教授指点多处古希腊语引文。上海师范大学人文学院的熊莹老师针对书中引用的拉丁文提出了很多宝贵的翻译建议。责任编辑王晨晨老师的高效与细心让本书得以顺利出版，在此向他们一并表示诚挚的感谢。最后，因本人学力所限，译文肯定存在不足之处，敬请学界同人和读者朋友们批评指正。

何　涛

2023 年秋于京西寓所

序　言

本研究是我 1946 年提交给剑桥大学的博士学位论文的修改版。目前这个版本，除了一些细微的增补之外，主要是第五章增加了一节内容——"自由对塔西佗意味着什么？"。这项研究最初是在剑桥大学爱德考克教授指导下写作的。当然，文中的不足之处与不当观点都由我个人负责。不过，如果没有爱德考克教授充满启发的批评与极其宝贵的建议，文中的不足会更严重，观点也会更模糊。没有他的鼓励和指导，我也无法用非母语的英语来进行写作。为此，我要向他表示诚挚的谢意。我也要感谢英国文化教育协会提供的奖学金，使我能够在剑桥大学进行学习。

维尔苏斯基
耶路撒冷
1947 年 4 月

绪　论

1. 自由：一种公民权利

自由（freedom）是一个含义有些模糊的观念。它包括两种不同的意思："免于什么的自由"（freedom from），以及"做什么的自由"（freedom to），而且这两者都只能宽泛地加以界定。拉丁文的"自由"（libertas）一词也是如此。Libertas 主要指的是一种自由人（liber）的身份，也就是说他不是一个奴隶。[1] 这既表明他不受奴隶身份的各种限制，也明确了他可以从自由的身份中获益。鉴于这种双重含义，如果首先说明自由的对立面奴隶身份，或许可以更容易理解自由。

抛开细节讨论，罗马法上奴隶制的主要特征为[2]：奴隶制是罗马的一项法律制度，指的是一个人受到另一个人的支配

---

[1] 参见 Th. Mommsen, *Römisches Staatsrecht*, Ⅲ, p. 62。
[2] 该主题的完整讨论，参见 W. W. Buckland, *The Roman Law of Slavery*（1908）（＝Slavery）, pp. 1 ff.; Id. *A Text-Book of Roman Law*（1921）（＝Text-Book）, pp. 62 ff.。

（dominium）。[3]奴隶几乎没有任何权利，无权拥有财产或者做任何事情，也不能承担任何责任。[4]一个奴隶总是"在权力之下"并且"受他人监护"。[5]因此一般说来，奴隶身份指的就是没有权利并且受到支配。

基于奴隶制的这些特征，"自权人"（persona sui iuris）指的就是一种完全拥有人身自由的状态。这意味着他拥有自己的权利，并且只有当一个人不服从他人的支配（或者父家长权）时才是可能的。因此，自由的含义就是拥有权利的能力，以及不存在服从关系。显然，自由的积极方面与消极方面尽管可以从理论上加以区别，本质上却相互依存。[6]

自由的消极面，就像任何其他消极性的概念一样，是自我定义的（尽管必然不是一种完美的定义）。另一方面，从积极面来界定自由存在一些问题。因为，如果自由的积极面意味着享受自身某些权利的能力，就会产生两个疑问：第一，这种能力来自何处？是与生俱来的，还是后来获得的？第二，自由所包含的这些权利，它们的特征与范围如何？为了回答这些疑问，我们必须探查自由的性质与基础。可以先从《学说汇纂》（Digest）中的自由定义说起。

"自由就是每个人可以做他喜欢做的事情的自然能力，但是那些由于强力或者法律禁止的事情除外。奴隶制是万民法的一项

---

[3] *Gai Inst.* I, 52; *Inst.* I, 3, 2; *Dig.* I, 5, 4, 1.
[4] Servile caput nullum ius habet（奴隶没有任何权利）。参见 Paulus, *Dig.* IV, 5, 3, 1。对比 *Inst.* I, 16, 4; *Dig.* L, 17, 22 pr.; XXVIII, 8, 1 pr.。另见 Buckland, *Slavery*, p. 3。
[5] *Gai Inst.* I, 48-52＝*Inst.* I, 8 pr. sq.＝*Dig.* I, 6, 1 pr. sq.
[6] "受他人的支配"，这个事实即造成一个自由人丧失一切权利与责任。另一方面，"从支配中脱离"（也就是释放奴隶），这个事实即造成一个奴隶获得权利与责任。

制度，一个人因而有违自然地，受到他人的支配。"[7]根据这个定义，如果自由是一种自然能力，那么每个人最初都是自由的；并且，由于奴隶制与自然相反，也就意味着自由是每个人与生俱来的自然权利。[8]不过，这样的自由观念虽然高尚，在共和时期与元首制初期，却不是罗马法原有的观念。[9]那时普遍流行的自由与奴役的理论，可以从法律实践中推断出来。从不只授予"释放奴"自由，还有罗马公民身份的特殊制度中，或许可以看得最清楚。这项制度不是来源于罗马人的宽宏大度。[10]如果释奴仅仅意味着从主人的权力中解放出来，那么这个奴隶就只是变成了一个无主物（res nullius），而不是一个自由人。因为获得自由意味着成为公民集体的一员。[11]一个罗马公民如果变成奴隶，就

---

[7] Dig. I, 5, 4 pr. 对比 Dig. I, 1, 4 与 XII, 6, 64。由于"自然"这个词可能是后人插入的，我们目前在《学说汇纂》中所看到的定义，应该是原作者弗洛伦丁（Florentinus）之后别人的手笔。弗洛伦丁是公元2世纪末3世纪初的一位法学家。对比 F. Schulz, *Prinzipien des römischen Rechts*, Munich, 1924, p. 95 n. 2。

[8] Buckland, *Text-Book*, p. 62. 巴克兰解释这个定义指的是，自由（liberty）取决于主体免受其低级本性限制的内在自由（freedom）。但是按照解释的话，就很难说明为什么受他人支配意味着 contra naturam，即有违自然。

[9] 这种自由观念源于自然法，是帝制时期的产物（西塞罗除外）。参见 Buckland, *Text-Book*, pp. VI and 52 f.。值得注意的是，盖尤斯（公元2世纪）认为主人对奴隶的权力属于万民法上的制度，但并不违背自然。参见 *Inst.* I, 52。

[10] 参见 Cic. *Pro Balbo*, 24; Ulp. *Reg.* I, 6; *Dig.* XXXVIII, 2, 1 pr.。将罗马公民身份正式授予释放奴，在共和时期不受什么限制。参见 Buckland, *Slavery*, pp. 444 f. 相关限制产生于公元2年的《艾里亚和森迪亚法》（Lex Aelia Sentia）。非正式的释放奴，在被视为法律上的奴隶时，仍享有事实上的自由。参见 Tac. *Ann.* XIII, 27, 4：所有那些尚未从保护人的棍棒下解放出来的人，仍然受到奴隶制的束缚。还可对比 Buckland, *Slavery*, p. 445。妥协的结果是创造了所谓"无参政权的拉丁身份"（Latini Iuniani）。关于《尤尼亚法》（Lex Iunia）的产生时代，参见 Buckland, *Slavery*, pp. 534 f.; *C.A.H.* vol. X, p. 888 ff.。关于释奴制的新近讨论，参见 D. Daube, Two Early Patterns of Manumission, *J.R.S.* XXXVI（1946）, pp. 57 ff.。

[11] 参见 Buckland, *Slavery*, p. 136 n. 4, p. 439; *Text-Book*, p. 73. 对比 Daube, *op. cit.* p. 62。

被排除在任何政治组织之外,并且丧失一切人身与政治权利。[12]相反,一个"因为某人的意愿或者遗嘱"而获得释放的奴隶,被承认了罗马公民身份,也就获得了完全的自由。

从外邦人在罗马的地位也可以看出这种自由的公民特质。罗马只承认并且保护那些来自与罗马有条约关系的邦国公民的自由。所有其他外邦人,虽然不一定被视为事实上的奴隶,但当他们处于罗马境内时,在法律上属于一种"无主奴隶"(servus sine domino)的地位。这意味着他们被认为没有任何权利。如果他们的自由遭到剥夺,罗马当局也不会提供保护。[13]

因此很明显,罗马人认为自由是一种后天获得的公民权利,而非一种天赋人权。

2. 自由与公民身份

我们现在必须考察一下自由的范围。在罗马,并且对罗马人而言,完全的自由与公民身份在范围上是相同的。一个罗马人的自由与他的公民身份指的是同样的事情,只是立足点和侧重面有所区别:自由首先指的是个人就其本身而言的一种地位,而公民身份主要指的是个人相对于共同体来说的地位。[14]只有罗马公民,才完全享有那些构成了自由的人身权利与政治权利。

所谓的"人格中变更"(Capitis Deminutio Media),即一

---

[12] 即所谓的"人格大变更"(Capitis Deminutio Maxima)。
[13] 参见 Th. Mommsen, Bürgerlicher und peregrinischer Freiheitsschutz im römischen Staat, *Juristische Abhandlungen*, *Festgabe fuer Georg Beseler* (1885), pp. 255, 263; id. *Staatsrecht* III, pp. 590 f., 596, 598 f.; 以及 E. Schönbauer, *Z. Sav. St. Rom. Abt.* XLIX (1929), p. 371。
[14] 参见 Mommsen, *Freiheitsschutz*, p. 255。

个罗马人丧失了公民身份但保有自由，[15]并不与上述结论相悖。因为"人格中变更"是指由于取得了另一种公民身份，从而失去罗马公民身份。[16]此外，丧失公民身份之后所保有的自由，已经在性质上区别于他原来享有的自由。因为"基于罗马法的自由"，是涉及公法与私法两方面的自由，而一个没有罗马公民身份的人的自由，只涉及私法方面。

如果说一个罗马人的自由是由其公民身份所决定的，那么一个罗马公民拥有的全部自由，就取决于罗马国家的整个政治结构。在罗马，公民的自由与国家自身的自由，事实上只是同一事物的不同侧面。因此，"罗马公民的自由"或者说"基于罗马法的自由"，就必须定义为"罗马人民基于法律的自由"。

3. 罗马人民的自由

这里所说的"人民或者国家的自由"，是指以下两种含义：

（1）主权独立与自主，[17]其突出特征是"拥有自己的法律"（suae leges），[18]相当于希腊语的自主自治（*autonomia*）。与"自由的人民"（populus liber）相对的是"纳贡的人民或臣属的人

---

[15] *Gai Inst.* Ⅰ, 161; *Inst.* Ⅰ, 16, 2; Ulp. *Reg.* Ⅱ, 12.

[16] 文法学家费斯都斯（Festus）写下的变更（deminutus）条目是：所谓变更，是指一个人改变了他归属的国家（ed. Lindsay, p. 61）。蒙森曾指出，改变国籍（mutatio soli）的通常结果就是丧失公民身份，参见 Mommsen, *Staatsrecht* Ⅲ, 42 f.。

[17] 罗马在对东方的外交政策中，关于自由与独立的实际解释，参见 A. H. M. Jones, Civitates Liberae et Immunes in the East, *Anatolian Studies presented to W. H. Buckler*, Manchester, 1939, pp. 103 ff.。另见 M. Grant, *From* Imperium *to* Auctoritas, Cambridge, 1946, pp. 338 ff., 346 ff., 401 ff.。

[18] 迦太基是自由的，有自己的法律，Livy ⅩⅩⅩⅦ, 54, 26；迦太基人自由、独立，拥有自己的法律，ⅩⅩⅩⅢ, 32, 5。

民"（populus stipendiarius or subjectus）。[19] 本研究无须处理这方面的自由，因为在涉及的时期里罗马的独立自主完全不成问题。

（2）共和政体。在这一点上，与自由相对的是王政。王政就其本意，指的是绝对君主制。[20] 国王与人民之间的关系，被类比为主人与奴隶的关系。因此，君主制也被称为"主人的统治"（dominatio），臣民就是君主的奴隶。一个国家所享有的自由，从消极方面来说指的就是不存在"主人"；正如一个人所享受的自由，从消极方面来说指的就是不受他人"主宰"。然而，与个人的情况一样，消极方面的国家自由，并不构成自由的全部。塔西佗在讲到亚美尼亚人时，表达了罗马人一种根深蒂固的观念。这些亚美尼亚人驱逐了自己的女王之后，"彷徨不定，人心分散，无人统治，但并不自由"。[21] 因为，仅仅推翻了主人，最终很可能陷入无政府状态。相反，那些建立在积极制度基础上的各种权利，才构成了自由。

罗马人认为自己是从废除王政后获得了自由，并且将自由与国家的共和制视为一体。[22] "罗马人民的共和"，实际上就是

---

[19] 参见 Jones, *loc. cit.*。

[20] 当波尔塞那（Porsenna）派遣使者到罗马，要求塔尔昆国王复辟时（这种要求显然违背了罗马人的自由），罗马人的回应是："罗马人民再也不受国王的统治了，他们是自由的。他们决定大门就算是向敌人打开，也不会向国王打开。他们在以下祷词中团结一致——城市中的自由终结之日，即为城市本身的终结。"参见 Livy Ⅱ, 15, 3。这段话反映了一种典型的对待君主制的共和态度。"王政"这个有些宽泛的术语，在用来进行政治谴责时，意指的是主人的统治而非君主制。参见本书 p. 62 以下的讨论。（指原文页码，即本书边码。——编者注）

[21] *Ann.* Ⅱ, 4, 3.

[22] 参见 *Ad Herenn.* Ⅳ, 66; Sallust, *Cat.* 7, 2-3; Cic. *Pro Flacco*, 25; Livy Ⅰ, 17, 3; 60, 3; Ⅱ, 1, 1-2; Ⅷ, 34, 3; Pliny, *Paneg.* 44; 57; Tac. *Ann.* Ⅰ, 1, 1; *Hist.* Ⅰ, 16。关于"共和国"（res publica）观念的详尽研究，参见 Rudolf Stark, *Res Publica*, Göttingen Diss. 1937。

"罗马人民的自由"的具体表现。[23] 正如罗马公民身份,就是罗马公民自由的具体表现。因此,自由的性质与范围,最终取决于罗马宪制的性质与形式。

4. 本书主题

然而,罗马的宪制本身并非一成不变。罗马人非常清楚,自己的共和体制是长期逐步发展的结果。[24] 在共和时期,自由被等同于共和制。到了元首制时期,它仍然是一个流行的口号与宪制原则。因此这就产生了问题,即罗马自由的政治内涵,是否随着宪制的变迁而发生了变化。

本书打算描绘从格拉古兄弟到图拉真皇帝大约两百年间,作为一种政治观念的自由在罗马的含义。这一时期,罗马的共和制逐渐瓦解,并最终被元首制取代。而元首制本身,在公元1世纪之中也发生了巨大的变化。

这段时期之初,罗马的共和政治已经发展到了它的最高阶段。在漫长的宪制演进中,一些基本原则奠定了下来,还有一些习惯做法建立了起来。这些原则构成了政治斗争的宪制背景,而那些斗争导致了影响深远的宪制变迁。为了避免将政治实践误认为宪制原则,或者反过来将原则误认为现实而引起错判,在以下章节的开始部分,有必要先将那些从理论层面构成罗马共和政治以及罗马政治自由的基本原则确定并分离出来。

---

[23] 这是在正式场合使用的说法,参见 Varro, *De Ling. Lat.* (ed. Goetz-Schoell) Ⅵ, 86; Livy Ⅷ, 9, 8。

[24] 老加图的评论参见 Cic. *De Rep.* Ⅱ, 1, 1-2。另见 Polyb. Ⅵ, 11, 2 f.。

第一章　自由的基本特征

1. 自由 – 法律

如前所述，在罗马并且对罗马人而言，自由并不是一种天赋能力或者天赋人权，而是罗马法律所赋予的公民权利的总和。因此，它建基于那些规定了自由范围的实在法之上。这种基本观念意味着，自由中包含了限制的概念，这是一切法律所固有的。[1]事实上，正是限制与节制的观念，[2]将自由与放纵区别开来。放纵的特征是肆意妄为，而未经节制所驯化的自由，就会蜕化为放纵。[3]因此，真正的自由绝不是指随心所欲、不

---

[1] Quint. *Inst.* Ⅶ, 5, 5：所有的法律，或给予，或同意，或惩罚，或命令，或禁止，或允许。西塞罗《法律篇》中曾用"禁令"（iussa vetita）一词意指"法律"（leges）。参见 *De Leg.* Ⅲ, 10。

[2] Livy XXIV, 25, 8：大众的本性就是这样，要么像卑贱的奴隶，要么像跋扈的主人。关于自由，他们既不了解其中的节制，也无法做到。Cic. *Pro Planc.* 94：自由源自节制，而非顽固。对比 Tac. *Dial.* 23 *ad fin.*。

[3] Cic. *Pro Flacco*, 16：那些古老的希腊城邦……因为不受节制的自由与放纵的公民大会，最终走向了毁灭。Livy XXIII, 2, 1：放纵的民众，享有一种不受限制的自由；XXXIV, 49, 8：他们本应审慎地行使自由；受到节（转下页）

受限制的权力。无论得到了承认或者默许,这样的权力都只是放纵,而非自由。自由的必要前提是,放弃任性的行为。因此,只有在法律之下,才能享有真正的自由。

西塞罗的说法蕴含了深刻的真理,"为了可能得到自由,我们只能做法律的奴仆"。[4]因为如果法律不加以限制,人人都自由地为所欲为,那么后果就是霍布斯所说的,"一切人反对一切人的战争"。换言之,人们不但无法享有全部的自由,反而会因为超过限度而走向自我毁灭。塔西佗的评论是,蠢人才将放纵当作自由。[5]

自由所内含的限制因素,不一定也并不主要是自我限制。它不是也不被期望为只是自制(sophrosyne)的结果。自制是指自愿地遵循"凡事不过度"的准则。相反,可以在不破坏自由的情况下,从外部对它施加"调节"与"节制"。自由,与"罗马的风纪"、"传统习俗"和"祖宗成规"的相关要求高度一致。[6]因为自由被设想为一种权利与能力,不是就一个孤立的个体而言,而是在罗马有组织的共同体当中,一种公民的权利与能力。后面将会看到,在罗马,自由并不是人们用来主张自我个性,对抗社会主要权威的口号。

如果不加限定地引用"自由是什么?它是随意生活的能力"

(接上页)制的自由,对国家和个人有利;不受节制的自由,除了给别人造成负担,也会让自由的拥有者本身轻浮地做出无法无天的事情。

[4] *Pro Cluent*. 146,对比 147。

[5] *Dial*. 40:Licentia quam stulti libertatem vocabant. 有些版本的编者将 vocabant 改为了 vocant。

[6] 李维曾借独裁官阿庇乌斯·克劳迪乌斯·克拉苏(Appius Claudius Crassus)之口,充满讽刺地说道,"在罗马,自由就是指一个人既不尊重元老院,也不尊重官员、法律、祖宗成规、父家长权还有军事纪律",参见 Livy V,6,17。对比 H. Kloesel, *Libertas*, Breslau Diss.1935, p. 34。

或者"[自由]的本质就是过自己的生活"[7]这类定义来代表罗马的自由观念,实在会产生极大的误导。这类斯多葛式的抽象定义,只是强调行动者的主观意志自由。相反,罗马人的自由首先指的是采取行动的客观权利。[8]罗马人并不是从意志的独立自主这个角度设想自由,而是侧重于社会关系的角度。自由所意涵的义务并不少于权利:自由是主张自己应有之物的权利,也是尊重他人所有之物的义务,后者正是法律应该存在的理由。因为守法最终就是意味着尊重他人而非自己的权利。自由预设了每个人都应该关心他人的自由,不亚于关心自己。[9]

另外也不应误解李维对自由的评语,"[自由]的存在,端赖自己的力量,而不取决于他人的意志"。[10]李维此处所想的,很可能并不是意志的独立自主(autonomy),而是无须他人容许而享有权利的自由,这种自由意味着独立自主(self-reliance)。

李维曾指出,一个自由国家的本质特征在于,"法律的权威高于个人"。[11]萨卢斯特借埃米利乌斯·雷必达(Aemilius Lepidus)之口道出了罗马自由的一项真谛,就是服从且只服从法律。[12]他们二人所说的,也是西塞罗的名言要表达的意思,

---

[7] Cic. Parad. 34 以及 De Off. Ⅰ, 70。对比 Epict. Diatrib. Ⅱ, 1, 23 以及Ⅳ, 1, 1。Dio Chrys. Or. ⅩⅣ, 3 ff. 曾经考察并且驳斥了这种关于自由的定义。
[8] 参见 R. von Ihering, *Geist des römischen Rechts*³, Ⅱ, Ⅰ, pp. 219 f.。
[9] 李维借迦太基人之口评论道,"如果我仍然保持沉默的话,那可能会被认为是傲慢或者屈从。这意味着一个人忘记了其他人的自由,其他人忘记了自己的自由";"在演讲中,他在乎别人的自由,不亚于自己的尊严",参见 Livy ⅩⅩⅢ, 12, 9 以及Ⅶ, 33, 3。还可对比Ⅱ, 10, 8, 以及 Cic. De Off. Ⅰ, 124。
[10] ⅩⅩⅩⅤ, 32, 11.
[11] Ⅱ, 1, 1.
[12] *Hist.* Ⅰ, 55, 4 M:"我们的祖先为什么要抵抗皮洛士、汉尼拔、菲利普斯和安条克?不就是为了我们的自由,我们的家庭,还有我们除了法律什么都不服从的特权?"对比 Sallust, *Ad Caes. senem* Ⅱ, 5, 3:没有人的权力高于法律。

"为了可能得到自由,我们只能做法律的奴仆"。也就是说,自由只存在于法治之中。

2. 平等的自由

在考察罗马人观念中构成自由的那些权利,以及罗马人确立法治的方式之前,我们最好先讨论另一个重要问题。

自由是否蕴含了民主式平等(isonomia)? 如果是的话,那么其程度又如何?

西塞罗《国家篇》中的一个对话者曾经提出了以下观点(Ⅰ,47):

> 因此,除了在人民拥有最大权力的国家之外,自由都不可能有安身之地。并且,可以肯定,没有什么东西比自由更甜美;但如果不是人人都平等地享有自由,那么它就不配称之为自由。但自由如何能为人人所平等享有呢?我将指出这在君主国是不可能的。因为在国王的统治之下,对臣民的奴役是毫不含糊且毫无怀疑的。在那些表面上每个人都自由的国家中,有可能吗?我指的是那些选举统帅与官员的国家,人民被游说拉票,各种法案向人民提出,但人民实际授予的只是他们必须授予的,即使他们本来不愿这样做,人民被要求给予他人一些他们自己也并不拥有的东西。因为人民并不参与治理机构也不承担审议职能,主宰法庭的也是由他人选举出来的法官,这些特权都是以出生或财产为依据授予的。但是在一个自由的国度中,例如罗得岛人或雅典人,没有哪一个公民〔不可以担任国家

职务并在政府中扮演一个积极角色。]……*

　　从这段主张民主式平等的文字中浮现出两个要点，一个是明确的，另一个是隐含的：（1）自由所包含的权利，必须事实上是人人平等享有的；（2）自由是政治权利的上限。二者结合在一起，就意味着自由应该等同于彻底的平等主义和人民的真实统治。因此，平等的自由就与希腊人所说的"自由和平等"（ελενθερία καὶ ισονομία）完全一致。

　　这种关于民主式平等的论述，显然起源于古希腊，而且很可能直接引自希腊文本。与之相比，另一种民主式平等则具有不同的特质；正如下文所展示的那样，它们之间的不同产生于对平等以及特别是对自由的不同理解。

　　在李维对共和国早期的描述中，可以找到大量关于民主式平等（aequa libertas）的有益佐证。这个短语在上下文中出现时清楚地表现出一种政治性意义。这些描述所表达的观点，或是李维本人的，或是他所编纂的材料，都在一定程度上代表了共和国末期的流行看法。

　　李维概括了导致"十人委员会"建立的那些平民的主张："如果他们不愿接受平民的法律，[13]那么就应该允许由平民和贵族来共同任命法官，以便制定有利于双方的法律，并且保障平等的自由。"（Ⅲ，31，7）

　　十人委员会认为他们起草最初的十块铜表法的成就在于，"自己……与所有人不分贵贱，都拥有平等的权利"（Ⅲ，34，3）。

---

[13] 参见 Livy, Ⅲ, 9, 2 ff.。

＊ 引文主要参考了西塞罗：《国家篇　法律篇》，沈叔平、苏力译，商务印书馆，1999年，部分地方有所调整。

十人委员会之一的阿庇乌斯·克劳迪乌斯（Appius Claudius）在交出权力后遭到弹劾时，"提醒人们自己正是出于对罗马平民的热情，制定出平等的法律，严重地冒犯了那些贵族"。[14]

在围绕通婚权与平民执政官的斗争中，也使用了类似的表述（Ⅳ，5，1 ff.）：

> 驱逐国王以后，是给你带来了压迫，还是一切人平等的自由？

以及：

> 因此，执政官们，平民已经准备好追随你们参战……只要你们恢复他们的通婚权就可以将他们团结起来；只要允许他们加入你们的同盟，只要让努力勇敢的人们都有希望获得荣誉；只要他们能够分享统治权；只要他们享有平等的自由，能够轮流地执政和服从，而且每年都更换官员。[15] 如果有人反对这些措施……，平民将不会为了这些傲慢的官员而战斗，因为他们既无法获得公共的荣誉，也没有私人领域的通婚权。

---

[14] *Ib.* 56, 9. 对比 Ⅲ，61，6；67，9。
[15] 类似的观念也出现在元老们对十人委员会的批评之中，"每年选举新人替换原有的官员，是保障平等的自由之唯一方式"（Ⅲ，39，8）。有趣的是，最后一句话让人联想到亚里士多德所说的"官职由全体公民选举产生，轮番而治"（*Polit.* Ⅵ，2，p. 1317b，2）。李维从他的史料中采纳了这种观点也不是不可能，这些史料将共和国末期"新人"（homines novi）的宣称话语投射到罗马早期的历史之中。当然，在后格拉古的时代对希腊思想略知一二，也并不奇怪。

当贵族们发号施令而其他人只能表达抗议时，不存在权利平等的问题；平民们只要不能分享权力，就永远无法在国家中获得平等。（Ⅵ，37，4）

从上述引文来看，"平等的自由"、"平等的权利"还有"平等的法律"似乎都是同样的意思，即法律平等地约束贵族与平民，以及基本政治权利方面的平等，确保平民能够平等地分享公共福祉。我们也可以看到，"平等的自由"在这些段落中是用于作为一个整体的平民（Plebs），而不是具体的个人。[16]

正如我们所看到的，既然自由是权利的总和，那么将它与"平等的法律"等同起来就非常重要，因为后者的本质就是平等地约束所有人。[17]李维宣称，当大西庇阿在公元前187年遭到弹劾时，[18]一些人认为弹劾这位对国家做出巨大贡献的人实属可耻的忘恩负义，而另一些人则认为：

任何公民都不应获得如此崇高的地位，以至于不能根据法律对其进行讯问；对于平等分配的自由来说，最重要

---

[16] 拉丁语在线语料库中只收录到两条将"平等的自由"用于个人权利的引文，其一来自 Terence, *Adelphoe*, 181 ff.（原作者是米南德）。A 说："你要是继续这样烦人，我便把你拖进去，用鞭子把你抽个半死。"S 说："用鞭子抽自由人？"A 说："是的。"S 说："啊，野蛮人啊！这里是雅典，所有人都有平等的自由！"以及 Quintil. *Declam.* 301, p. 185, 15 f.：如果我在向另一位公诉人辩护，我知道（最近也发现了）我们有平等的言论自由，甚至包括针对富人的言论。然而，尽管我受到了毫无理由的攻击，但虐待我来说确实是被禁的，这与其说是出于法律，不如说是出于理性。

[17] Seneca, *Ep.* 107, 6：平等的法律并不在于让所有人都实际感受到其作用，而在于它是为所有人而建立的；对比 *Ep.* 123, 16：死亡不是坏事，你为什么要问呢？只有死亡才是人类平等拥有的权利。

[18] XXXⅧ, 50, 4 ff. 值得注意，李维提到了瓦勒里乌斯·安提亚斯作为印证。

的就是每个人无论多么有权势，都需要为自己的事业进行辩护。如果不能进行问责的话，那么我们就无法放心将任何东西托付给别人，况且这里说的还是整个国家职位最高的人。人们认为，对于一个不能忍受平等法律之人，任何侵犯都不算违法。

看起来，法律面前的平等被认为是平等的自由最本质的特征。[19]

关于平等的自由，西塞罗的观点最具启发性。他在《国家篇》（Ⅰ，69）中谈到，自己描绘的理想政府提供了"高度的平等，而自由人不可能长期忍受没有平等的状态"；他在别处也提到"平等的法律"与自由的意思差不多，[20]并且强调了它的重要性；[21]他认为君主制是不可接受的，因为它剥夺了公民的权利；[22]最后，他雄辩地论证了公民的自由。[23]不过，他强烈反对极端平等主义，因为它无视尊严。

> 自由的人民所喜爱的法律上的平等（也就是民主式平等），很难长期维持……而且他们所谓的平等实际上最不平等。如果把荣誉平等地授予最低下的与最高尚的人，那么这种所谓的平等，本质上就是最不平等。（*De Rep.* Ⅰ，53）

---

[19] 参见 Quintil. *Declam.* 301；Cic. *De Off.* Ⅱ，85：每个人都获得平等的执法与判决。对比 Ascon. 84，2 Clark。

[20] *Pro Planc.* 33：我们平等的法律在哪里？我们古老的自由在哪里？

[21] *De Off.* Ⅰ，124：公民在私人关系上应该与同胞平等相处，既不奴颜婢膝，也不飞扬跋扈。

[22] *De Rep.* Ⅰ，43：但是在君主制中，臣民缺乏有效途径来参与司法和审议。对比 *De Off.* Ⅰ，53；Livy Ⅲ，56，10。

[23] *Ⅱ in Verr.* Ⅴ，169 f.；ap. Dio Cass. XLIV，33，2：民众的自由与和谐。对比 Brutus and Cassius in *Ad Fam.* Ⅺ，2，2；Val. Max. Ⅵ，3，2。

第一章 自由的基本特征

以及类似的:

> 当一切都由人民自己做的时候,无论多么公正和适度,这种平等本身也是最不平等的,因为它不承认尊严的差别。(*Ib.* I, 43)

需要注意,尊严是至高无上的,并不依赖于法律或是特权;它是高尚品格所值得拥有的尊敬,"一种独特的地位,值得被尊重、荣耀与敬畏"。[24]

西塞罗对极端平等主义的批评,揭示了雅典人的 *eleutheria* 与罗马人的自由之间的关键区别。在公元4—5世纪的雅典,*eleutheria* 等同于民主,指的是拥有完全平等的政治权利的人民进行统治。[25] 这种完全平等的民主原则,并不符合对"应得"(αξία)的考虑。[26] 另一方面,罗马人的自由是在共和国中实现的,这种共和国可以是民主制的,但并不必然是。实际上,罗马共和国从来不是,总的来说[27]也不会成为雅典式的民主制的国家;在罗马人看来,*eleutheria* 接近于放纵而非自由。[28]

---

[24] Cic. *De Invent.* II, 166. 不用说,只有自由人才能拥有尊严:一个释放奴或者奴隶掌握这样的影响力,只能降低你的尊严(Cic. *Ad Q. Fr.* I, 2, 3)。

[25] 关于古希腊的平等观念,参见 Rudolf Hirzel, *Themis, Dike und Verwandtes, ein Beitrag zur Geschichte der Rechtsidee bei den Griechen*, Leipzig, 1907, pp. 228-320, 尤其见 pp. 240 ff.。

[26] 参见 Arist. *Polit.* VI, 2, p. 1317a, 40-b, 4。

[27] 下一章会讨论个别的例外情况。

[28] Cic. *De Rep.* III, 23:如果人民拥有最高权力并管理一切,那么所谓的自由其实就是放纵。西塞罗对希腊人民大会的批评参见 *Pro Flacco*, 15 ff.; Phaedrus, I, 2, 1 f.:雅典推行平等的法律,用任性的自由将国家变得放纵,抛弃了古老传统的制约。

从概念上讲，平等的法律与雅典的 *isonomia* 完全不同，这种差异也为理解罗马的观念提供了许多启示。ἰσότης 最强调的是相等，而 aequitas 强调的则是公平、正义和平等。[29] *Isonomia* [30] 是从极端民主制的立场理解的权利与地位的平等，而平等的法律首先指的是法律面前的平等，[31] 并非所有公民享有平等的政治权利。没有任何迹象表明，罗马人曾认为要求担任公共职位之人具备一定经济条件违背了平等的法律。罗马平民从经验中认识到，一个自由人也可以被区别对待，所以他们特别重视法律面前的平等与公民的基本权利。但是，统治权从未被认为是一种普遍的公民权利。雅典人寻求在统治权方面建立平等，而罗马人则寻求在政府的权力面前保护自己的权利。一个有趣的事实是，西塞罗宣称政府的构成决定了宪制的特征，而亚里士多德则根据平等的基础与程度，推导出各种类型的宪制。[32]

共和国这一概念要求每个公民都可以公平地分享公共福祉，它要求人民参与国家事务，要求政府应该是为人民服务的，[33] 但是它并不必然意味着人民来进行统治的原则。自由主要是一些权利，它一方面影响个体公民的地位，另一方面确保共和国真的是人民的事业；这里面包括了名义上的统治权，但是它的实际行使则受制于权威与尊严。这两种品质在罗马的私

---

[29] 参见 Cic. *Partit. Orat.* 130。

[30] 衍生于 ἴσα νέμειν，而非 ἴσος νόμος。参见 Hirzel, *op. cit.* pp. 242 ff.。当西塞罗写道（*De Rep.* I，53），"把荣誉平等地授予最低下的与最高尚的人"时，他脑海中想的可能是 ἰσονομία。

[31] Cic. *Topica*, 9；*De Off.* II，41 ff.；*Pro Cluent.* 146.

[32] Cic. *De Leg.* III，12. Arist. *Polit.* IV，8, pp. 1294a, 19 f.；*Eth. Nic.* V，3, pp. 1131a, 20 f.；*Polit.* III，9, pp. 1280a, 7 f.

[33] Cic. *De Rep.* I，39；43；III，43 f.；*Ad Att.* VIII，II，1-2.

人与公共生活中发挥着重要作用。[34]自由与尊严,正如亚里士多德眼中的 *eleutheria* 与 *axia* 一样,在本质上并不冲突。因为涉及个体的自由,只是政治权利的下限。[35]

所以在罗马,平等的法律并不意味着伯利克里雅典的民主式平等(*isonomia*)。它是一种不同层面的平等。在罗马,平等的自由拒绝在公民之中存在着法律上的歧视,如以前对平民的歧视。特权,也就是说为个别人特别制定的法律,是被否定的。与之类似,在剧院中为元老们设置专属前排座位的法律,就引起了不满,因为这不符合平等的自由。[36]

因此,平等的自由意味着法律面前的平等、一切人身权利的平等以及基本政治权利的平等,但它并不排除这个领域之外的差异化。

3. 自由与尊严

如果自由只是最低限度的政治权利,并且在原则上承认存在不同程度的尊严,[37]那么自由与尊严二者的恰当平衡就是一个非常重要的问题。老加图曾说:"权利、法律、自由、共和国,应该由我们共同享用;荣耀和荣誉,[38]则要靠每个人自己

---

[34] 参见 R. Heinze, Auctoritas, in *Hermes* LX(1925); 以及 H. Wegehaupt, *Die Bedeutung und Anwendung von dignitas in den Schriften der republikanischen Zeit*, Breslau Diss. 1932.

[35] Tac. *Ann.* XIII, 27, 3:我们的祖先把自由作为全体人民的共同财富,这并不是没有道理的。

[36] Livy XXXIV, 54, 5:在国家内部区分不同等级的做法,损害了所有人应该平等享有的和谐与自由。对比 Mommsen, *Staatsrecht* III, pp. 519 ff.。

[37] 参见本书 p. 14 n. 35。

[38] 尊严主要是由荣耀(gloria)与荣誉(honos)组成的。就公共职位而言,荣誉就产生了权威。

争取。"[39]一代人之后,马克·安东尼则期盼,"在自由上与他人平等,在荣誉上居于首位"。[40]这种立场是可以实现的,唯一的方式就是审慎考虑在尊严与自由之间建立平衡。用李维的名言来说,追求尊严的人应该"既考虑尊严也考虑别人的自由"。[41]然而,这也揭示了问题的关键;自由和尊严不会相互排斥,但前提是降低尊严以使其不超过平等的自由所设立的限制。但是,能否在维持尊严的同时又不至于抵触或者推翻平等的自由,确实是一个难题。正如安东尼所期望的那样,是否可能同时拥有平等的自由与至高的尊严?在不"超越平等的法律"的情况下,一个人还能得到"至高的尊严"吗?[42]另一方面,自由的强化不会被视为对尊严的挑战吗?[43]自由与尊严之间似乎存在着不可避免的紧张关系,而如果能在二者之间保持适度的平衡,也许能够缓解这种紧张。但是这种平衡既不简单也不容易实现。

> 在捍卫自由的时候保持适度是很困难的,因为每个人在自称追求平等的对待时,都抬高了自己、挤压了别人。为了使自己免于恐惧,人们实际上就要让别人恐惧自己;为了使自己免于伤害,就开始伤害别人,好像不这么做的话就肯定会犯错。(Livy Ⅲ,65,11)

---

[39] Malcovati, *Orat. Rom. Frag.* Ⅰ, p. 218, no. 249.
[40] Cic. *Phil.* Ⅰ, 34.
[41] Livy Ⅶ, 33, 3.
[42] Cic. *De Orat.* Ⅱ, 209:优秀的人……凭借其尊严和成就超越了平等的法律。另见 Livy XLV, 32, 5; Diod. Sic. XXXⅦ, 10, 2 中有用的趣闻。
[43] Livy Ⅲ, 67, 9:以平等的法律为名,我们的权利被践踏在脚下。

还有一件事让自由与尊严的和谐共存变得困难。罗马内部在社会与经济上都不是同质化的，没有什么可以阻止贵族们将尊严等同于区分和维持他们自己的阶层。结果是，贵族们不论自身的成就如何，都开始把尊严视为自己的天赋之物，因为这是他们的祖先争来的。这种发展只会播下不和谐的种子，后来又迅速发展成公共的争吵，以及社会敌对的种种痛苦。就像尊严变成了"既得利益"的一种隐晦表达，自由也可以被用作口号来呼唤真诚的或者是虚伪的社会改革。

自由与尊严之间的冲突正如李维（Ⅳ，6，11）所言，是共和时期罗马国内政治的一个显著特征。这种冲突是某些个人或群体强加的，他们对尊严的过分要求，与同胞的自由以及整个国家的自由都难以调和。牢记这个事实的话，就不会将罗马发生的关于自由的斗争理解为"个人对抗国家"的问题。用密尔的话来说，这个问题实际是"在个人独立与社会控制之间做出适当的调节"。[44]罗马人想要主张和维护自己的权利时，并不是要反对国家高高在上的权威，也不是反对所谓多数人的暴政，而是反对那些比他们自己更强大的公民，或者是那些追求私利的国家官员，这些人滥用被赋予的权力，很可能会侵犯公民的权利。对罗马来说，自由的关键问题是如何在所有人基本权利的平等与一些人的优越地位之间做出适当的调节。正如后文所见，这个问题在共和国末期变得极其尖锐，而对它的失败应对也引发了大量危险。

---

〔44〕 密尔曾经问道："个人统治自己的主权又以什么为正当的限制呢？社会的权威又在哪里开端呢？人类生活中有多少应当派归个性，有多少应当派归社会呢？"参见 J. S. Mill, *On Liberty* (Everyman's Library), pp. 68 f.。罗马人没有提出过这些问题，对他们来说，也许只有第三个问题可能还有一点意义。

4. 权力的平衡[45]

如前所述，自由的存在取决于法治。在罗马，法律本身就获得了普遍的尊重，并且在一定程度上独立于它所实施的制裁（例如，可以看到对所谓不完善法律的遵守）。不过，由于法律本身并不能按照字面上的意思来进行统治，因此法治的建立需要以下条件：1. 在必要时有足够强大的权力来执行法律；2. 在必要时有措施阻止那些滥用权力之人。毫无疑问，自由本身极度依赖于妥善解决以上问题。

罗马共和国的宪制有三大组成部分：人民、官员、元老院。罗马人并不了解权力的分立，但是这里有一种卓越的权力平衡，旨在防止任何一方凌驾于他人的权威之上并彻底地掌控国家。尽管国家事务的顺利运行需要所有权力达成共识，但罗马宪制的独特性在于，高级的官员构成了整个宪制体系的枢纽。

人民的统治[46]是罗马共和宪制的一条基本原则。然而，对这一原则的认可在罗马产生的后果与雅典并不相同，因为，人民统治的权限以及人民行使统治权的方式，与雅典民主制的情况截然不同。

罗马人民是权力的终极来源，是最高立法机构和终审法院。人民大会（库利亚大会）选举官员，制定或废除法律，并且以人民审判来批准或者撤销刑事法庭对罗马公民判处的死刑与鞭刑。

---

[45] 蒙森的《罗马宪制》通篇在考察这一问题。本书只在一些特别重要的地方注明引证。

[46] 本书的研究对象主要集中于共和制末期，可以大体上忽略人民（Populus）与平民（Plebs）二者的区别，因为霍尔滕西亚法赋予了平民大会决议法律的效力。

这些特权会受到一些间接性的限制：例如一切合法的集会都必须由专门的官员来召集并主持，也即一位拥有召集人民权的官员；而在平民大会的情况下，则是拥有召集平民权的官员。

　　此外，大会自身不能提名公职候选人，不能提出法案及动议，也不能向官员提出任何问题。人民必须听取官员的发言，并根据他们提出的动议来进行投票。主持大会的官员，偶尔会点名有声望的个人在大会上发言，但是一般来说，官员只在公民大会上讲话。公民有投票权，但是没有发言权：在罗马的集会中，并不存在任何公民都有权发言的言论自由。[47]

---

[47] 泰尼·弗兰克（Tenney Frank, Naevius and Free Speech, *Amer. Journ. Phil.* XLVIII, 1927, pp. 105-10）和他的学生劳拉·罗宾森（Laura Robinson, *Freedom of Speech in the Roman Republic*, Johns Hopkins University Diss. Baltimore, 1940）争辩说，共和国时期的罗马人享有言论自由和批评政府的自由。他们的论点最终基于以下假设，即十二铜表法没有规定关于反对诽谤的做法，si quis occentavisset（诋毁他人，Cic. *De Rep.* IV, 12）在他们看来是针对诅咒的行为，而非诽谤。然而，弗兰克与罗宾森的观点似乎并不成立，主要原因如下。首先，十二铜表法区分了 malum carmen incantare（施咒）与 occentare（公开诋毁，参见 Festus *s. v.*, p. 191, ed. Lindsay）。参见 Ed. Fraenkel, *Gnomon* I, pp. 187 ff.; Ch. Brecht, *s. v.* Occentatio in PW, XVII, cols. 1752 ff. 以及尤见 cols. 1754 f.; A. Momigliano in *J.R.S.* XXXII（1942）, p. 121（评论了劳拉·罗宾森的论文）。其次，罗宾森（*op.cit.* p. 4）认为，罗马人在有意识的文字作品出现之前就惩罚言语上的侮辱，是一件不可思议的事情。因此，她先验地推断说，对 occentatio 的惩罚是针对巫术的，因为巫术信仰属于文明的原始阶段。然而，这种观点忽略了一个关键问题，诽谤并不必然采取"有意识的文字"或者其他任何文字形式。最后，就算十二铜表法确实没有关于诽谤的规定，但仅凭一个法律就来判断言论与批评自由是否存在，仍然是令人质疑的做法。因为，言论自由权与诽谤有可能不受惩罚，这二者存在本质区别。具体的界线可能不一定总是精确的，但界线本身肯定是存在的。对比 Momigliano, *op. cit.* p. 123。

　　从政治角度来看，一个明显的事实是，罗马人参加大会是为了倾听和投票，而不是发言。官员、重要的元老以及重要的法学家享有并充分地利用了言论自由。但他们不等于罗马人民。人民可以通过多种方式表达他们的赞同或反对（如参见 Cic. *Pro Sest.* 106 ff.），但他们不能提出建设性的批评。

另外一个有重要影响的是"干预"(intercessio)。[48] 如前所述,大会只能就相关官员提出的动议进行投票。在实际投票之前,该动议本质上仍然属于官员的行为,因此它可以被同等或更大的权力否决。从理论上来讲,干预推翻的只是官员的权力,而不是大会的权力。但它实际上阻止了大会来行使其统治权。

直到公元前 4 世纪下半叶,人民通过的一切法律和选举的结果,都必须接下来由元老院批准。对人民统治权的这种限制,后来被普布利亚法(公元前 339 年)和马艾尼亚法[49]在事实上取消了。这些法律规定,元老院在投票之前就应该表示批准。

在罗马,选举权是普遍享有的,但是直到公元前 2 世纪下半叶,它才从一种特别的限制中解放出来。投票最初是口头形式的,下层阶级的选民如果是一些贵族的附庸,就会被要求遵照其保护人的命令进行投票。如果他没有遵照保护人的命令,那么口头投票的形式就会让他们最终受害。只要这种方式盛行,选举权就无法发挥全部效力,因为这里没有自由。这一情况后来因四部关于无记名投票的法律而发生改变:公元前 139 年关于选举官员的《加比尼亚选举法》,公元前 137 年关于向人民提出上诉的《卡西亚选举法》,公元前 131 年关于制定法律的《帕皮里亚法》,最后是公元前 107 年关于将投票应用于叛国罪审判的《科利亚

---

[48] 关于对议案的干预,参见 Mommsen, *op. cit.* I³, pp. 283 ff.。此处无须讨论 obnuntiatio(不利的征兆),因为是它的滥用——而非正确运用——在共和国末期阻碍人民大会的议事程序方面发挥了重要作用。关于 obnuntiatio,参见 T. Frank, *C.A.H.* Ⅷ, p. 367; St. Weinstock, in PW, ⅩⅦ, cols. 1726 ff.; Mommsen, *op. cit.* I³, pp. 110 ff.。

[49] 日期不明,但可能不会晚于公元前 290 年。对比 Mommsen, *op. cit.* Ⅲ, p. 1042, 以及 E. Weiss, PW, Ⅻ, col. 2396, *s.v.* Lex Maenia。

法》。[50]众所周知,《卡西亚选举法》长期遭到反对,而所有关于投票的法律都遭到了顽固派贵族的憎恨。[51]罗马的选举法被认为是平民的巨大成就,投票则被称为"自由的保障"。[52]

不过,无论投票法可能带来了多少好处,它们都没有增加人民大会的权力。除了专属于大会的司法权,人民既没有权利也没有手段来控制行政机关;通过选举官员及立法而施加的控制是间接性的,并且实际影响不大。人民可以听取有关国家事务的信息,但是(除了宣战)他们对政策的制定没有发言权,这些属于行政机关的权限。

元老院也只能由一位主管官员来召集和主持,即拥有召集元老权之人,通常是执政官之一。主持会议的执政官点名元老就提交给元老院的事项依次发表意见。那些被点名的元老可以就他们认为与公共事务相关的任何重要问题,进行不受时间限制的发言。[53]然而,如果将言论自由视为罗马议会制的一项基本原则,那就言过其实了。一般情况下,元老不能主动要求发言,而且主持的执政官既没有义务也没有意愿点名那些"后座议员"。他们陈述意见的唯一机会是在元老院的一个分支机构内部。在元老院之中有言论自由,但事实上并非所有元老都有。[54]

从宪制角度来看,元老院是行政机关的咨询委员会。按照惯例,除了战场上的指挥官,高级官员们在根据现行法律和自身权限采取一切可能影响共同体的行动之前,都有义务

---

[50] 参见 Cic. *De Leg*. III, 35 ff.。
[51] 参见 Cic. *Brut*. 97;*Pro Sest*. 103;*De Leg*. III, 34, 36;*De Amic*. 41。
[52] Cic. *Pro Sest*. 103;*De Leg*. III, 34, 39;*De Leg. Agr*. II, 4;*Pro Planc*. 16;*Pro Cornel*, ap. Ascon. 78, I C.
[53] 参见 Mommsen, *op. cit*. III, pp. 939 ff.。
[54] *Ib*. p. 962.

咨询元老院的意见。[55]元老院的建议以元老院决议（Senatus Consultum）的形式提出。

从理论上来讲，元老院决议对官员来说只是一种可以遵循的建议，"如果他们认为这样做是合适的"。但是，元老院决议承载了元老们所拥有的权威，因此没有任何官员会在缺乏重大理由的情况下对其置之不理。于是，元老院就控制了行政部门的政策方向。

然而，无论元老院对行政机关的影响多么重大、多么具有决定性，它最终依赖的是权威与习俗，而非法定的权力。只要元老院的权威还没有受到挑战，它在罗马事务中的卓越地位就是确定的；但原则上它是可以被挑战的，而当它最后遭到挑战时，元老院的权威就变成了长期争论的主题。

罗马共和国行政机关的显著特征是其权力及特权的范围极其广泛。西塞罗与李维的名言中包含了很多真理，即执政官的权力就像是王权一样。[56]执政官获得的授权在其任期内是不能被撤销的；他们在任期内也不能被弹劾；他们的命令应该被无条件服从，并且还掌握了司法权与强制权。这样的执政官，如果不受到约束与制衡，很容易会威胁到人民的自由。[57]

---

[55] *Ib.* I³, p. 310. 行政机关做出的那些只影响个别人的行动，无须提交元老院。
[56] Cic. *De Rep.* Ⅱ, 56：执政官的权力只能持续一年，但它在形式上和法律上都像是王权。对比 *De Leg.* Ⅲ, 8。Livy Ⅱ, 1, 7：此外，你可以认为自由的起源与其说是执政官的权力相比国王有所削弱，不如说是由于执政官的权力被限定在一年之内。对比Ⅳ, 3, 9；Ⅷ, 32, 3。另见 *Dig.* I, 2, 2, 16; Dion. Hal. Ⅵ, 65, 1; Polyb. Ⅵ, 11, 12。更多的例子参见 Mommsen, *op. cit.* Ⅱ³, p. 93。
[57] 此处引用一下亚伯拉罕·林肯的名言或许并无不妥："一个长期以来的重大问题是，对人民的自由来说不过分强大的政府，是否足以在危急时刻有能力维持其自身的存活。"（10 Nov. 1864; *Select Speeches*, Everyman's Library, p. 221）

为了防止政府可能变得过于强大而危及个人或整个国家的自由，罗马人的策略不是削弱行政机关的权力，而是为那些权力的期限与运作方式设计一套宪法性的制衡体系。

治权（Imperium）和其他权力的授予都是"临时性的"，通常为一年，一旦过了这个期限，除非发生了"延长执政"的情况，授权就自动失效了。

除了独裁官、[58] 摄政王（interrex）还有罗马城司法官（praefectus urbi）这些应对紧急情况的官职，其他所有官职都由两个或更多的地位平等的同僚来担任，他们每个都有权单独行动，也有权否决地位平等的同僚及下属的一切行动（运用平等的或更高级的权力来干预）。[59]

在官职的任期之内，干预实际上是对行政机关最有效的制衡。因为正如我们已经看到的那样，无论是人民还是元老院都不能阻止官员在其职权范围之内行事。保民官的干预权尤其强大，他们实际上掌握着比所有官员（除了独裁官）都更高级的权力。[60] 作为神圣的、至高无上的当权者，保民官是制衡执政官巨大治权的主要机制。[61] 由于这种权力的行使主要取决

---

[58] 克洛塞尔断言（*Libertas*, p. 31），独裁官及骑兵长官，"事实上就像是两位执政官，但只有独裁官不受任何的限制"。这一看法忽略了骑兵长官只有禁卫军的军衔。参见 Mommsen, *op. cit.* II³, p. 176.

[59] 关于干预的问题，对比 Mommsen, *op. cit.* I³, pp. 266 ff. 运用更高级的权力来干预，建立在这个原则之上——"在平等情况下，反对者的理由更强"（*Dig.* X, 3, 28）。对比 Mommsen, *op. cit.* I³, p. 268 n. 2. 由于提交给元老院审议的法律与动议首先是官员的行为，因此它们可以被更高级的权力否决，参见 Id. *op. cit.* I³, p. 280 ff. 对本书的研究目的而言，干预的效果究竟是阻止还是废除，不是特别重要。相关内容参见 Id. *op. cit.* I³, p. 266 n. 4.

[60] 参见 Mommsen, *op. cit.* I³, p. 26 n. 1.

[61] 参见 Cic. *De Rep.* II, 58; *De Leg.* III, 16; Appian, *Bell. Civ.* I, 1. 对比 Livy II, 33, 1; 54, 5; IV, 26, 10.

于干预者的自由裁量权，因此很容易被滥用，导致政府工作陷入瘫痪的严重后果。在格拉古主持的《关于行省执政官的森普罗尼亚法》中，保民官否决的恐怖潜力得到了最清楚的展现。该法用保民官的干涉免除了行省执政官的任命。不过另一方面，我们将要看到，保民官干涉又是对个人权利最有效的保护。

如前所述，任期制与同僚制预防了行政机关走向长期不受控制的可能性。这二者也被罗马人称为政治自由的开端与保障。[62]将官职的任期延长到法律规定之外，就会被谴责为王政，在罗马共和国这是政治谩骂中最令人反感的用语。[63]并且正如接下来将要看到的，对非常规权力的反抗，常常打着反对（真实或可疑的）压迫者、捍卫自由事业的旗号。

综上所述，罗马宪制的运行依赖于人民、元老院与官员之间之合作，特别是执政官与保民官的合作。然而，除非存在一种巨大的善意，他们之间不大可能合作融洽。具体权力的边界通常没有被清晰界定，这就是摩擦产生的潜在根源。由于在共和国中期，[64]元老院压倒了执政官，因此人民与元老院谁才是国家的最高权力，就变成了一个问题。使这个问题变得严重的原因，不只在于它的宪制含义，而且更多的可能还在于它的社会背景。因为无论这个问题被如何表述，它本质上都不只是一个宪制问题，也不只是为了宪制目的而进行的斗争。

---

[62] Livy Ⅱ, 1, 7; Ⅳ, 24, 4; Sallust, *Cat.* 6, 7. 对比 Livy Ⅲ, 21, 2; Ⅳ, 5, 5。
[63] 例如参见 Livy Ⅵ, 41, 3; Ⅸ, 34, 16。
[64] 对比 T. Frank, *C.A.H.* Ⅶ, p. 818。

5. 个人的权利

上一节讨论的所有机制，主要是为了防止行政机关可能过于强大而威胁国家的自由。然而除了人民审判，这些机制对公民个人的自由并没有提供直接的保护。鉴于罗马行政机关同时拥有司法权与强制权，这种保护是必不可少的。罗马自由观念的特点在于，对治权与其他权力所施加的最有效制约，恰恰来自一种想要保护公民个人权利的意愿。在这一点上，最好单独来考虑公民个人的自由。

> 我要说，根据我们的基本权利与国家法律，任何公民不经正式审判，都不可能遭受像我这样的灾难。即使在王政时代，国家法律就已经是这样规定的。这是我们的祖先传下来的原则，而且这是一个自由国家的独特标志——没有元老院的正式裁决，没有人民的正式裁决，没有组织起来处理各类犯罪的法庭的裁决，就不能侵犯一个公民的自由与财产。（Cic. De Dom. 33）

未经正式的审判和定罪就施加惩罚，这是对自由的侵犯。[65]"无判决不处罚"这个原则，使法庭的独立性变得尤其重要。[66]

> 为了防止他们〔执政官〕声称自己拥有统治一切的王权，根据一项法律，规定可以针对他们的决定向人民提起

---

[65] 参见 Cic. *De Dom.* 43；47；77；*De Leg.* Ⅰ，42；Ascon. 41, 13 f. c；Livy Ⅲ，13, 4；56, 10-13。

[66] Cic. *II in Verr.* Ⅱ，33；Ⅴ，175。

申诉，并且规定他们无权对罗马公民处以死刑，除非得到全体人民的同意。他们仅被赋予了能够行使强制权和命令将某人投入公共监狱的权力。[67]

对于罗马公民来说，申诉保护了日常生活中的生命与人身安全。它被认为是自由的主要依靠："守卫自由的堡垒"（Livy Ⅲ, 45, 8）;"自由的唯一保护"（Id. Ⅲ, 55, 4; 对比 Ⅲ, 53, 4-6）;"自由的守护者"（Id. Ⅲ, 56, 6）;"自由的护卫"（Cic. De Rep. Ⅲ, 44）;"公民权的守护神与自由的护卫者"（Id. De Orat. Ⅱ, 199）。

向人民申诉的权利，实际上是正式审判的一个方面；因为公民大会代表着人民的审判，它是最高上诉法院，可以推翻其他官员的判决；[68]它并不是在没有听取案件审讯的情况下，就直接用最高的统治权来宽恕罪行或免除刑罚。

正如申诉被视为自由的卫士，因此"不允许申诉"的行政官员也会被视为暴君；杜伊利安努姆平民会议决议，对于任何不允许平民拥有保民官，或是设立一种不能被申诉的官职之人，都要判处死刑。[69]

《瓦雷流斯申诉法》属于所谓的"不完善立法"，后来的《波尔求斯法》则废除了"未经人民许可"[70]而针对罗马公民的杖刑。因此，《波尔求斯法》有时也被称赞为自由的卫士："《波尔求斯法》禁止用棒子殴打任何罗马人民的身体……《波

---

[67] Pompon. *Dig.* I, 2, 2, 16. 另见 Cic. *De Rep.* Ⅱ, 53; *De Leg.* Ⅲ, 6; Livy Ⅱ, 29, 10; Ⅳ, 13, 11. 关于申诉权的限制，参见 Mommsen, *op. cit.* Ⅲ, pp. 352 ff.。
[68] 参见 Mommsen, *op. cit.* Ⅲ, p. 351。
[69] Livy Ⅲ, 55, 14。
[70] Cic. *De Rep.* Ⅱ, 54; Livy Ⅹ, 9, 4 ff.

尔求斯法》保护公民的自由不受执束棒侍从的威胁。"[71]

申诉保护公民的生命与人身，但不适用于个人的其他权利。保护这些权利免受官员随意的不公做法，需要（保民官的）援助（auxilium）。

保民官的目的是保护包括平民与贵族在内的，所有被罗马执政当局错误对待的公民。[72]保民官有权援助所有为此目的向他提出申诉的公民，以更高级的权力来介入他们的事务。事实上，援助是当原告对相关权力提出申诉时，[73]以更高级的权力来干预官员的命令；因此，一切更高级别的权力都可以被用于这种目的。[74]但保民官在这里是最高的权威，因为设置保民官就是为了援助，[75]并且保民官由此目的而享有比执政官还高的权力。[76]于是，保民官被视为自由的保护者，[77]援助和申诉也就被称为"自由的两个支柱"。[78]

---

[71] Cic. *Pro Rab. perd. reo*, 12；对比 ap. Ascon. 78, I c（lex Porcia）：最自由的原则。*II in Verr.* V, 163：哦，自由的甜美之名！哦，我们公民令人敬佩的特权！哦，《波尔求斯》法！哦，《森普罗尼》法！（对比 *Pro Rab.* 12）另见 Sallust, *Cat.* 51, 22；Ps. -Sallust, *In Cic.* 5。

[72] 对比 Ed. Meyer, Der Ursprung des Tribunats und die Gemeinde der vier Tribus, *Kl. Schr.* I^2, pp. 335-61（=*Hermes* XXX, 1895, pp. 1 ff.）；Mommsen, *op. cit.* II^3, pp. 291 ff.；I^3, p. 278；I^3, p. 66；G. W. Botsford, *The Roman Assemblies*（1909），p. 263。

[73] 参见 Mommsen, *op. cit.* I^3, pp. 274, 278。

[74] 例如参见 Caesar, *Bell. Civ.* III, 20。

[75] Cic. *De Leg.* III, 9：由平民选举的、保护平民不受暴力的十位官吏是平民的保民官。另见 Livy III, 9, 11，以及前文 p. 25 n. 72。

[76] 参见前文 p. 23 n. 60, 61。

[77] Sallust, *Hist.* III, 48, 12 M：保民官是我们祖先为了保护自由而发明的武器。Cic. *De Leg. Agr.* II, 15：我们祖先想要让保民官成为自由的总管与卫士。Livy III, 37, 5：保民官的权力是自由的堡垒。Diod. Sic. XII, 25, 2：保民官是自由的卫士。

[78] Livy III, 45, 8. 对比 III, 53, 4。

尽管申诉与援助经常被相提并论，但二者之间却有很大区别。申诉是公民的权利。在得到公民大会的确认之前，有关死刑或杖刑的一审判决都不能被执行，否则就是违法的。援助的情况则有所不同。严格来说，公民并不拥有援助权，他只有进行申诉的权利，即如果他认为一位官员向自己发布了错误的命令，他有权向保民官或者任何其他更高的权力寻找帮助，以反对那个命令。[79] 保民官不能拒绝别人向自己提出申诉，作为法律的见证者，保民官不应一整天都离开城市，也不能在晚上锁住自己的家门。[80] 必须先有申诉，才能有援助；但是援助的结果并不是确定性的。因为首先，对没有申诉的案例不能进行援助。[81] 其次，是否接受申诉人的请求而为他调停，完全取决于保民官自己；如果保民官认为调停是不正确的，他可能就会拒绝。[82] 的确，保民官被期望帮助受冤的公民，这正是他们的职责所在，而且可以合理地预设，他们一般都会提供援助。不过，援助本身是保民官的权利给予的结果，而不是公民权利所能主张的东西。公民可以利用援助制度来保护自己，但这绝不是像申诉权那样的不可剥夺的权利。公民的权利是申诉，而援助是保民官的权利。

我们现在要讨论的问题是，国家权力对公民的私人事务有多大影响。如前所述，罗马人并不认为他们的自由是"个人

---

[79]　对比 Mommsen, *op. cit.* I³, p. 274。
[80]　参见 Id. *op. cit.* II³, p. 291 n. 2, 以及 Botsford, *loc. cit.*。
[81]　参见 Mommsen, *op. cit.* I³, pp. 278 ff.。
[82]　关于拒绝援助的例子，参见 Livy III, 56, 5; Val. Max. IV, 1, 8; Pliny, *N.H.* XXI, 3, (6), 8 f. 以及 Livy IX, 34, 26。

对抗社会"这种意义上的问题。因此,当我们看到他们并不认为对人的公私生活进行监察的做法,[83]以及反奢侈的法律是对个人自由的侵犯,就没有什么可惊讶的。对古老习俗的高度尊重,以及认识到公共福祉取决于成员的行为,可能在很大程度上帮助罗马人接受了对其行为的监察。没有证据表明他们对此表达了不满,除了偶尔会对反奢侈法表示出一些疑虑。因此,公元前215年在汉尼拔入侵的背景下颁布的《欧比乌斯法》,对女性的服饰与装扮进行了严厉的规定,并且禁止她们在城市与乡镇使用马车,就引发了一些愤怒妇女的大规模抗议,并最终在公元前195年被废除。如果李维(XXXIV,1 ff.)对该事件的描述表明了罗马人关于反奢侈法的看法,那么支持者似乎相信这些法律可以限制生活标准方面的差异,在整个社会维持一种外表上的均质性;另一方面,反对者也不是质疑这些法律所依据的原则,而是质疑在不同的时空背景下是否还需要这么节俭。

不过,有一些可能真实的证据表明,在极个别情况下,确实有人以自由的名义来挑战反奢侈法的基本原则。根据瓦莱里乌斯·马克西姆斯的说法:

> 公元前97年,安东尼和弗拉库斯把德洛尼乌斯从元老院开除了,[84]因为他想要废除一条限制宴会费用的法律,[85]他们这样做是很合理的。德洛尼乌斯在讲台上大放厥词:"诸位尊敬的元老,你们的嘴巴被套上了缰绳,这

---

[83] 对比 Mommsen, *op. cit.* II³, pp. 375 ff.。
[84] 参见 Münzer in PW, V, col. 1862 *s.v.* Duronius (3)。
[85] 闵策尔(Münzer, *loc. cit.*)推测这里指的是公元前103年的《李其尼亚法》。

是万万不能容忍的啊。你们被迫戴上了奴隶般的痛苦枷锁啊。这都是因为有一条法律规定，你们应该过得节俭。让我们废除这条丑陋古老的法令吧。如果人们不能纵情享乐，那要自由还有什么意义呢？"[86]

即使这种反对意见在历史上是真实的，也很难就认为它是普遍性的。

罗马人对个人自由的关注是很典型的，禁止二次任职的规定首先适用于监察官，只有一个人两次担任这一职务。[87]

至少在理论上来看，通过监察制度与反奢侈法可以对公民的私人生活进行相当大的控制。如果说在罗马共和国时期，人民不必忍受特别严格的风纪要求，那么一部分原因在于名义上的权利与政府所拥有的实际手段之间存在落差，另一部分原因则在于统治者的性格特征。

如前所述，罗马人没有召开大会的自由。人民的任何大会都必须由具备相应权力的官员来召集和主持。[88]另一方面，他们在共和体制下享有广泛的宗教结社自由、职业性及政治性的结社自由。所有人都有结社的权利，不过可能会受到行政程序

---

[86] Val. Max. II, 9, 5. 我这里的引文得益于克洛塞尔（Kloesel, *Libertas*, p. 13）。他的评论暗示，德洛尼乌斯似乎直接针对监察制度本身（"反对这种带有强烈依靠民族精神的官职"）。除非有人倾向于认为"治权"一词指的是监察制度，否则就没有其他证据支持克洛塞尔的推断。无论如何，这里的治权指的是法律的治权，而不是监察官的治权。克洛塞尔的看法是不成立的，因为监察官只拥有权力，而不是治权。正如瓦莱里乌斯·马克西姆斯清楚说明的那样，德洛尼乌斯的提议是废除法律，而不是废除监察官。

[87] 参见 Mommsen, *op. cit.* I³, p. 520, 尤其是 n. 2。

[88] 本书 p. 18, 以及 Livy XXXIX, 15, 11。

方面的限制和约束。[89]

现代意义的宗教自由在罗马鲜为人知。罗马实行的是一种国教制，每个公民都要理所当然地表示遵从。不过，虽然这种宗教强制公民遵从一定的敬拜仪式，但是它并没有强加一种教义。对国教的遵从并不妨碍人们信奉任何其他的宗教或教派，只要他们的仪式不违背公认的道德，并且他们的教义在现有法律看来不具备颠覆性即可。公元前186年禁止酒神节狂欢的做法，是出于道德上而非神学上的考虑。[90]这里还需要记住，直到图密善之前，罗马并没有类似于"渎神指控"（*graphe asebeìas*）的说法；并且"对神的伤害，将由神来补救"（deorum iniuriae dis curae）的格言，也表明了一种近乎宗教冷漠的宽容态度。因此，虽然理论上并不承认宗教自由，但罗马人实际在宗教事务中享有广泛的自由。不用说，这些自由都只适用于罗马公民，居住在罗马的外邦人则处于不同的地位。

罗马人虽然承认监察官有权干涉私人家宅内的亲密事务，[91]但是他们也清楚认识到了家宅的神圣性。[92]西塞罗曾经说过（*De Dom.* 109），"还有什么比每个公民的家宅更神圣的地方？……这里有他的祭坛，有他的圣火，这里是他的诸神的家园"。他在《反瓦提尼乌斯》（*In Vatinium*, 22）中也表达了类似的看法，而且后来得到了两位帝制时期顶级法学家的证明："盖尤斯《论十二表法》（第1卷）：许多权威人士认为，没有

---

[89] 对比 Mommsen, *De Collegiis et Sodaliciis Romanorum*, Kiel, 1843, pp. 32-35; 还有 *Staatsrecht* III, p. 1180。

[90] 对比 Livy XXXIX, 8 ff., 以及 the S.C. de Bacchanalibus, Dessau, *I.L.S.* 18。

[91] Dion. Hal. XX, 13, 3. 对比 Mommsen, *op. cit.* II³, p. 376。

[92] 对比 F. Schulz, *Prinzipien des römischen Rechts*, p. 109; R. v. Ihering, *Geist des römischen Rechts*³, II, I, pp. 158 f.。

人可以从自己的家宅中被传唤出来,因为这是一个人最安全的逃难地与庇护所。"(*Dig.* Ⅱ,4,18)类似的说法是,"虽然有时一个人可能在自己家里收到法庭传唤,但不能强迫他离开家宅"。(*Dig.* Ⅱ,4,21)

并不是说罗马人的家宅完全不受任何侵犯,但它确实提供了相当程度的安全性与神圣性。

西塞罗在《为凯奇纳辩护》(*Pro Caecina*, 96 ff.)和《对祭祀团的讲话》(*De Domo Sua*, 77ff.)中宣告,罗马人的自由与公民身份是不可被剥夺的权利:"我们祖先……确立了关于公民身份与自由的原则;无论是时间的力量、官员的权力、法官的判决,甚至是在其他所有事务中都至高无上的罗马全体人民的统治权,都不能加以破坏。"(*De Dom.* 80)当然,可以有很好的理由来怀疑这种笼统的描述以及支持它的论点,是否代表了西塞罗在该问题上的成熟看法;相反,它似乎只是一种为了手头上的案例而提出的权宜之见。[93]作为某种一般规则的话,这种观点是难以成立的。西塞罗本人就在其他地方记录了多个相反的例子。[94]从纯粹法律的角度来看,甚至没有什么东西可以阻止公民被人奴役。[95]不过,就共和国中后期的一般情况来看,西塞罗的说法还是有不少道理的。因为在以人身为抵偿的债务契约被废除和禁止之后,只要待在罗马境内,公民的自由与身份实际上是不受侵犯的。[96]这就意味着一个罗马人的"生

---

[93] 对比 Mommsen, *op. cit.* Ⅲ, p. 43 n. 2 以及 p. 361 n. 1。
[94] 参见 *De Orat.* Ⅰ, 181。
[95] Mommsen, *op. cit.* Ⅲ, p. 361 n. 1.
[96] *Ib.* pp. 42 ff.

命、自由与财产"是相当安全的。

从前几页的讨论来看，自由尽管不是民主式和平等主义的，但它确实意味着免于绝对主义的自由，以及享受法治之下的个人自由。

接下来的两章要考察罗马共和制的危机时期，自由在罗马政治中的意义与效力。

第二章 内斗：贵族派与平民派

1. 斗争的背景

在共和制最终崩溃之前的大约一个世纪里，罗马国内政治的显著特征是所谓贵族派与平民派之间的激烈对抗。[1] 他们互相对立，有时还发生冲突，并且以各自的方式宣称自己在捍卫自由。因此，值得分析一下罗马从共和制走向元首制的过程中，贵族派与平民派之间的激烈对抗是否影响了政治自由的观念。为此目的，我们既需要考察罗马宪制的真实特征，也要注意有别于其内在原则与潜能的、在现实中的运作情况。

---

[1] 这些概念在现代经常被曲解，直到最近才恢复了它们的本来含义。参见 H. Strasburger, PW, XVIII, cols. 773 ff., *s. v.* Optimates, 以及 M. Gelzer, Die römische Gesellschaft zur Zeit Ciceros, *N. Jhb. f. kl. Alt.* XLV（1920），p. 1 ff.。对于本章及后几章，以下文献非常重要：H. Last, *C.A.H.* IX, chapters I-IV; R. Syme, *The Roman Revolution*, Oxford, 1939; M. Gelzer, *Die Nobilität der romischen Republik*, Leipzig, 1912; F. Münzer, *Römische Adelsparteien und Adelsfamilien*, Stuttgart, 1920; H. Strasburger, PW, XVII, cols. 785 ff. *s.v.* Nobiles; Id. *Concordia Ordinum, eine Untersuchung zur Politik Ciceros*, Frankfurt Diss. 1931; W. Kroll, *Die Kultur der ciceronischen Zeit*, Leipzig, 1933, vol. 1, pp. 10 ff.。

第二次布匿战争之后与格拉古兄弟之前这段时期的政体形式，被波里比阿和西塞罗描述为混合宪制，实际上在方方面面都是一种贵族政体，只是名义上不这么说。[2]那个时代的人们很清楚这个事实，甚至这种政体的支持者也会坦率地表示承认。[3]不过需要补充的是，贵族的统治地位是在没有颠覆宪制的情况下被建立起来的。因为像西塞罗和萨卢斯特这两位立场与观点大相径庭的学者，也都承认共和制中期大体上是一种和谐与模范的统治。[4]

尽管全体罗马公民都有投票权，并且至少在理论上来说可以随心所欲地投票，但是人民并不拥有完整的统治权；因为正如我们所看到的，人民只有与官员在一起时，才构成了最高的选举权与立法权。此外，还有大量平民属于贵族的附庸，他们在投票时一般会遵循自己庇护人的命令。直到无记名投票被引入之前，庇护人完全可以对附庸于他们的人的投票施加压力。[5]另一方面，人民的权力因为默许而不断受到的削弱，不亚于被篡夺。在公元前3世纪末与公元前2世纪初，罗马主要面临战争与外交政策的问题。根据既有的宪法惯例，这些问题必须由元老院与高层官员来处理。如果得到了妥善处理，这些问题就很少或者根本不提交给公民大会。人民确实保留了宣战

---

[2] Polyb. Ⅵ, 11 ff.; Cic. *De Rep*. 塔西佗的评论也明显参考了混合政体理论：每一个国家或城邦的统治者或许是人民，或许是贵族，或许是一个人，把这三种统治方式适当配合起来的政体比较容易得到别人的称赞，但却不是容易创造出来的（*Ann*. Ⅳ, 33, 1）。就罗马而言，这种评论难以反驳。

[3] Cic. *De Rep*. Ⅱ, 56. 对比 Polyb. Ⅵ, 13, 8。

[4] Cic. *De Rep*. Ⅰ, 34; 70; *De Leg*. Ⅱ, 23; Ⅲ, 12; *Pro Sest*. 137; Sallust, *Cat*. 9; *Jug*. 41; *Hist*. Ⅰ, 11 M.

[5] 对比前文 p.20。

权,但是第二次马其顿战争的历史表明,人民是如何被诱导着遵循元老院的政策。[6]对于元老院通过的决议,人民发现没有必要每次都批准一下,于是通过这种默许,元老院的敕令就获得了法律效力。[7]

导致元老院权力上升的另外一个因素是保民官的转变。在"等级斗争"结束后,保民官们不再是下层民众的捍卫者,而是变成了统治阶层的盟友,而且很多保民官就来自统治阶层。[8]保民官的否决权很好地为元老院提供帮助,有效地制衡了公民大会与行政机关。而且必须补充一点,这可能是中期罗马共和国的宪制里,唯一真实有效的制衡。[9]从宪制角度来看,元老院与保民官的联盟,也许是元老们在国家中至高地位的最坚实基础。从现实角度来看,由于平民大会决议与法律的效力相等,那么保民官提交给平民大会的议案事先由元老院进行商议与批准,就变成一个意义极其重大的问题。[10]于是,权力的中心逐渐向元老院倾斜。值得注意的是,从公元前232年弗拉米尼担任保民官时不顾元老院的意见与反对,提议通过一项平民大会决议将高卢土地分配给罗马公民,[11]再到提比略·格拉古担任保民官之前这一个世纪里,似乎没有人试图挑战元老院

---

[6] 参见 Livy XXXI, 6 ff.。对比 M. Holleaux in *C.A.H.* Ⅷ, pp. 164 f.。

[7] Sallust, *Hist.* Ⅲ, 48, 16 M:公民们,执政官的大权还有元老院的敕令需要你们的批准才能执行,但是你们却急着获得他们的认可。对比 *ib.* Ⅰ, 72 M。另见 T. Frank in *C.A.H.* Ⅷ, p. 359。

[8] 一些有趣的段落参见 Livy Ⅹ, 37, 9 ff.。

[9] 参见 Cic. *De Leg.* Ⅲ, 23; Livy Ⅳ, 48, 6。对比前文 pp. 22 f.。

[10] 对比 T. Frank, *C.A.H.* Ⅷ, p. 367。

[11] 参见 Polyb. Ⅱ, 21, 7 f.,对比 T. Frank, *C.A.H.* Ⅶ, p. 806; F. Münzer, PW, Ⅵ, col. 2496, *s.v.* Flaminius(2)。另见 Livy XXI, 63, 2 f.。

的权威。[12]汉尼拔的入侵以及东方的战事，延缓了罗马向民主制的发展。

就制度而言，在当时统治罗马的是元老院。不过元老院内部的商议，也受到一小拨贵族群体即公职贵族的影响。其中最突出的就是执政官，他们在元老院的议事程序中享有实际优势。

一些现代学者有时将共和国末期的贵族称为"特权阶层"。[13]但是，只有当这里的"特权"指的是某种优势时，这一描述才是成立的。如果说"特权"指的是某种更高的法律地位，那么贵族们就没有任何特权——除了《肖像法》的保护、穿着镶紫边的白袍（所有官员都享有的），[14]以及剧院中的前排座位（这是为元老和骑士阶层保留的）。[15]与其他国家那些享有特权但没有多少实际权力的贵族不同，罗马贵族是拥有权力但没有特权。旧贵族曾经享有过的特权，几乎都被废除掉了，目的就是为新兴贵族让路。他们在政治与社会层面的优势地位，在很多方向都类似于旧贵族。这很大程度是因为他们的社会结构、思维及行为习惯在本质上是一样的。

---

[12] 不过在公元前2世纪也有挑战贵族地位的尝试，例如老加图（公元前195年担任执政官，公元前149年去世），还有卡西乌斯（公元前171年担任执政官，公元前137年去世），关于他们，参见 Münzer, *Rom. Adelsparteien*, pp. 219 ff.。《加比尼亚选举法》与《卡西亚选举法》（公元前139年与公元前137年）也是对贵族的打击，参见本书, p. 20, p. 50。

[13] 例如参见 W. Schur, Homo novus, *Bonner Jahrbücher*, CXXXIV (1929), pp. 54-5; H. Strasburger in PW, XVII, col. 1226, *s.v.* Novus homo. 蒙森的观点众所周知，所以无须特别注明。

[14] 关于《肖像法》，参见 Mommsen, *Staatsrecht* I³, pp. 442 ff.；关于镶紫边的白袍，参见 I³, pp. 418 ff.。

[15] 参见 *op. cit.* III, pp. 519 ff.。

贵族的优势地位部分依赖于他们的财富、庞大的附庸以及相互之间的联盟；[16]另一部分则依赖于那些不太物质的但是在罗马很有效的因素，也就是权威、尊严与高贵的出身。

正如前一章所讲，自由包括制定法律与选举官员的权利。但是，众所周知，罗马人通常并不把它解释为实际上自我统治的权利。[17]罗马人有一种根深蒂固的思想与行为习惯，那就是在做任何不论是公共的还是私人的重要事情之前，都要去征询一些能人的意见。[18]自由与其说是一种自发行动的权利，还不如说是选择一个"受让人"，他的"权威"得到了人们自由的认可。[19]罗马人很正确地认为，有些人理所当然地比其他人更有资格成为受让人，也就是说他们配得上并且有能力告诉人们应

---

[16] 对比 R. Syme, *op. cit.* p. 10 ff.; F. Münzer, *op. cit.* pp. 225 ff.; M. Gelzer, *Nobilität*, pp. 43 ff. 和 *N.Jhb. kl. Alt.* XLV (1920), pp. 1 ff.。*Rhet. ad Herenn.* I, 8 值得注意，它看起来精练地概括了平民派的宣传话语。另见 E. Wistrand, Gratus, grates, gratia, gratiosus, *Eranos* XXXIX (1941), pp. 22ff.; K. Hanell, Bemerkungen zu der politischen Terminologie des Sallustius, *Eranos* XLIII (1945), pp. 263-76。

[17] 后文将讨论格拉古兄弟及其他一些人的创新做法。李维《罗马史》中的这两段话并不与上面的说法相悖："每年替换原有的官员，是保障平等的自由之唯一方式"（III, 39, 8）；"如果他们享有平等的自由，能够轮流地执政和服从，而且每年都更换官员"（IV, 5, 5）。因为，第一句话强调的是反对不变的治权，每年度进行更换；第二句指的是平民作为一个整体，有权分享统治，但并不意味着每个公民都有统治。对比本书 p. 11 n. 15。

[18] 有一次，监察官将一位元老从元老院里除名，因为他在没有听取建议的情况下就与妻子离婚了，参见 Val. Max. II, 9, 2。每位官员在做任何新事情之前，都有义务听取元老院的建议，这就是元老院特权的来源。元老院的决议即使在成为法令之后，仍被称为"决议"，而这种决议即使遭到否决，也仍然具备某种"权威"。

[19] 关于权威，参见 R. Heinze, Auctoritas, *Hermes* LX (1925), pp. 348-66, 以及 *Von den Ursachen der Grösse Roms* (1921), p. 32 ff.。我无法获得福瑞慈教授（Fritz Fürst）的论文，*Die Bedeutung de auctoritas im privaten und öffentlichen Leben der römischen Republik*, Marburg, 1934。

该做什么。[20]并且，只要对权威的认可不是被迫的，那么罗马人就不会觉得接受他们的领导与自己的自由相冲突。这种心态，再加上所有重要的政治职位都要求拥有相当数量的财产，就不可避免地会导致一种（不带有任何贬义的、原初意义上的）寡头统治。西塞罗在《国家篇》（Ⅰ，47）中借一位对话者之口，描绘了一种名义上每个人都自由的国家："人民投票选举军官与文官，他们可以被游说拉票，法案都是向他们提出的；但是他们实际同意的只是那些他们必须要同意的，即使他们本来不愿意这样做，并且他们自己并不拥有别人想要从他们那里得到的东西。因为他们在行政机关、审议公共事务的机关和由挑选出来的法官主持的法庭中，都未拥有任何份额，所有这些都是以出身和财产为依据授予的。"这种描述和罗马共和国非常匹配。除非罗马可能像民主的雅典那样给公职提供津贴，否则普通公民不可能获得公职（或荣誉）。真正的问题不在于只有少数人应该统治，而在于那些少数人应该是谁。在此，起决定性作用的是尊严与高贵的出身。

政治意义上的尊严，[21]指的是一种特殊的职位，或是通过

---

[20] Val. Max. Ⅲ, 7, 3：纳西卡开始反驳说，"罗马人，安静点，我比你们更了解共和国需要什么"。这些话一出口，大家便肃然起敬。这清楚地表明他们多么尊重权威，他们知道自己缺乏权威。关于权威在公共生活中的重要性，也可以参考一段故事（Ascon. 22, 5 ff. c）：当司务路斯被指控引发了联盟的背叛时，他走到广场上公开声明："西班牙人瓦里乌斯宣称，首席元老司考路斯召集了盟军。首席元老司考路斯表示否认。关于此事没有证人。罗马公民们，你们应该相信谁呢？"阿斯科尼乌斯补充评论道，他的这番话让在场众人都改变了主意，以至于保民官也允许他自由离开了。

[21] 尤其参见 Helmut Wegehaupt, *Die Bedeutung und Anwendung von dignitas in den Schriften der republikanischen Zeit*, Breslau Diss. 1932. 这篇论文尽管在某些方面对历史问题采取了过于文学化的处理，但它仍然是一项很有价值的研究。不同的观点参见 R. Reitzenstein, *Die Idee des Prinzipats bei Cicero und Augustus*, *Gött. Nach*. 1917, pp. 432 ff.；V. Ehrenberg, *Monumentum*（转下页）

担任一项职位而获得的声望。[22] 从拥有尊严之人的角度来说，它包含了一种价值观念，[23] 从人民的角度来说，则是对其功绩的一种尊重。[24] 不过，区别于时间有限的荣誉与转瞬即逝的荣耀，尊严始终附着在一个人的身上，并且可以传给他的后人。[25] 使一个罗马人获得权威的首要因素，就是尊严。[26]

在共和国末期（此时最早出现了关于尊严含义的文本证据），尊严通常不仅表示对一个人的功绩而自发产生的尊重，而且还是一种可以被授予的头衔。[27] 这种头衔首先通过官职来授予，意味着一个人值得获取机会在国家之中运用自己的权威。[28] 尊严预设了具有影响力的意思，它是一个人或一个人的祖先的缩影，与此同时也是未来抱负的基础。[29]

由于是可以继承的，尊严因此与高贵密切相关。事实上，高贵起初不过是对某人祖先的尊严保持尊重。[30] 高贵指的是通过展示德性而获得的声望，[31] 一个人要么因为自己的德性而

（接上页）Antiochenum, *Klio* XIX（1925），pp. 200-7；E. Remy, Dignitas cum otio, *Musée Belge* XXXII（1928），pp. 113 ff.。

[22] Wegehaupt, *op. cit.* pp. 22 ff.
[23] *Ib.* pp. 9 ff., p. 19.
[24] *Ib.* pp. 17 ff.
[25] *Ib.* pp. 12 ff.；Heinze, *Ursachen*, p. 30；Cic. *Pro Sest.* 21；*Pro Mur.* 15 ff.
[26] Cic. *De Inv.* II, 166：尊严是一个人身上值得被尊重的权威。另见 Wegehaupt, *op. cit.* p. 12。
[27] Sallust, *Jug.* 85, 37：贵族……获得的荣誉不是来自他们的功绩，而是他们的高贵身份。Pliny, *Paneg.* 69：年轻贵族因其高贵出身而获得了荣誉。
[28] 参见 Caes. *Bell. Civ.* I, 7, 7；9, 2；III, 91, 2；Cic. *Ad Att.* VII, 11, 1；*Pro Lig.* 18。非常有启发性的论述还有 Sallust, *Cat.* 35, 3-4。对比 Reitzenstein, *op. cit.* p. 434。一种不同的观点参见 Wegehaupt, *op. cit.* p. 37。
[29] Wegehaupt, *op. cit.* pp. 37, 41, 45 f.
[30] Cic. *Pro Sest.* 21；Heinze, *Ursachen*, p. 30.
[31] Cic. *Ep. ad Hirt.* frag. 3（Purser）：高贵无非就是为人所知的德性。另见 Sallust, *Jug.* 85, 17。

"出名",要么因其祖先的德性而出名。德性在这里指的是拥有可以处理公共事务的尊严。由于高贵与尊严被认为是可以继承的,因此,出身和姓氏即使脱离财富与关系,仍然是政治中的重要因素。在帝国时期,一个讽刺作家可能会问,族谱有什么用啊?[32]一位哲人也可能断言,使人出名的是族谱而非高尚的品性。[33]但在共和时期不是这样的。姓氏与族谱非常重要。一个著名的姓氏也许就能影响选举,[34]而某个祖先的形象,也许就能担保一个人的价值。[35]在阿庇乌斯·克劳迪乌斯的尊严面前,就连西塞罗的华丽言辞都无法掩饰事实上的紧张。[36]当财务官恺撒提醒罗马人,自己的家族(在一个日偏食之时)起源于维纳斯,因此分享着人们对诸神的崇敬时,难道说他只是在夸夸其谈吗?[37]恺撒肯定很了解同胞们的情绪。[38]

贵族的优越地位形成了一种传统,而且其他罗马人原本可能会一直接受这个事实,可惜的是,在罗马,声望意味着权力,再加上想要提高个人声望的野心逐渐摧毁了少数人的尊严与全体人的自由二者之间的和谐关系。

所有贵族都有一种共同的强烈冲动,想要维护自己的尊

---

[32] Juvenal, VIII, 1.
[33] Seneca, *De Benef.* III, 28, 2.
[34] Cic. *In Pis.* 2; *II in Verr.* V, 180.
[35] Sallust, *Jug.* 85, 29. 对比 Cic. *De Leg. Agr.* II, 100。
[36] 非常有启发的论述参见 *Ad Fam.* III, 7, 4-5。
[37] Suet. *Div. Jul.* 6, 1.
[38] 同样值得注意的是盖约·格拉古(西塞罗称其为最受欢迎的人)在公民大会上的一段说法:我出生于最高贵的等级,我很高兴与你们说话,……伟大的非洲征服者西庇阿不在了,提比略·格拉古也不在了,现在就剩下我和我儿子了,希望你们为我祝福(Schol. Bob. 81, 20 St. = Malcovati, *Orat. Rom. Frag.* II, p. 139, no. 44)。

严。由于尊严的最终标志是担任公职，因此公职就成了这种野心的目标。贵族们也开始从荣誉的角度看待国家的整个结构。老加图这个白手起家的人坚持说，"权利、法律、自由、共和国，应该由我们共同享用；荣耀和荣誉，则要靠每个人自己争取"。[39]而他的年轻对手，非洲征服者西庇阿的心态则大不相同。因为后者说，"从纯真中产生价值，从价值中产生尊重，从尊重中产生命令，从命令中产生自由"。[40]这里的自由指的不是建立在平等法律之上大家都有的自由，而是一种只属于西庇阿与其少数同类的自由，对他们来说，自由就是获得荣誉和统率权。如果说这就是贵族对尊严与自由二者关系的看法，那么问题就出现了。从长远来看，贵族的尊严还能与罗马人民的自由及平等的法律和谐共存吗？因为权力越来越集中在贵族的手中，而"一切权力都易于腐败"。

在公元前2世纪，贵族掌握了主要的行政官、军队指挥官、行省、国库以及法院。[41]他们不择手段地聚敛财富，驱赶自己领地上的小土地所有者，胡乱处理公共事务。贵族最初不是单纯地来自血统，而是由服务与功绩产生的优越地位，所以从理论上来讲，这种地位不是固定不变的。但是它后来变成了一个排外、傲慢并且自满的小集团，痴迷于财富，并且想要永远保住自己的权力与统治。他们的尊严开始意味着不计后果的非正义统治。[42]

---

[39] Malcovati, Ⅰ, p. 218, no. 249.
[40] Ib. p. 241, no. 22. 对比 Cic. *De Off*. Ⅰ, 13。
[41] 例如参见 Sallust, *Jug*, 31, 20; 41, 7; *Cat.* 39, 1 f.。
[42] 参见 C. Gracchus frag. 27, 45, 46（Malcovati, Ⅱ, pp. 133, 140）; Sallust, *Jug*. 31; 41; 85; *Cat.* 11 ff.; Plut. *Ti. Gracchus* 8; Cic. *II in Verr*. Ⅴ, 175。

反对这种寡头统治的人包括：大量的渴望经济保障的无产者；大量的渴望有一个高效、文明的政府的普通公民；正在崛起的、渴望获得权力的骑士等级成员；还有不幸落魄的贵族，以及由于某些原因与当权者不合，但又渴望尊严的人。

当这些寡头统治者的权力与头衔受到挑战时，也许是出于自满，或者是想要给自己的社会政治地位增添一种道德优越感，他们乐于想象并且称呼自己是贵族派；[43]而对手则轻蔑地称他们是少数人、少数派之类。[44]在核心贵族周围，聚集着现有秩序的各种支持者；他们并没有组成一个现代意义上的政党，也没有一个专属的政治纲领。[45]但是，贵族派的大部分人都有一种共同的事业与认同，而共同的利益最终在他们之间制造了某种凝聚力。尽管有个人之间的摩擦，以及因为机会主义考虑而产生的一些前后矛盾，还是存在某种政策上的连续性。[46]

与对手贵族派相比，平民派则更加缺乏凝聚力以及共同

---

[43] 关于政治意义上的"贵族派"一词的最早用法，参见 *Rhet. ad Herenn.* Ⅳ, 45。关于这种用法出现的日期，参见 W. Warde Fowler, *Journ. Phil.* Ⅹ (1882), pp. 197 ff.。该作者认为最早出现在公元前 1 世纪 80 年代中期。施特拉斯布格尔（H. Strasburger, PW, XVIII, col. 774）猜测，盖约·格拉古所说的"最坏的人杀死了我最好的兄弟暨比略"（Pessumi Tiberium fratrem meum optimum interfecerunt），这段话预设了贵族派作为政治术语在当时已经流行起来了。这个猜测可能成立但并不确定。因为所引句子中的对立可能是自成一体的，即"pessumi"由"optimum"引起，但并没有预示"optimates"一词。

[44] C. Gracchus, frag. 52（Malcovati, 11, p. 142）; Sallust, *Cat.* 39, 1; *Jug.* 31, 1-4; 42, 1; *Hist.* Ⅲ, 48, 3 and 6 M; Cic. *Pro Sest.* 96.

[45] 在《为塞斯提乌辩护》中，西塞罗出于一些明显的原因过分夸大了贵族派的含义。不能从字面上来把握他对这个词的解释，以及对相关政策的阐述。

[46] 西塞罗对机会主义的评论，参见 *Ad Fam.* Ⅰ, 9, 21, 以及 *Pro Planc.* 94。它们适用于西塞罗时代的许多政治家。

的政治纲领。在古代，平民派这个名字被赋予各式各样的人；他们的目标与行动并不一致，有时还是对立的，如改良者[47]与投机者，暴发户与旧贵族，温和者与极端者，等等。他们的共同点在于采取的策略，也就是争取平民的支持，因此得到了平民派这个称呼。格拉古兄弟的事迹表明，公民大会可以强力制衡那种有元老院的权威在背后支撑的贵族权力。不过区别于格拉古兄弟那种真正的甚至有些走火入魔的民主分子，总体来说平民派是把人民视为一种工具，而非目的。[48]他们的主要目标是打破寡头阶层对权力的垄断。因此，他们不断地抨击少数人或者说少数派的统治、权力、骄傲和贪婪，呼吁人民恢复其自由。[49]而贵族派则回应说，是自己保护了自由与共和制。[50]

就本书的研究目的而言，无须赘述整个罗马历史中曲折多变的政治事件。这里只讨论直接或间接地涉及自由观念的一些内容，并且出于方便用一些标题来分类。

---

[47] 尽管格拉古兄弟与自马略以来的其他平民派有明显区别，但是并不能像有些人那样将他们排除在平民派之外（H. Last, *C.A.H.* IX, pp. 96, 114, 137），因为格拉古兄弟在古代就被认为是平民派的典范；Cic. *De Dom.* 24：盖约·格拉古是最忠于人民的人；*Pro Sest.* 105：格拉古兄弟、萨图尼努斯或者从前被当作人民之友的人。值得注意的是，西塞罗这篇《为塞斯提乌辩护》中对平民派的描述，开始于《卡西乌斯投票法》（公元前137年）的发起人卡西乌斯。与之类似，萨卢斯特也把格拉古作为"党派之争"的开端，参见 *Jug.* 41-2。

[48] 对比 H. Last, *C.A.H.* IX, pp. 137 ff.; W. Ensslin, Die Demokratie und Rom, *Philologus* LXXXII（1927），p. 327。

[49] 例如参见 Sallust, *Jug.* 31；41-2；85；*Hist.* I, 55；III, 48 M. 有关这些口号的更多内容将在后文讨论。

[50] Sallust, *Hist,* III, 48, 22 M：这些自封的自由捍卫者。Cic. *Pro Sest.* 136：现在我要结束评价贵族，他们的领袖、国家的卫士。对比 *Pro Sest.* 98。

2. 主要争论点

（a）元老院的权威

西塞罗的《为塞斯提乌辩护》(*Pro Sestio*，96-143)之中包含了一些非常有启发性的证据，可以说明贵族在宣称自己是共和国的捍卫者时，他们脑海中所设想的宪制的特征。在回答"哪类人最优越"这个挑战性的问题时，西塞罗概述了一种理想版本的贵族派政治纲领。这个版本，毫无疑问为了满足外人的需求而经过精心算计，但是也同样暴露了它的内涵与缺陷。

这一冗长的论述中有两段话值得特别注意：

> 那么这些统治着国家、指引国家前进的人，他们的目标是什么？对于所有健全、善良、成功的人来说，这个目标就是和平与尊严。这是最好的、最值得向往的东西。对和平与尊严抱有期望的人都算是贵族。那些实现了和平与尊严的人是最优秀的人和国家的救星……这种和平与尊严有一些基础性的要素，需要我们的领导人必须加以保护，甚至要冒着生命危险来保护：宗教、占卜、行政官员的权力、元老院的权威、法律、祖宗的习俗、刑事与民事审判、信誉、我们的行省、我们的同盟、我们国家的声誉、军队、国库。(98)

> 现在我要结束评价贵族，他们的领袖、国家的卫士……相信我，唯一通向崇敬、尊严、荣誉的道路，是让自己的行为配得上爱国者的赞扬与钟爱，爱国者是聪明的，有着良好的本性，理解由我们的祖先极为明智地建立起来的国家组织。当他们无法容忍国王的统治时，他们创

造了任期只有一年的执政官制度，带着这一限制，元老院作为国家的一个永久性的议事机构建立起来。他们希望元老成为国家的领导者、监护者、捍卫者。我们的祖先希望执政官由这个等级的权威来指导，执政官的行动应该像这个伟大的议事会的执行者。还有，他们希望元老院本身应该得到那些直接居于他们之后的有威望的等级的支持，他们应当总是做好准备，保护和扩大共同的自由与利益。所有尽力捍卫这些原则的人都是贵族，无论他们属于什么等级。但是那些比其他人承担更多义务和公共管理的人，总是被当作贵族的领袖，当作国家的领导人与救星。（136-8）

这些带有倾向的观点揭示了一个前后连贯的思路：贵族派的目标是所谓尊严与和平，[51]人民的和平、贵族的尊严；[52]有产阶级对尊严与和平表示支持，这无疑是对"阶级和谐"[53]的一种回应，而元老院是其主要的宪制工具。值得注意的是，人民的自由要么被彻底忽视，例如在列举尊严与和平所依赖的基础时，就没有提及自由；要么是被敷衍地提及一下，即便如此也还是依赖于元老院的权威。相比之下，几乎就没有提及保民

---

〔51〕 对这个短语的进一步研究留待后文。

〔52〕 *Pro Sest.* 104：就当前来说，人民没有理由不同意自己挑选出来的主要人士。他们没有要求任何东西，他们不想革命，他们只为自己的和平感到高兴，为最优秀之人的尊严感到高兴。对比 *De Rep.* Ⅰ, 52：在一个由最优秀之人统治的国家中，人民一定会享有最大的幸福，没有任何顾虑与不安；他们一旦委托了他人来维护自身的和平，后者的职责便是警惕地护卫，从来不让人民觉得自己的利益被统治者忽视了。还可对比 *Pro Sest.* 137。

〔53〕 对比 H. Strasburger, *Concordia Ordinum*。

官的援助与申诉这些著名的自由保障。关于罗马爱国者的描述也非常重要。元老院被描述为始终是宪制中的支配性因素；[54] 它是国家的守护者与捍卫者，每年更换的行政官员是他的执行者，平民的自由与福利也依赖于它。在西塞罗看来，自由国家的宪制以元老院的权威为中心，并且依赖于它。

西塞罗的《国家篇》与《法律篇》也表达了本质上相同的倾向。[55] 在《国家篇》中，古老的共和国实现了一种理想的混合政体，[56] 其本质为"权利、义务及功能三者之间恰当的平衡，以便官员有足够的权力，人民有足够的自由"。[57] 但是，当西塞罗将理论上的政体类型学翻译成罗马宪制的日常话语，并且用历史案例来进行阐释时，"恰当的平衡"变成了元老院的优势地位。他是这样来描述古老共和国的：

> 这就是元老院当时维护国家的情况，人们尽管是自由的，但是只有少量的事情是由他们来完成的，而大部分事情则是依靠元老院的权威，以及习俗与先例。（Ⅱ，56）

与《为塞斯提乌辩护》一样，在这里整个系统的重心依然是元老院。与此类似，西塞罗在《法律篇》（Ⅲ，10）中也提出"元老院的法令有约束力"。

值得指出的是，西塞罗对罗马宪制的描述，尤其是《为塞斯提乌辩护》中的内容，与苏拉的宪制具有一种不同寻常的相

---

[54] 对比 De Dom. 130，元老院的权威在此处指的是元老院的统治。
[55] 在后面的章节还会详细讨论西塞罗的政治作品。这里简单勾勒一下就足够了。
[56] De Rep. Ⅰ，70; De Leg. Ⅱ，23.
[57] De Rep. Ⅱ，57. 对比 Ⅰ，45; 69。

似性。苏拉赋予元老院掌握国家的最高权力，[58]对于他的《科尼利亚二十人法》赋予元老院的那种代表性特征，西塞罗也非常重视。[59]

还有另一点需要注意。从理论上来讲，混合政体的优势在于它综合了三种单一政体的优点，与此同时防止了君主制蜕化为暴君制，贵族制蜕化为寡头制，民主制蜕化为暴民制（*De Rep.* I，69）。但是，整部《国家篇》的主旨似乎在暗示，西塞罗在推崇他理解的混合宪制时，真实的动机只不过是与现实的一种妥协。一方面，允许存在一个强大的政府但又要排除绝对主义；另一方面，让人民感到满意但又要排除民主制。[60]实际上，它要不惜代价取消民主制，[61]因为在人民的统治背后可能潜藏着暴君的因素。[62]

因此，从《为塞斯提乌辩护》及《国家篇》来看，西塞罗的理想宪制首先应该是一种贵族共和制，它以元老院的卓越地位为中心，同时反对绝对主义及民主制。如果说这是温和派西塞罗的有条件的真实立场，那么极端的贵族派则更是这么想的。西塞罗作为始终如一的"新人"，坚持应该从各个领域，

---

[58] 参见 H. Last, *C.A.H.* IX，pp. 280 ff. 与 pp. 286 ff.。

[59] 参见 *C.A.H.* IX, p. 287; PW, IV, col. 1559, 53 ff.。Cic. *Pro Sest*. 137：他们是人民为了这个目的而选择出来的。*De Leg.* III, 27：元老院完全由卸任官员组成，这一法律肯定是一种受欢迎的措施，因为它保证了，除通过公众选举外，任何人不能进入那高贵的等级，从而剥夺了监察官自由选择的权利。

[60] *De Rep.* I, 52：在个人统治的脆弱与多人统治的轻率之间，贵族制处在一个中间位置，意味着最大的节制。

[61] *Ib.* II, 39：最大多数的人不应拥有最大多数的权力……大多数人不会被剥夺投票权，因为那样将导致少数人的狂傲，大多数人不会被赋予很大权力，因为那样充满危险。

[62] *Ib.* I, 65 ff.，尤其 68：柏拉图说，正是从人民的这种放纵之中，从这种被那些人唯一称为自由的东西中，冒出了一些暴君。

按照个人的功绩来选择进入元老院的统治阶级代表;[63]相比之下,贵族派则大体表现出一种顽固的排他主义。不过,西塞罗与贵族统治者的分歧在于元老院的组成,而非职能。元老院曾经是,未来也被看作贵族们为保持权力而进行斗争的堡垒。

值得注意的是,虽然元老院的社会背景并不统一,但它总的来说还是支持贵族派的看法。除非在偶然情况下,有一些元老可能会彻底改变立场,例如秦纳。也许可以毫不讽刺地说,一个支持贵族派的元老与一个支持平民派的元老,他们两人之间的共同性要远远多于一个是元老,另一个不是元老的两个平民派政治家。[64]因此,贵族派与元老院之间的稳固联盟就不足为奇了。在斗争的整个时期,贵族派一直在援引元老院的权威,[65]正如平民派一直在援引罗马人民的自由。

(b) 土地法

格拉古社会改革的许多方面都与自由相关,但是现存证据使我们无法确定在提出各种主张时,"自由"在多大程度上以及通过何种方式发挥了影响。[66]也许可以合理地假设,《土

---

[63] Pro Sest. 137; De Rep. Ⅰ, 51. 对比下文,pp. 52 ff.。

[64] 在这个问题上可以对比 Cic. Phil, X, 3。

[65] 例如参见 Sallust, Hist. Ⅰ, 77 M (Oratio Philippi); Cic. Pro Rab. perd. reo, 2; Pro Sest. 98; 137; 143; 以及 the Philippics, passim。另见 Cic. Brut. 164。值得注意,李维乌斯·杜路苏斯因为在对抗格拉古兄弟时的优异表现,被授予"元老院守护神"的称号, Suet. Tib. 3, 2。关于李维乌斯·杜路苏斯,参见 Cic. Pro Mil. 16; De Orat. Ⅰ, 24; Diod. Sic. XXXⅦ, 10。

[66] 克洛塞尔(Libertas, pp. 42-4)坚持认为,在围绕《土地法》的斗争中,自由是平民们的口号,但是它所引用的古代权威,除了一些无关紧要的之外,并不能可靠地证明他的观点。

地法》与《粮食法》(也许还可以加上《审判法》[67])是以"平等"及"平等的法律"的名义而受到拥护的。正如已经看到的那样,它们构成了自由的一个基本方面,但是对此也有不同的解释。

格拉古提出的经济措施的基本思想是,人民应该有权分享属于国家或者说国库的公共财产。据说提比略·格拉古曾经提出,公共财产只能在公民之间进行分配。[68]同样,罗马穷人也抱怨他们因为军功而获得的土地份额,现在都被人抢走了。[69]这与普鲁塔克概述的提比略·格拉古的一个演讲相契合,他抱怨道:"为了意大利而战斗并赴死的人们,除了空气与阳光之外,没有分享到任何东西……他们为别人的奢侈和财富战斗并赴死,他们被称为世界的主人,却没有一块属于自己的土地。"[70]公民有权在他帮助获得的土地上建立一栋房子,这种主张在萨卢斯特那里也得到了回应:"我们的祖先为什么要抵抗皮洛士、汉尼拔、菲利普斯和安条克?不就是为了我们的自由,我们的家庭,还有我们除了法律什么都不服从的特权?"

---

[67] 参见 Flor. II, 1。
[68] Appian, *Bell. Civ.* I, 11.
[69] *Ib.* I, 10, 4.
[70] 特格尔认为,提比略的演讲反映的是他从布洛修斯那里学到的斯多葛派信条,这似乎是对普鲁塔克文本的过度解释(F. Taeger, *Untersuchungen zur römischen Geschichte und Quellenkunde: Tiberius Gracchus*, pp. 16 ff.)。这篇演讲的要点,不是"'意大利野兽'享受了世界统治者罗马人才能享受的神授权利,这一点严重违背了神圣的世界法则"(*op. cit.* pp. 17 f.),而是为了意大利土地战斗并赴死的人们没有一块属于自己的土地,他们的所有成果都落入了富人手中。格拉古兄弟真的从斯多葛伦理学中寻找构成平等的法律与共和国的基本正义观念?至于布洛修斯,也有人严重怀疑他的思想起源于斯多葛派,参见 D. R. Dudley, Blossius of Cumae, *J.R.S.* XXXI (1941), pp. 95 ff.。该文将布洛修斯的民主式观点追溯到坎帕尼亚传统,而不是斯多葛派。

(*Hist.* I, 55, 4 M)

通过李维的记载，在弗洛鲁斯那里（II，1）或许还能听到一些对格拉古讲话的微弱回应：

> 这些法律（《土地法》《粮食法》《审判法》），确实带有一些平等色彩。一群征服了所有其他国家并成为世界主人的人民，却没有属于自己的祭坛和家宅，有什么要比他们从元老院手中拿回自己的全部权利还正义的事情？有什么要比最贫困阶层的人民应该得到自己国家公共财富的供养还公平的事情？有什么要比在元老院管理的行省中以司法特权来支持骑士阶层的权力更有利于维护平等的自由？

46 这一切也许还能追溯到比李维的反思更久远的年代，因为李维在某种程度上熟悉格拉古的宣言。[71]

就《土地法》与《粮食法》所涉及的是公共财产的分配而不是公民权利的改善而言，如果在倡导这些新措施时，起主要作用的不是自由而是平等，那么它就完全符合共和国及平等法律的理念。[72]但是由于缺乏一手证据，很难形成确定的判断。

---

[71] 对比 Flor. II, 2, 3 与 Plut. *Ti. Gracchus* 9, 5 f.。
[72] 诚然，经济独立是自由的必要前提，但如果我们将这种看法应用于共和国末期，并从中推测《土地法》倡导者的可能用语（像克洛塞尔与波尔曼那样）就会带来这样的问题，即我们是否把现代思想投射到了古代。如前所述，在罗马，自由的基本含义是指一个人的地位，他不是奴隶，而是罗马公民。需要怀疑，在格拉古时期，经济福利与自由之间的关系是否像在我们今天这样容易理解。当时，一方面债务口约已经被废除，另一方面最贫穷的公民也享有那些最富有的外国人或被解放的奴隶所不能享有的权利。

不过，如果前述关于《土地法》的猜想是正确的，那么平民派宣传中出现的自由，似乎具有一种纯粹的政治意义。

毫无疑问，贵族不愿意考虑改革公地的所有权，因为他们及其追随者掌握了其中的大部分。格拉古一定了解元老院的普遍态度，他大概也了解自己的土地法案在那里不大可能受到欢迎。这也许就是他为什么选择私下征询建议，[73]并且在把法案介绍给公民大会之前，没有先提交元老院进行讨论。这种背离宪制惯例的做法，打击了元老院的权威，可能也是元老院反对该法案的原因之一。最后为了尝试安抚元老院，格拉古向它提交了自己的提案以供讨论。[74]但这次尝试失败了，于是格拉古采取了极端手段。

(c) 人民的统治权

为了镇压奥克塔维厄斯的反抗，提比略·格拉古采取了一项前所未闻的措施：通过平民大会投票罢免了奥克塔维厄斯。他在人民面前为自己的做法进行辩解的演说要点被普鲁塔克记录在了《格拉古兄弟传》(Plutarch, *Ti. Gracchus* 15, 对比 Appian, *Bell. Civ.* I, 12) 中，值得关注。

这篇演说主要有两个论点：第一，保民官只有在为人民服务时，才是神圣不可侵犯的；因此，假如他不公正地对待了人民，他就丧失了自己的职务及不可侵犯性（第2节）。第二，由于保民官的权力是人民赋予的，所以如果他违背人民的意愿，人民就可以剥夺他的权力，转而授予另一个人（第7—8

---

[73] Cic. *Acad. Prior.* II, 13; Plut. *Ti. Gracchus* 9, 1.
[74] Plut. *Ti. Gracchus* 11, 1-4.

节）。[75]

这个理论，就算只限定于保民官与平民大会（这大概是不可能的），一旦被采纳的话也足以通过两个深远的影响而颠覆罗马的整个统治体系。

正如我们所看到的，罗马官员的基本特征是虽然由人民投票选举产生，但他没有义务以选民代表的身份行事。官员在其上任的那一刻开始，就要在宪制设定的范围内行事，而他行事时所依靠的是官职本身的特权而非人民的同意。人民选择了这个人，但是他们无法控制其行为。元老院可以在事后发表意见，宣布某个具体的行为"不利于共和国"，但是人民从来不能通过一项关于某个官员的不信任投票。现在，奥克塔维厄斯因为违背人民的意愿而遭到罢免，这就意味着自此之后，至少保民官纯粹变成了人民的一个代表。由人民大会的意志而进行的统治，长期以来被得到元老院权威支持的官员的特权替换掉了。鉴于在除了独裁官以外的所有官员面前，[76]保民官都享有更高的权力，这一创新对整个统治体系的影响非常深远。

演说的第二个要点在于，权力平等的原则被解释为，同僚的反对意见的效力总是强过肯定意见。[77]然而，如果一位保民官可以通过公民大会的统治权来推翻另一位保民官的否决

---

[75] 似乎受到了科恩（Kern, Gottesgnadentum und Widerstandsrecht）的影响，特格尔在格拉古的演讲中发现了"抵抗权"理论，参见 Taeger, *op. cit.* pp. 18 ff.。但是，格拉古提到塔尔昆被驱逐，以及不贞洁的维斯塔圣女受到惩罚，只是为了举例说明破坏圣洁的坏人所受到的神圣惩罚，而不是为了提出抵抗暴君的权利。他关心的是正式罢免一位在其权限内行事的不可侵犯的官员，这完全不同于抵抗非正义统治的情况。

[76] 参见前文 p. 23。

[77] 参见前文 p. 22 n. 59。

意见，那么至少就保民官而言，这种权力平等的机制就被破坏了。提比略可能并没有明确攻击权力平等原则，[78]但是不论他说了什么或者想说什么，他的行为都已经破坏了这个原则。

人民做出压倒一切的决议是不寻常的，但也并不新鲜。公元前148年，西庇阿被选为执政官时，就不符合《年龄法》的规定；而他后来被人民投票选为非洲统帅时，也不符合分配"行省"应该通过抽签的规定。[79]不过，公元前148年的程序与公元前133年的有一个根本区别。前一个例子，人民是在元老院的默许下，搁置了法律；而后一个例子，他们罢免了一位官员。如果说人民始终拥有制定或废除法律的权力，那么除了通过一般性的法律之外，他们永远无权干涉官员的特权。罗马的政府，虽然是由全体公民选举产生的，但它本质上不是民主制。因为政府一旦掌权，就在很大程度上独立于人民的意志。这也就是为什么格拉古的做法被认为是革命性的。

与之类似，保民官总是有义务遵循人民的意志，这种观念也并不新颖。[80]不过，格拉古是在新的情境下恢复了这条旧原则，以此来为自己罢免一位保民官的做法进行辩护，他就给宪制实践增添了一种新的元素。很难说他的行为是否合法，但它无疑是新颖的、革命性的事件。

考虑到他的对手们没有表示出一丝同情，人们不禁会想，他们声称格拉古正在试图建立"王政"的说法有一定的道理。

---

〔78〕 普鲁塔克（*Ti. Gracchus* 11, 6）似乎就是这么暗示的。对比 H. Last, *C.A.H.* IX, p. 27。

〔79〕 Appian, *Lib.* 112.

〔80〕 Polyb. VI, 16, 5：保民官总是有义务按照人民的决定行事，并充分注意他们的意愿。但这只适用于等级斗争的时期。

因为，如果公民大会成为严格意义上的最高统治者，如果它拥有了凌驾于法律及保民官之上的权力，如果保民官可以不受限制地连选连任，那么一位得到城市平民拥护的保民官，就将掌握不可估量且不受控制的权力。

在接下来的几年之中，与人民的统治权密切相关的多条举措被提出或是通过。盖约·格拉古提出一项建议（后来因为他母亲请求宽恕奥克塔维厄斯而撤回），规定如果人民罢免了一位官员，那么该人也不能再担任其他职务。[81]公元前104年的保民官卡西乌斯·隆吉努斯，"通过一些打击贵族权力的法律，规定那些被人民定罪及罢免了职务的人，不能待在元老院"。[82]同一年的《关于祭司的多米求斯法》规定，大祭司与占卜官应由一个专门的大会选出，而不是像过去那样只是由祭司团进行增补。[83]值得注意的是，苏拉废除了这条法律，而恺撒后来又将它恢复。[84]公元前100年，安东尼乌斯为被指控严重叛国的诺尔巴努斯辩护说："如果官员应该受到罗马人民权力的管辖，那么你指控诺尔巴努斯做什么呢？他的保民官职位就是服从于国家的意志。"[85]这显然不是罗马的正统观点。公元前67年，加比尼乌斯提议让庞培担任指挥官去打击海盗，遭到了一位同僚保民官的否决，于是他采取了提比略·格拉古对付其对手奥克塔维厄斯的方法。他提议罢免那位顽固的同僚，最后在已经有十七个部落表示赞成罢免之后，这位同僚终于撤回自己的否

---

[81] Plut. *C. Gracchus* 4, 1-2.
[82] Ascon. 78, 10 f. c.
[83] 参见 Cic. *De Lege Agr.* II, 19, 以及 Ascon. 79, 25 f. c.。
[84] 参见 *C.A.H.* IX, pp. 163 f., 288, 487。
[85] Cic. *De Orat.* II, 167.

决（Ascon. 72 c）。大约同一时间，保民官科尼利乌斯提出一项法案（只有人民才能豁免法律），如果这条法案以其原始版本被通过的话，就将重新确立人民在给予个人豁免问题上的最高权力（Ascon. 58, 3 ff. c）。[86]

（d）投票法

对平民派来说，人民大会被证明是一项非常宝贵的工具，可以用来打击贵族派的权力。有鉴于此，设计用来保障投票人独立性的无记名投票制度，就变得非常重要。我们在这个问题上的主要权威西塞罗认为，无记名投票是以自由的名义而得到支持。[87]他本人一方面认识到无记名投票不利于贵族的优势地位，另一方面也发现人民将无记名投票视为其自由的主要组成部分。在《法律篇》（Ⅲ, 33 f.）中，他提出了一项幼稚的妥协，建议应该继续举行投票，但是要在投下选票之前把它们展示给那些"最优秀及最显要的公民"。他补充说，这一程序将给予人民"一种自由的表象"，同时又保留了贵族的影响力。西塞罗对这个问题的处理，表明了人民对无记名投票的重视，[88]以及贵族对它不情愿的接受。贵族派反对投票法，因为不受控制的投票很可能终结他们对选举的影响。[89]大概也是出于同样的原因，人民则坚持不受控制的投票。[90]

---

[86] 关于人民统治权观念的一些含混表述，也可参见 Sallust, *Jug.* 31, 11, 20; *Hist.* Ⅰ, 55, 11 and 24 M; Ⅲ, 48, 15-16 M; Cic. *Pro Rab. perd. reo*, 5。

[87] Cic. *Pro Sest.* 103; *De Lege Agr.* Ⅱ, 4; *De Leg.* Ⅲ, 39. 关于争取自由投票权运动的一些论述，参见 Livy Ⅳ, 56, 3; Ⅳ, 3, 7; Ⅳ, 43, 712; Ⅵ, 40, 7。

[88] 对比 Cic. *Pro Planc.* 16; *Pro Corn.* ap. Ascon. 78, 2 c。

[89] Cic. *Pro Sest.* 103; *Brut.* 97; *De Amic.* 41; *De Leg.* Ⅲ, 34, 36。

[90] Plut. *Marius* 4; Cic. *De Leg.* Ⅲ, 35, 38。

(e) 保民官的权力

格拉古与萨图尔尼乌斯（只引用最出名的几位）的仕途证明，保民官有可能成为元老院及贵族们的强大对手。此外，就像在等级斗争时期那样，保民官被视为一种具有革命性的官职，而贵族派则把所有的内乱都归咎于它。[91]因此，苏拉的和解方案中很重要的一部分就是让保民官无害化。他通过两种方式削弱了保民官的地位：首先，颁布法律规定担任过保民官的人永远没有资格再担任其他官职，就使得保民官职位对那些有企图、有野心的政治家失去了吸引力。其次，他限制了保民官干预的范围，[92]压缩或废除了保民官的提议立法权。[93]通过这些方式，苏拉确保了元老院的地位，但是与此同时，反对其和解方案的人们也得到了一个煽动不满的把柄。正如苏拉关于保民官的措施并非孤立的法令，而是一个全面计划的一部分；同样，人民为恢复保民官特权而进行的斗争，也是为了推翻苏拉的整个体系。

可以想到，在关于恢复保民官权力的问题上，平民派经常提到自由与奴役的问题。[94]不过他们在这个问题上的煽动也表明，人民的自由并不是平民派的真正目的。

公元前73年，李锡尼·马凯煽动恢复保民官的权力，理由是保民官乃"平民权利的守护者"。[95]对保民官的这种描述

---

[91] Sallust, *Hist.* Ⅰ, 77, 14 M; Cic. *De Leg.* Ⅲ, 19-22; Flor. Ⅱ, 1, 1.
[92] Cic. *Ⅱ in Verr.* Ⅰ, 155. 对比 H. Last, *C.A.H.* Ⅸ, p. 292。
[93] 参见 Livy, Epit. LXXXIX; Cic. *De Leg.* Ⅲ, 22; *C.A.H.* Ⅸ, p 293。
[94] 尤其参见保民官李锡尼·马凯的讲演, Sallust, *Hist.*, Ⅲ, 48 M. 也见 *ibid.* Ⅰ, 55 以及 Ⅱ, 24。
[95] Sallust, *Hist.* Ⅲ, 48, 1 M；平民得到保民官是为了保护自己的权利；*Ib.* §12：保民官是祖先留下的武器，用来捍卫你们的自由。

是传统的，[96] 但它通常适用于援助权而非政治性权力，但苏拉并没有剥夺保民官的援助权。保民官最早是个人权利的守护者，但是马凯并不认为个人权利就足以带来自由。[97] 他的真实目的是"打击贵族的统治地位"，并且他很遗憾自己只是"官员的一个影子"。[98] 很明显，他希望拥有不受限制的干涉权与行动权，但他的说辞是人民的自由。与之类似，埃米利乌斯·雷必达在公元前78年煽动恢复保民官的权力，也是说要在奴役与统治之间进行选择。[99] 平民派对自由的频繁呼吁看起来是一种权宜之计，试图挑动那些不愿陷入政治冲突的人的激情。[100] 要求恢复保民官的原初权力，也同样不可能是为了增加人民的权力。[101] 值得注意的是，虽然西塞罗的个人经历使他不喜欢保民官，但他说为了元老院的利益，应该维持保民官的完整权力。[102] 这种观点有很多值得讨论之处。

因此，平民派坚持恢复保民官权力，似乎首先是为了给他们想要推翻元老院霸权的政治权力斗争增加一个工具。他们刻意歪曲了这个问题，假装是为了平民的权利。尽管他们的煽动取得了成功，[103] 但是有理由怀疑他们是否表达了人民的真实感

---

[96]　参见前文 p. 26。

[97]　Sallust, *Hist.* III, 48, 26 M：但是一种迷药放倒了你们……不论是荣耀还是耻辱都无法唤醒你们。你们放弃了一切，以为自己有足够的自由，理由是富有的主人们没有压弯你们的脊背，还允许你到处行走。

[98]　*Ib.* §3：空有一副官员的样子。保民官在恢复权力之后的行为方式，参见 Sallust, *Cat.* 38, 1。

[99]　Sallust, *Hist.* I, 55, 10 M：哦，罗马人啊，此时此刻，我们要么是奴隶，要么就是主人；要么是感到恐惧，要么是制造恐惧。

[100]　下一章将讨论人民对于共和国末期的政治斗争的态度。

[101]　正如萨卢斯特提到的那样，参见 Sallust, *Hist.* III, 48, 15 M。

[102]　参见 *De Leg.* III, 23. 对比 Livy II, 44。

[103]　参见 Ascon. 67, I f. c.。尤其参见 Sallust, *Hist.* III, 48, 8 M。

受。不过，他们至少是让"恢复自由"的口号，变成了在共和国末期的政治斗争中家喻户晓的说法。

（f）新人的机会平等

执政官职位应该对贵族与新人平等开放，[104]还是只为贵族保留，这是贵族派与平民派争论的一个焦点。[105]诚然，在新人的主张与论据中并没有直接提到自由，但确实涉及了相关问题。因为，尽管这里争论最激烈的是执政官职位的资格问题，但是最终形成了一个普遍的规则，即所有职位的取得应该首先考虑候选人的个人素质，而不是他的出身与社会地位。

伤害新人的不是法律性的歧视，而是社会性的障碍。西塞罗和萨卢斯特[106]在谈论新人问题时，都没有将基础建立在新人拥有担任执政官的形式性权利，因为无人否认这种权利。从公元前4世纪开始，只要年龄、品性及任职经历符合要求，那么所有公民就都有资格担任晋升体系中的任何职位。[107]不过，尽管有正式的法律规定，一般而言，贵族还是能够发挥他们的影响力，阻止新人担任执政官。[108]他们坚持认为，只有执政

---

[104] 关于这个概念的意义参见 J. Vogt, *Homo novus, ein Typus der römischen Republik*, Stuttgart, 1926; W. Schur, Homo novus. Ein Beitrag zur Sozialgeschichte der sinkenden Republik, *Bonner Jahrbücher* CXXXIV（1929）, pp. 54-66; H. Strasb-urger, in PW, XVII, col. 1223-8, *s.v.* novus homo; M. Gelzer, *Die Nobilität der römischen Republik*, pp. 22 f., 27 f., 40 f.。
[105] 参见 H. Last, *C.A.H.* IX, p. 138。
[106] *Jug.* 85. 舒尔认为萨卢斯特这里只对西塞罗的说话风格进行了一些改造，似乎是一个毫无根据的假设。参见 *op. cit.* p. 55。
[107] 个别的例外是：只有平民才能担任保民官；同样，有一些职位也只能由贵族担任，例如摄政王。
[108] Cic. *De Lege Agr.* II, 3; Sallust, *Jug.* 63, 6.

官的子孙，或者至少是元老的儿子，[109]才适合担任执政官；而其他人"不配"[110]获得这种荣耀，因为出身而丧失了资格。所以这不是权利的问题，而是够不够格的问题，也就是罗马人所说的尊严。[111]

当贵族派试图将新人排除在自己的小团体之外时，新人们则声称，衡量一个人是否配得上包括执政官在内的一切职位时，应该考虑个人的功绩，而不是他的血统。在获得荣誉方面，已经得到证明的能力应该与高贵的出身同等重要。[112]

李维将新人的宣传话语投射到了卡努莱乌斯的虚构演讲之中，引发了关于投票自由的问题。[113]从某种意义上说，李维也许是对的：如果不存在合理的提名选举人的自由，那么投票自由也就成了空话。但李维是否意识到了这一点也很值得怀疑。事实上，认为投票自由指的是"（罗马人民）可以选择执政官"，这种说法只适用于在公认合格的候选人之间进行选择的情况。如果认为此处指的是严格的字面含义，那就是对罗马实践的误读，也完全不符合新人们的真实愿望。因为，当西塞罗（*De Lege Agr.* Ⅱ, 3）表示自己尽管是一个新人，但人民却让他在选举中击败了贵族，这种说法只不过是对选民的一种奉承。除此之外，他从来不把这件事描述为贵族与人民之间

---

[109] 参见 Gelzer, *op. cit.* p. 28。对比 Vogt, *op. cit.* p. 24 n. 4。正如格尔泽所论述的那样，从塞克斯提乌斯（公元前366年）到西塞罗（公元前63年）期间，只有15位新人获得了执政官职位。

[110] Sallust, *Cat.* 35, 3：[喀提林抱怨道]我总是看见那些不配拥有荣耀的人获得了荣耀的职位。对比 *Cat.* 23, 6 与 *Jug.* 63, 7。

[111] 参见 Livy Ⅳ, 3, 7；Cic. *Pro Mur.* 15 f.。对比 M. P. Charlesworth, Pietas and Victoria, *J.R.S.* XXXIII（1943）, p. 2，以及引用的相关铭文。

[112] 品性而非血统, Cic. *In Pis.* 2。对比 H. Last, *C.A.H.* Ⅸ, pp. 138 f.。

[113] Livy Ⅳ, 3, 7。

的问题。他清楚地指出这是两类人之间的问题：前者从出生的那一天起就找到了适合他们的位置，后者则渴望赢得他们的位置。[114]贵族们倾向于缩小寡头统治者的范围，而新人则试图扩大统治阶级的范围。他们努力打破贵族的排他性，而不是其优越性。西塞罗相信担任执政官的经历使他获得了与贵族平等的地位。[115]新人们虽然对当时的贵族充满敌意，但他们绝不反对贵族本身。不过，当贵族派希望将贵族视为一个排他性集团并保持其世袭地位时，新人们则希望根据功绩从各个方面扩大贵族的范围。他们要求追求尊严的新进者与贵族们享有平等的机会，而不是将贵族彻底拉平。

从共和国角度来说，新人的要求的重要性在于，他们事实上主张的是无视血统的机会平等。这是一种真正的罗马观念，与"平等的法律"相一致。并且从共和制时期的流行观点来看，这是一种关于贵族的新观念，即建立在功绩而非出身之上的贵族。或者用西塞罗的话说，"贵族无非就是得到承认的价值"。[116]

由西塞罗与萨卢斯特提出的这种新的贵族观念，[117]或者说对原初观念的复原，以后将在新人的主要思想盛行的帝国早期阶段站稳脚跟。[118]至于西塞罗本人，尽管表达了自己的所有看法，还是认为要将执政官的子孙以外的任何人称呼为

---

[114] Cic. *In Pis.* 2 f.; *De Lege Agr.* II, 100; *II in Verr.* III, 7; IV, 81; V, 180 f. 对比 Sallust, *Jug.* 85。

[115] *Ad Fam.* III, 7, 5.

[116] 参见前文 p. 37 n. 31。对比 Sallust, *Jug.* 85, 17。

[117] *Jug.* 85, 29-30.

[118] 这一事实在帝国早期的执政官年表中表现得最为明显。例如参见一份来自塞姆的执政官名单，*Roman Revolution*, pp. 525 ff.。

"贵族",也是不大可能,或者说是不受欢迎的。[119]维莱里乌斯·帕特库鲁斯将西塞罗描绘为"一个新的贵族",[120]而按照西塞罗自己的用法来说,这种表述是一种矛盾修辞法。据说马略苦恼于缺乏血统的联想;[121]塞涅卡这个来自"骑士家庭的外省人",[122]大声疾呼,"过去的生命并没有赐给我们荣耀,存在于我们之前的荣耀也不属于我们;只有灵魂才让我们高尚,灵魂可以超越命运,超越任何前置条件,无论这种条件是什么"。[123]比塞涅卡晚两代的尤维纳利斯,在《第八讽刺诗》中也提出了一种新的贵族观念。用他自己的话说,这部作品的主旨是,"虽然你在中庭到处摆满古人的塑像来装饰,但真正的贵族却需要的是个人的德性"。(I. 19 f.)这是一个适合新的帝国贵族的格言,也让人强烈地联想到西塞罗与萨卢斯特。

(g)元老院终极决议

贵族派与平民派各自打着元老院权威与自由的旗号,而双方之间一个特别的、长期存在的争论是"元老院决议捍卫共和国",也就是通常所谓的"元老院终极决议"的含义与效力的争论。[124]

"元老院终极决议"是一项旨在应对国内紧急事态的措施。

---

[119] Gelzer, *op. cit.* pp. 22 ff. and 26 ff.
[120] Vell. Pat. Ⅱ, 34, 3.
[121] Sallust, *Jug.* 85, 25.
[122] Tac. *Ann.* ⅩⅣ, 53, 5.
[123] *Epist.* 44, 5. 对比 *De Benef.* Ⅲ, 28, 2。
[124] 关于其正式措辞及法律含义的详细讨论,参见 G. Plaumann, Das sogenannte senatus consultum ultimum, die Quasidiktatur der späteren römischen Republik, *Klio* ⅩⅢ (1913), pp. 321-86; Mommsen, *Staatsrecht* Ⅲ, pp. 1240 ff., 以及 H. Last, *C.A.H.* Ⅸ, pp. 82 ff.。

直到公元前3世纪末期,遇到紧急事态还是求助于独裁官。然而并非巧合的是,在独裁官制度被废弃的同时,元老院赢得了优势地位。[125]因为尽管在宪制惯例中,独裁官受到申诉权[126]和其他一些可能的限制,[127]但它仍然是一种可怕的权力;一旦任命了一位独裁官,那么虽然他面对的任务是具体的,但是这也意味着在六个月内(除非他自己认为应该提前辞职),整个国家都要承受一段独裁统治。独裁官的设立通常由执政官决定,偶尔也会由公民投票决定。[128]西塞罗对"苏拉的统治"表示反感,也反对贵族派提议由庞培担任独裁官或独任执政官,这就代表了元老院对独裁官制度的态度。[129]

为了避免求助于这个令人讨厌又难以控制的官职,元老院采取了另一项权宜之计:它通过一项法令,建议由执政官为首的官员们,捍卫国家"免受伤害"。通过一项元老院终极决议,本身并不会带来宪制问题。因为严格来说,元老院终极决议与其他决议一样,都只是一种决议而非法律。并且,除非遭到更高级别权力的否决,那么元老院就可以通过任何它想要通过的决议。所以,这完全符合罗马的宪制惯例,以至于从来没有人质疑元老院有通过元老院终极决议的权利。恺撒曾有一次(*Bell. Civ.* I, 7, 5 f.)提出,当下的情势并不应该通过一项元

---

[125] 苏拉之前的最后一位独裁官是在公元前202年被任命的。参见Mommsen, *op. cit.* II³, p. 169, 也见Plaumann, *op. cit.* p. 355。苏拉"颁布法令并重建共和国"的独裁统治,以及恺撒的独裁统治,更类似于十人委员会的权力,而不是"应对战事"的独裁官。

[126] 参见Festus, *s. v.* optima lex(p. 216, ed. Lindsay)。对比Mommsen, *Staatsrecht* II³, p. 164; Plaumann, *op. cit.* p. 353。

[127] 也就是更高级别的权力,参见Plaumann, *loc. cit.*。

[128] 参见Livy XXVII, 5, 16 f.; 以及上文, n. 126。

[129] 对比下文, pp. 61 ff.。

老院终极决议,但即便如此,他也没有质疑元老院通过决议的权利。

严格来说,元老院不能强迫官员采取任何行动。从理论上来说,执政官并没有义务遵照元老院终极决议,正如他们没有义务遵照元老院的其他决议一样。公元前133年,甚至出现了执政官直接拒绝执行已经通过的(或者至少已经在推进中的)元老院最终决议。[130]元老院终极决议的价值,并不在于它是一种强制的命令,而在于其他东西。

元老院终极决议,是元老院宣布国家处在真实的危险之中,因此可以采取非常措施来保护国家。此外,与其他决议一样,元老院终极决议只有在执政官将问题提交给元老院并且经过讨论之后才能通过。[131]并且,终极决议的序言中说明了元老院的辩论,以此作为通过的理由。[132]所以,虽然元老院并没有在终极决议后面附带一个声明,指定具体人员采取具体行动来"保护共和国",但是终极决议本身(尽管一般不指名道姓)就表明了国家在哪些方面受到了威胁,并且暗示某一些公民正在做出敌视国家的态度,所以应该被视为敌人。指名道姓宣布某人正在"反对共和国",并且因此将自己变成了国家的敌人,这种做法只出现在最初的时候,后来一般都是不具名的,[133]因

---

[130] 参见 Val. Max. Ⅲ, 2, 17; Ⅳ, 7, 1; Plut. *Ti. Gracchus* 19, 3 f.; *Rhet. ad Herenn.* Ⅳ, 68; Mommsen, *Staatsrecht* Ⅲ, p. 1242; Plaumann, *op. cit.* p. 359。

[131] Verba de r. p. facere; de r. p. referre. 参见 Plaumann, *op. cit.* p. 341。

[132] "关于此事项他们决议",Cic. *Phil.* Ⅷ, 14。另见 *Phil.* v, 34; Plaumann, *op. cit.* p. 340。

[133] 对比 Mommsen, *Staatsrecht* Ⅲ, pp. 1242 ff.; H. Last, *C.A.H.* Ⅸ, pp. 87 ff.。关于终极决议与指出特定的敌人这二者之间的关系,普劳曼提出了一种不同的看法,他总结说:"指出特定敌人与元老院决议从起源上来讲没有关系。"但是他仍然承认,"这两项行动通常联系在一起","元老院(转下页)

为通过决议只需要一个理由：国家内部出现了敌人。[134]

元老院终极决议在理论上没有违背任何既定法律，也没有侵犯公民的自由。因为，理论上它针对的是那些因其行为而已经把自己置于罗马公民身份之外的人士。不过在实践中，很难在敌人与公民之间画出一条清晰的界线，并且有时经常会发生官员们以终极决议为由攫取不合宪制的权力，不顾应该获得正式审判及上诉的权利，就处死政治上的反对者的情况。由于平民派更容易受到这种伤害，所以他们要求缓和元老院终极决议的影响力。

关于元老院终极决议相关问题的独特性在于这个事实，即凭借终极决议而采取的一切非宪制行动所产生的直接责任，是由采取行动的那些人来承担；而最终的责任却是由刚刚通过了最后一项决定的元老院来承担。因此，假如一项终极决议导致了暴力行动，那么它的反对者就可以控告执行行动的人侵犯了公民权利，而它的支持者则可以辩解说，他们的行动是为了国家安全，并且依靠的是元老院的权威。到了这一步的话，虽然罗马人没有质疑过国家有权保护自己，但是贵族派与平民派又分别打着元老院权威与自由的旗号，在这个问题上展开长期争论。在这方面有三个特别值得注意的例子：公元前120年对欧皮米乌斯的审判，公元前63年对拉比利乌斯的最后审判，以及同一年关于如何惩罚喀提林同伙的辩论。

西塞罗概括了对欧皮米乌斯的指控及辩护如下：作为辩护

（接上页）终极决议事实上绝大多数都是指向某个具体的人"（p. 343）。他给出的把这二者分开的理由是，"如果不把它和具体的历史环境分开的话，你就无法系统地理解这项措施"。在这种情况下，他的方法是否可靠，实在是一个见仁见智的问题。

[134] 关于提出最终决议的一个例子是菲利普的演讲。参见 Sallust, *Hist.* I，77 M，尤其是§22。

方的卡波，承认杀害了盖约·格拉古，但提出理由是为了"我们国家的安全"，而且"有元老院的决议"；[135]而作为控方的德西乌斯认为，法律在任何情况下都不允许未加审判就杀死一位公民。[136]从西塞罗的总结来看，控方似乎并没有提出国家是否真的存在危险的问题。这里的争论就表现为，一方主张的是基于国家理性的更高合法性，而另一方主张的是基于公民权利的个人自由。

大部分内容流传下来的《为拉比利乌斯辩护》很有价值，因为这篇演讲代表了西塞罗对审判拉比利乌斯的政治含义的看法，并且为重构控方的论点提出了一些线索。从西塞罗对控方拉比埃努斯的直接反驳中，可以看到后者的一些论点（第11—13节）。看起来，拉比埃努斯详细论述了《波尔求斯法》与《森普罗尼亚法》之中关于申诉权和自由的规定。作为辩方，西塞罗宣称对拉比利乌斯的起诉是为了打击元老院的权威，同时试图剥夺在紧急情况下保护国家的手段。[137]并且，尽管另

---

[135] 值得注意的是，当卡波质询非洲征服者西庇阿有关谋杀提比略·格拉古的事情时，他回答说，"他被杀死是正当的（iure）"。参见 Cic. *De Orat.* Ⅱ, 106; Livy, EPit. LIX; Veil. Pat. Ⅱ, 4, 4。在这个语境中"iure"的意思似乎是"正当的"而不是"合法的"。

[136] Cic. *De Orat.* Ⅱ, 106, 132; *Partit. Orat.* 104 ff.

[137] *Pro Rab. perd. reo*, 2 ff.; 35; 对比 *Orator*, 102, 以及 Dio Cass. XXXVII 26, 1-2。哈代正确地指出，对拉比利乌斯的弹劾并不是攻击元老院终极决议的有效性与合法性。不用说，任何法庭都不能对正式通过的元老院终极决议的有效性与合法性发表意见。然而，拉比利乌斯审判所引发的问题，还是以某种迂回的方式涉及了一个问题：不论元老院终极决议多么有效与合法，是否就能以此为由在不经审判的情况下处决参与煽动的公民？正是由于这个原因，哈代有关西塞罗误解了审判的本质的观点需要加以斟酌。参见 E. G. Hardy, Political and Legal Aspects of the Trial of Rabirius in *Some Problems in Roman History*, Oxford, 1924, pp. 102, 106。

一位辩护人荷尔顿西乌斯想要驳回有关串通谋杀萨图尔尼努斯的指控,但是西塞罗却承认拉比利乌斯携带武器就是为了杀死萨图尔尼努斯,只不过他认为拉比利乌斯这样做是对的,因为他遵照的是元老院终极决议(20 ff.)。因此,就元老院终极决议而言,西塞罗与拉比埃努斯各自提出的论点与六十年前欧皮米乌斯案件中的指控与辩护几乎是一样的,即公民权利与国家理性及元老院权威的对抗。

根据萨卢斯特的记载,恺撒在关于惩罚喀提林同伙的演讲中,相比前人,对元老院终极决议的内涵进行了更加深入的批评。

恺撒提出,基于最终决议而进行惩罚是一种创新的做法,并不符合罗马的宪制(第8、17、41节),这及时地提醒了那些认为它是"古老习俗"的人。但是他并没有像德西乌斯与拉比埃努斯那样,只是反对国家理性的合法性。他承认对反叛者所做的一切都是正当的(第26节,对比第15、17、23节),但是他也提出了一个更基本的问题:在保护国家时所采取的违宪做法,是否导致了比它想要面对的问题更严重的灾难?

元老院终极决议的含义包括两个方面,一是官员的权力,二是公民的权利;恺撒对这两个方面都考虑到了。执政官可以基于元老院终极决议而对公民的生杀大事拥有不受限制的权力,一旦这种做法被确立起来,那么就没有任何东西能阻止执政官剥夺公民权利了(第25—36节)。《波尔求斯法》及类似法律的价值在于,它们事实上挡在了公民与政治性报复二者之间,并且正是出于这个理由,恺撒反对有关豁免的提议(第40—41节)。[138]

---

〔138〕 对比 Cic. *In Cat.* IV, 10。此处也许值得引用一下托马斯·潘恩的说法,"想要自己的自由获得保障,他必须甚至去保护自己的敌人免于压迫;因为假如他违背了自己的职责,他所确立的先例终将祸及自身"。

由此来看，恺撒的坚持并不是出于合法性的理由，而是指出国家不能放弃确立已久的对于官员权力的制衡，也不能放弃对个人自由的保护。如果没有对自由的保护，国家就会滑向恣意妄为、无法无天的境地。[139]

有充分的理由认为，平民派对元老院终极决议的攻击并非空想，而是经过了深思熟虑。不过，在他们的政治纲领中，似乎没有什么要比通过坚持申诉权的神圣不可侵犯，来对抗那些得到元老院权威的支持或者挑唆的政治行动，更能证明他们所宣扬的自己是自由卫士的主张了。

（h）非常规权力

在罗马共和国末期，关于非常规行政权力的争论也许是国内政治最重要的一个特征。如我们所见，共和国宪制中包含了关于官职任期的详细规定，[140]这被认为是对官员权力的一种必不可少的制衡，并且也是对自由的有力保障。[141]非常规权力要么是由某项特别法律授权设立一种专门官职，要么是一个常规官职获得了或者行使了不同寻常的权力，抑或像是《年龄

---

[139] 从关于元老院终极决议的争论来看，西塞罗的被流放似乎无关紧要。因为，尽管西塞罗由于克劳迪平民大会决议（宣布任何未经审判就杀死一位公民的人都不受法律保护）的结果而进行了自我流亡，但后来发布的对他实行放逐的敕令，理由是他伪造元老院终极决议，而不是未经审判就处死公民。不过，可以顺便提一下，西塞罗的政敌强烈抨击了他的"王政"，*Ad Att.* I，16，10 与 *Pro Sulla*，21 和 25；他的"暴君制"，*Pro Sest.* 109 与 *De Dom.* 75 和 94；以及他的专断权力，Plut. *Cic.* 23，2；对比 Ps.-Sallust，*In Cic.* 5。当他在《法律篇》第三卷第八节中提出，执政官应该"把人民的安全视为最高的法律"时，也许是在自己的思想深处埋藏了个人的经历。

[140] Cic. *De Lege Agr.* II，24；*Dig.* L，4，14，5。

[141] 对比 Livy XXXIX，39，6：在一个自由的国家，既没有任何法律，也没有任何先例，规定一个民选市政官可以要求裁判官的任期。

法》规定的那样，免除了关于官职任期的一切现有规定。[142]

西塞罗曾经评论道，"非常规的治权来源于人民的反复无常，与我们的尊严不合，与我们的秩序不合"。(*Phili.* XI, 17) 就其所表达的贵族派与平民派对非常规权力的态度而言，这句话基本上属实。因为不管动机是什么，贵族派总的来说反对非常规权力与治权。

防止任何成员变得过分强大以至独立于元老院与贵族，毫无疑问符合元老院与统治阶级的利益。因此，他们反对官职的延期与连任。公元前151年，老加图就支持过一项措施，规定"任何人都不应该两次担任执政官"。[143] 但是随着罗马帝国的扩张，以及不断增加的对于指挥官与管理人员的需求，在某些情况下废除有关任期的僵硬规定变得有必要。例如，西庇阿以违宪方式当选执政官和对抗迦太基的指挥官；马略被允许连续担任指挥官，以应对辛布里人和条顿人入侵的危险。[144]

从格拉古和马略开始，随着民众投票权的上升以及职业军队的产生，在非常规权力之中（尤其当它是一种军事指挥权时）蕴含着个人统治的危险。非常规治权的掌控者，得到了民众意志的授权，因此可以在很大程度上根据自己的想法便宜行事。并且，由于军队为了确保自己的饷银与退休金，首先会效忠他们的指挥官，所以政府的地位、元老院以及共和主义的宪制，就受到了动摇。因为缺乏有效的控制手段，非常规权力很

---

[142] 参见 *Cic. Brut.* 226; *De Harusp. Resp.* 43. 对比 Mommsen, *Staatsrecht* I³, pp. 20 ff.。

[143] Malcovati, *op. cit.* I , p. 200, 对比 *ibid.* pp. 71 ff., 以及 Mommsen, *op. cit.* I³, p. 521 n. 1。

[144] Appian, *Lib.* 112; Cic. *De Prov. Cons.* 19。

容易蜕化为无节制的权力,与自由格格不入,且带有专制色彩。这一事实解释了在反对非常规权力的运动中,人们对术语的选择。提比略·格拉古被指控为想要建立"王政"。[145]萨图尔尼努斯也受到了类似的指控。[146]秦纳的统治被称作君主制或暴君制。[147]苏拉的独裁统治被认为是君主制、暴君制、奴役制以及王政。[148]

苏拉试图消除非常规与不受控制的权力,因此他和西塞罗一样都很看重《年龄法》。[149]但事实证明,形势比他的宪制更强大。公元前77年,有人反对由当时还只是一个骑士的庞培担任镇压塞多留的指挥官,但是却发现没有别的选择,于是就像菲利普所说的那样,庞培被派往西班牙担任"代理执政官"。[150]这样一来,贵族派自己就违背了苏拉的规定,而关于非常规指挥权的问题又再度变得尖锐起来。公元前74年,裁判官安东尼乌斯被授予了一项"对整个海洋的无限管理权",以便他对海盗发动战争。[151]

在公元前67年到公元前66年,反对非常规治权的斗争出现了一个决定性的转折点。公元前67年,尽管有元老院领袖们的反对,《加比尼亚法》还是通过了,该法授予庞培巨大的权力去打击海盗。第二年,又通过了《马尼乌斯法》,授予

---

〔145〕 Cic. *De Amic.* 40; Flor. Ⅱ, 2, 7; Sallust, *Jug.* 31, 7; Plut. *Ti. Gracchus* 14, 3.
〔146〕 Flor. Ⅱ, 4, 4.
〔147〕 Cic. *Phil.* Ⅰ, 34; Ⅱ, 108; Sallust, *Hist.* Ⅰ, 64 M; Ascon. 23, 24 C.
〔148〕 Sallust, *Hist.* Ⅰ, 31; 55, 1, 7; 57; Ⅲ, 48, 1, 9 M; Cic. *De Lege Agr.* Ⅰ, 21; Ⅱ, 81; *Phil.* Ⅱ, 108; Ⅴ, 44; *Ad Att.* Ⅷ, 11, 2; Appian, *Bell. Civ.* Ⅰ, 3.
〔149〕 参见 H. Last, *C.A.H.* Ⅸ, pp. 288 f.; Cic. *De Leg.* Ⅲ, 9。
〔150〕 Cic. *De imp. Cn. Pompei*, 62; *Phil.* Ⅺ, 18.
〔151〕 Ps.-Ascon. 259, 6 Stangl; Vell. Pat. Ⅱ, 31.

他同样重大的权力去终结与米特拉达梯的战争。西塞罗，在当时作为平民派的代言人，宣称反对这些法律就是反对人民的意志。[152]但事实远非如此。贵族派反对的理由是，一个人掌握如此巨大的权力将威胁国家的自由。加图路斯在"讨论该法律的会议上表达了自己的反对意见，他说庞培确实是一个卓越的人，但是对于一个仍想要自由的国家来说，庞培又太过于卓越了，不能把所有事情都托付给一个人"。[153]

公元前63年，西塞罗反对茹卢斯土地法案的演讲在讨论非常规权力时，再次使用了"王政"一词。他将提出这一法案的特别委员会称作"十人委员会式的王政"。[154]不久之后，西塞罗自己因为非法处决喀提林的同伙而被称为"国王"。[155]即使在三巨头的统治下，小加图也没有停止对非常规权力的抨击，[156]而贵族们也不愿将非常规权力授予庞培。[157]可能是因为对非常规权力的反对情绪非常严重，恺撒为安抚他的对手，在公元前49年进军罗马时宣布，"他并不想要非常规的荣耀"（*Bell. Civ.* Ⅰ, 32, 2）。"庞培元首制"的支持者有时会忽略掉一件值得注意的事情——西塞罗不仅把恺撒的统治描述为"王

---

[152] Cic. *De imp. Cn. Pompei*, 63 ff.

[153] Vell. Pat. Ⅱ, 32, 1. 对比 Cic. *ibid.* 52, 60; Plut. *Pomp.* 30。

[154] Cic. *De Leg. Agr.* Ⅰ, 24; 对比Ⅱ, 8, 15, 20, 24, 33, 43, 54, 57, 75, 99。有趣的是，克劳迪乌斯皇帝也被描绘为"十人委员会式的王政"，参见 Dessau, *I.L.S.* 212, col. 1, l. 33. 李维也使用了类似的术语，参见Ⅲ, 36, 5, 对比Ⅲ, 38, 2 和 39, 7-8。

[155] 参见前文 p. 60 n. 139。据说喀提林本人也想要建立"王政"，参见 Sallust, *Cat.* 5, 6。

[156] Cic. *De Sest.* 60. 对比 *De Dom.* 22。

[157] Cic. *Ad Att.* Ⅰ, 19, 4; Ⅳ, 1, 7; *Ad Q. Fr.* Ⅲ, 8, 4 and 9, 3; Brutus ap. Quintil. *Inst.* Ⅸ, 3, 95.

政",他对庞培也是如此。[158]

在整个共和国末期,似乎除了苏拉的独裁统治,贵族派反对建立任何非常规的权力,而平民派则依靠人民的支持捍卫这种做法。关于这种权力的各种不同描述,必须置于这一斗争背景下来考虑。令人憎恶的王政这个词,表述的是一种权力或者地位,它即使在形式上合法,也违背了共和宪制的精神,但它并不一定就是君主制。[159] 作为从贵族派与平民派争论中产生的一个用来政治攻击的术语,它并不是在严格的字面意义上被使用。因此,顺便说一句,除非有其他令人信服的理由来推断恺撒想要建立一种君主制,否则仅从他被称为"国王"以及他的统治被称为"王政"这种事实,并不能得出确切的结论。

从目前所说的一切来看,在贵族派与平民派的斗争之中,似乎并没有发展出新的思想或原则。自由的某些方面,有时会被双方同时强调,因而显得比较突出。但是,在双方的教义或说辞中,并没有什么内容或明或暗地不属于传统的自由观念。毫无疑问,在争论中涉及了这些原则,但最值得怀疑的是,这些原则是否因为其自身而受到拥护。除了像提比略·格拉古、加图及西塞罗这些极少的例外,争夺权力的双方似乎都只是为了权力本身。宪法原则及制度对他们来说只是手段而不是目的。萨卢斯特的判断是正确的:

---

[158] 例如参见 *Ad Att.* Ⅷ, 11, 2。
[159] 参见 Cic. *II in Verr.* Ⅴ, 175; Livy Ⅱ, 41, 5-9; Ⅲ, 58, 5; Ⅵ, 41, 3。王政这个词令人憎恶的联想性是源于它和塔尔昆的联系,参见 Cic. *De Rep.* Ⅰ, 62: 什么? 难道你没有听说过塔尔昆? 就是他的蛮横与高傲使得我们的人民讨厌国外这个称号。以及 Livy Ⅵ, 40, 10: 塔尔昆式的保民官,对比 40, 7 与 41, 3。

攻击国家的那些人使用了各种各样动听的借口，有人说他们是在捍卫民众的权利，还有人说他们是在维护元老院的权威，但是在为了公共利益的伪装之下，实际上都是为了他们自己的权力。[160]

不过，虽然贵族派与平民派之间的斗争没有为自由观念贡献新的思想，但却被证明是自由史上的一个极其重要的因素。其原因恰恰在于这场权力斗争缺乏更高级的动机。这场斗争粉碎了自由所依赖的那些制度，以及罗马人对这些制度的信心。因此，它极大地加速了作为罗马自由化身的古老政体的解体。

---

[160] *Cat.* 38, 3. 对比 *Jug.* 41; Tac. *Hist.* Ⅱ, 38; *Ann.* Ⅲ, 27, 1-28, 1。

第三章　传统政体的衰落

1. 意大利人争夺公民权的斗争

罗马的自由包含两个基本观念，共和式宪制，以及内在于罗马公民身份之中的权利。根据现有的证据来看，前者在共和国末期政治家与政治作家关于自由的描述中显得更为突出。除了偶尔几次平民派以公民的申诉权为由，对抗元老院终极决议支持的官员行为，[1]在罗马的派系斗争中，作为一种政治口号的自由，首先意味着一种政体形式，而不是个体公民的权利与自由。自由观念中的这种倾向，不是由于对个人自由的爱好的减弱，而是由于这样一个事实：当内在于罗马公民身份中的权利看起来被牢固确立了时，传统的共和政体却遭受了严峻的考验，并且随着时间的推移，人们越来越怀疑这种政体是否完备，是否还能延续下去。

然而，不同于罗马的政治家们将自由视为某种政体，那些奋

---

[1] 参见前文 pp. 55 ff.。

起反抗罗马、捍卫其自由的拉丁人和同盟者，似乎将公民权利看得高于一切。在现存的资料，特别是主要从罗马立场来看待这个问题的拉丁资料中，盟友们被描述为只要求公民权利。[2]因此，不论这一标题下包含了多少内容，例如社会地位、人身权利、政治权利，如果可能的话，更有意义的做法还是要考察一下盟友们出于什么目的要求罗马公民权。除了一些附带原因，究竟是什么直接的动机，导致了公元前125年弗雷杰莱（Fregellae）的抗争，以及公元前91年开始的同盟者战争？对于罗马人来说，尽管他们用自由这一个词表达了两种观念，[3]但他们并没有忘记独立与自由是两种可以分离的、截然不同的东西。[4]

先从第二个问题开始。据说在公元前82年的科林门会战中，萨莫奈人的首领宣称，"这些蹂躏意大利人自由的狼永远不会消失，除非我们把庇护他们的森林砍光"。[5]如果这句格言是真的（并没有好的理由来怀疑其真实性），那"意大利人自由"指的是什么呢？萨莫奈人，尤其是在科林门战斗的那些人，很可能是把自由理解为彻底的独立。[6]不过，就同盟者战争是为了自由而战，或者说以自由为名而言，[7]不大可能所有

---

[2] 参见 Appian, *Bell. Civ.* I, 21, 87; 34, 152; 49, 213; Veil. Pat. II, 14, 1; 15, 2; Flor. II, 6, 3; *Liber de Vir. Illustr.*（ed. Pichlmayr）, 66, 11; Ascon. 67, 23 f. c; Plut. *Cat. Min.* 2, 1; Diod. Sic. XXXVII, 2, 2; 11。

[3] 独立有时被描绘为根据法律本身来生活，参见 Livy XXV, 16, 7; 23, 4; XXX, 37, 1; XXXIII, 31-32; XXXVII, 54, 26。

[4] 关于意大利人参政权的详细讨论参见 H. Last in *C.A.H.* IX, pp. 41 f., 45 f., 78 f., 174 f., 201 f.; A. N. Sherwin-White, *The Roman Citizenship*, Oxford, 1939, pp. 126 f.; R. Gardner, *C.A.H.* IX, pp. 185-200。

[5] Vell. Pat. II, 27, 2。

[6] 对比 H. Last, *C.A.H.* IX, p. 273; Sherwin-White, *op. cit.* p. 126。

[7] 据斯特拉波所说，在求取自由与平等的公民身份无果后，他们举兵起义，发动了战争。参见 Strabo, V, 4, 2（241）。

的同盟者都把自由理解为独立。因为，尽管分离主义者们组建了一个拥有自己首都的意大利联邦，但是民族独立并不是同盟者们最渴望的，也不是最终目的。他们脱离罗马，是因为对通过和平方式获得罗马公民身份感到绝望，也就是说，他们脱离罗马是因为他们没有被接纳为罗马国家的一部分，而不是因为他们想待在外面。[8]这一结论得到了两方面的支持：一是意大利问题最终解决的方式，即承认意大利人的罗马公民身份；二是在战争爆发前，同盟者要求的是公民身份，而非民族的独立，并且在战争爆发后，许多人一旦获得了罗马公民身份，就马上停止了战斗。

　　我们马上会看到，对罗马公民身份[9]的极度渴望是为了两件事，个人自由的保障，以及在公共事务中的平等伙伴关系。这两个目标中，前者可以而且最终也是在没有民族独立的情况下实现的，而后者，根据罗马的共和观念，显然与民族分离主义相对立；不过，它最终是与城市自治结合在了一起。

　　公元前125年，就在弗雷杰莱起义前不久，弗拉维乌斯·弗拉库斯提出了一项法案，"授予意大利人公民身份，授予那些不愿意改变公民身份的人申诉权"。[10]建议给那些不愿获得公民身份的人以申诉权，这就表明，追求罗马公民身份不是为了这个身份本身，即承认其相应地位，而是因为它承载了在罗马官员面前保障个人的自由。如果屈从于罗马官员不受限制的治权，可能会导致意大利公民遭受格拉古在公开演讲中所

---

[8] Cic. Phil. XII, 27：这些同盟者不是想剥夺我们的公民身份，而是想要让自己获得公民身份。
[9] 参见 Ascon. 67, 23 f. c. 与 Diod. Sic. XXXVII, 2, 2。
[10] Val. Max. IX, 5, 1.

说的那些暴行，[11]那就难怪束棒会被没有公民身份的人视为残暴统治的象征。[12]值得注意的是，根据普鲁塔克的说法（*C. Gracchus* 9，5），在公元前123年，老李维·德鲁苏斯提出了一个措施，目的是帮助普通人。如果普鲁塔克是对的，那么德鲁苏斯就是在建议授予拉丁人一种罗马人自己都未享有的权利，因为战场上的指挥官一般不受关于申诉的法律的制约。[13]提出这一建议的原因之一也许是相信或者希望，一旦拉丁人被免于体罚，他们就不会坚持要求完整的罗马公民身份。

弗拉库斯的建议值得特别注意，因为尽管它最终没能成功，但它标志着罗马历史上第一次试图承认，申诉权这一个人自由的主要支柱是一切自由拉丁人与意大利人的权利，而非罗马公民的专属特权。不用说，这个建议没有承认人的权利，即使这里的人指的是自由人而不是一切人类，情况依然如是。不过，虽然现代意义上的人权观念在公元前2世纪的罗马不太为人所知，尽管个人权利被视为公民身份的一种特权，或者是对外乡人的一种优待，但是弗拉库斯认识到，有必要让所有自由的意大利人，在没有罗马公民身份的情况下也能享受到有保障的个人生活与尊严。因为认识到这一点，他就远远领先于自己的时代。推测说弗拉库斯的灵感来自什么理论，可能都是不成立的。他寻求的是一种务实的妥协；但这似乎正是罗马在公法领域取得几乎所有伟大发现的方式——寻求可行的妥协。

同盟者希望通过享有完整的罗马公民身份而获取的另一件

---

[11] Ap. Gell. *N.A.* X, 3, 3 f.

[12] Diod. Sic. XXXVII, 12, 3：一个拉丁人对意大利人说，你要知道，我不是罗马人，和你们一样，受到束棒的威胁。

[13] Cic. *De Leg.* III, 6. 对比 Mommsen, *Staatsrecht* III, pp. 352 ff.

事情是,在国家与帝国中的平等伙伴关系,或者用阿庇安的话说,"成为帝国的伙伴而不是臣民"(*Bell. Civ.* Ⅰ,34,152)。同盟者虽然在构建罗马及其帝国的力量方面承担了过多的责任,却没有被承认作为平等伙伴的权利。[14]在罗马,他们被视为外乡人,随时有可能因为执政官的命令而被逐出城外。[15]同盟者战争之后,关于是让 35 个部落全体获得公民身份,还是只让其中的 8 个部落获得,抑或是让 8 个或 10 个新部落组成一个在投票时排在最后的新团体,[16]引起了激烈的争论;这表明同盟者并不满足于在形式上承认其平等地位,而是要求和罗马人实现一种人与人之间的平等。这就是为什么他们不同意被隔离在几个小的部落之中,因为在罗马的投票制度中,每个部落分别投票,在计票时,每个部落被算作一票,而不管它实际包含多少选民,所以这种隔离就意味着虽然他们在人数上占优,却会在票数上被罗马人打败。[17]

还有另一件事需要注意。在获得罗马公民身份之后,同盟者并没有停止保留其独立的、相对自治的市政组织形式。事实上,正如弗拉库斯的提案所表明的那样,一些同盟者在公元前 125 年并不想获得罗马公民身份,可能是担心他们被纳入罗马公民团体的话,就意味着他们作为政治实体的市政共同体将不

---

[14] Vell. Pat. Ⅱ, 15, 2; Flor. Ⅱ, 6, 3.
[15] Cic. *Pro Sest.* 30; Ascon. 67, 20 ff. c.
[16] Appian, *Bell. Civ.* Ⅰ, 49, 214 f.; 53, 231. Vell. Pat. Ⅱ, 20:尽管意大利人已经获得了公民身份,但这些新公民还要求增加 8 个部落。考虑到动词 contribuo 的不同含义,维莱里乌斯的意思可能是同盟者被并入 8 个现有的部落,或者被组成 8 个新的部落。对比 *Thes. Ling. Lat.*, *s.v.* contribuo, col. 777, 47 ff. 另见 Appian, *Bell. Civ.* Ⅰ, 55, 243 以及 Livy, Epit. LXXVII。
[17] 参见之前的注释以及 Appian, *Bell.Civ.* Ⅰ, 64, 287。

复存在。[18] 他们决心保留自己的市政共同体这一点表明，在要去获得罗马公民身份时，同盟者的目的不是像有些自私的市民所以为的那样，进入到罗马城的公共生活之中，而是进入到西塞罗所说的普世共和国，[19] 罗马城本身只是它的首都。

因此在同盟者看来，或者至少从罗马人所描述的那样看来，罗马公民身份首先意味着对个人自由的保障，以及对公共事业的分享。如果这就是他们所指的自由，那么他们很符合罗马的传统。

2. 颠覆性因素

罗马公民身份扩展到所有意大利自由人所导致的罗马人民的转变，是罗马历史上的一个关键转折点。因为虽然没有为了应对这一新形势而增加任何措施，比如一种不同的人民投票制度，但是从宪制角度来看，罗马本身并没有从意大利人的解放之中获得潜在的好处，而且那些在缓慢但持续地破坏共和宪制的力量，仍未得到遏制。在共和国的最后一个世纪中，这些力量中最主要的有两个，一是人民大会，另一个是某些政治家，他们想要寻求人民及军队的支持，在国家中建立自己的卓越地位。

在罗马宪法中，人民大会与人民是一回事。作为一种宪制机构的人民大会，它的权力完全建立在大会实际上就是全体人民这个假设之上。只要大会在实际中大概等同于罗马全体人

---

[18] 参见 H. Last, *C.A.H.* IX, pp. 46 f.。某些意大利城镇甚至在公元前 89 年之后，还反对公民身份的融合，参见 Cic. *Pro Balbo*, 21。

[19] *Ad. Q. Fr.* I, 1, 29; 对比 *De Leg.* II, 5。

民，那么宪制理论就获得了一种事实基础。更重要的是，大会中的很大一部分公民群体，如果愿意的话，可以在一定限度内用自己的意愿来影响公共事务。然而，在共和国末期，情况发生了彻底转变。在公民身份被拓展到波河以南的所有意大利人之后，由于现实的原因，很大一部分罗马人民不再可能定期参加在罗马召开的大会，而罗马城又是唯一可以合法召开罗马人民大会或者罗马平民大会的地方。在偶尔一些特别重要的时刻，选民们可能会从很远的地方涌向罗马，但是一般参加大会的主要是住在罗马城或者附近的人。这种情况极其有害，因为大约从公元前 2 世纪开始，大都会里的人民根本不能代表市镇及乡村居民的利益与情感。城市平民中的相当一部分是所谓的无产阶级，他们的投票权纯粹是用来出卖的；除了政府发放的廉价谷物和地方官员慷慨提供的免费娱乐也就是"面包与马戏之外"，他们什么都不关心。在罗马人看来，共和主义的传统政体等同于政治自由；而平民的权力越大，自由面临的危险就越真实。作为选举机构与最高立法机关的大会，如果在很大比例上都是没有接受过政治训练、对重要的现实问题缺乏认识、堕落而腐败的人们，那么一个大胆且成功的煽动家，就可以从大会中得到他想要的一切决定。从宪制观点来看，共和国末期的各种大会，由于他们乐于授予官员非常规权力，或是颁布一些正当性很可疑的法律，就变成了一个引起混乱的颠覆性因素。

以他们毕竟代表了统治者人民的意志为由，试图为共和国末期人民大会的行为进行辩护，是徒劳无益的。因为，如果说在公元前 2 世纪中期，波里比阿提出的人民大会构成了罗马

72

第三章 传统政体的衰落 | 83

宪制中的一个民主要素，[20]这个观点还有一定真实性；但是在公元前1世纪，当意大利人获得了选举权，情况就再也不是这样了。自那以后，大会很少表达大部分罗马人民的意见（如果这种意见存在的话）。在"整个意大利"（他们真正属于罗马全体人民）与罗马城的人民大会之间，居然存在着一个巨大的鸿沟，这确实是一场政治灾难。如果只有罗马城的人才是罗马人民，那么这种大会就不再有资格或者能力来履行其职能了。[21]大会越来越不像一个统治机构，而是越来越像党派斗争的一个工具。因此，它创造了许多舞弊和煽动的机会，却几乎没有任何真正的民主。

因此，根据平民派在寻求大会而非元老院的支持，就判定他们是进步派或者民主派，这是对平民派和大会的双重误解。平民派寻求大会支持的动机，只是一种政治上的权宜之计，而绝非出于对民主的考虑。他们惯于谈论罗马人民的权利与自由，这一点骗不了任何人。按照共和制的话语，称呼大会为罗马人民是没错；但是当时所有人都清楚这种称呼背后的东西。事实上，贵族派和平民派都不太尊重城市平民。西塞罗说，在公元前63年，民众拥戴的茹卢斯向元老院提出了自己的土地法案，宣称由于城市平民对国家事务的影响过大，所以必须将他们从城市中"清除出去"。[22]由于西塞罗的说法包含在他向人民发表的反对茹卢斯的演讲之中，所以不太确定他是否在没有故意歪曲的情况下记录了茹卢斯本人的说法。不过，尽管可能不一定使用了这种表述，但茹卢斯也不是没有可能真的提出

---

[20] Polyb. Ⅵ, 11, 12; 14, 3 f.
[21] 西塞罗一种带有偏见但并非毫无根据的评论，参见 De Dom. 89 f.。
[22] Cic. De Lege Agr. Ⅱ, 70: 城市平民在共和国里拥有的权力过大。

过这种观点。[23]西塞罗自己在书中写到，公元前60年保民官茹卢斯提出了土地法案，他认为这个法案可以"把城市里的污水排干"。[24]但是，就旨在纠正城市平民的反常地位而言，土地改革也许缓解了一些问题，却没有根除弊端。投票权利掌握在"可怜的饥民、公共财政的吸血鬼"[25]手中，这种看法可以从以下事实中得出：在恺撒独裁之前，领取公共财政负担的免费谷物的人数，已经暴增至32万人，他把这个数字削减到了15万。[26]即使是后一个数字，也意味着大约25 000名潜在选民。恺撒的第一个执政官任期以及克劳迪乌斯的保民官任期发生的事情表明，城市平民可以被何种方式操纵，实现何种目的。罗马平民的宪制功能已经在很大程度上移交给了"罗马渣滓"，[27]这一事实危害了共和制意义上的自由；在那种情况下，直接民主必然会变成煽动家的统治，它为那些统治的野心提供了一种合法的外观。

如果说人民大会可能会给那些想要当上统治者的人一种法律认可，那么军队就是给予了他们一种强力的支持。当马略创建了一支职业军队之后，罗马无法让战士们对当时的国家与合法政治保持一种坚定的忠诚，这个事实被证明是一场灾难，尤其是对政治自由而言。在新式军队组织被建立后的一代人之内，罗马就被罗马军队占领了。在接下来的几年里，同样的事情又上演了多次。罗马当时的精神状态就是这样，而且罗马人认为军队将领一定会

---

〔23〕如果第二封《就共和国事务致恺撒书》是在那个戏剧性的时代里写下来的，那么其中涉及的平民派对待城市平民的态度，就很有趣了。

〔24〕*Ad Att.* I, 19, 4.

〔25〕*Ib.* I, 16, 11.

〔26〕Suet. *Div. Jul.* 41, 3.

〔27〕Cic. *Ad. Att.* II, 1, 8.

这么做，以至于在公元前62年，庞培快要从东方返回时，就谣传他将要进军罗马，推翻自由国家的宪法，而建立自己的专制统治。[28] 罗马人肯定觉得自己完全受制于军队及其将领。

作为独裁官，苏拉曾经试图消除军队与人民大会的危险。一方面，限制保民官的立法创制权及大会的立法权；另一方面，让军队将领受到元老院的控制。然而，正如我们所看到的，他的措施并未持续太久。[29] 在公元前70年以后，情况又变得和苏拉宪制改革之前差不多了。

自私的政客对统治的威胁与日俱增，这促使西塞罗在执政官任内提出所谓"阶级和谐"，即元老院与骑士阶层结为同盟；他还提出了更宏大版本的"一切正人君子的共识"，这是一切守法公民的同盟，目的是维护现有秩序，阻止一切反对宪制的图谋。[30] 他也试图替元老院争取到庞培的支持，[31] 毫无疑问是因为宪制需要他的威望及老兵的支持。但是在公元前60年，"阶级和谐"被打破，[32] 庞培对元老院感到失望并与之疏远，[33] 转向与恺撒、克拉苏达成协议，以他们自己的方式凌驾于元老院之上。

3. 自由与尊严的冲突

前三头同盟是自由历史上的一个关键转折点，而且正如西

---

[28] Vell. Pat. II, 40, 2; Plut. *Pomp.* 43; Dio Cass. XXXVII, 20, 41.
[29] 关于苏拉的措施，参见 H. Last, *C.A.H.* IX, pp. 288-98。
[30] 参见 H. Strasburger, *Concordia Ordinum*, 尤其是 pp. 13 f., 39, 59 f., 71 f.。
[31] *Ad Att.* I, 19, 7; II, 1, 6.
[32] *Ib.* I, 18, 3; II, 1, 8.
[33] Dio Cass. XXXVII, 49; Appian, *Bell. Civ.* II, 9; Plut. *Pomp.* 46, 3-4; *Cato Min.* 31, 1; Cic. *Ad Att.* I, 19, 4; II, 1, 6; I, 18, 6.

塞罗与阿西尼乌斯·波里奥正确观察到的那样,[34]它还是内战的终极根源。在前三头统治时期,人们对马略、秦纳以及苏拉的统治还记忆犹新;然而与秦纳和苏拉的军事专制不同,三头同盟至少在一开始,得到了军队、城市平民以及像骑士阶层等不满于元老院统治的人们的支持。[35]此外,元老院从未遇到过像三头同盟这样的强大对手,他们对国家的掌控并没有因为不能发布禁令而有所削弱。西塞罗在公元前59年写道,"我们在各个方面都被压制,但我们拒绝合作"。[36]

相比于秦纳和苏拉,三巨头的地位还有一点不同,前两人都在内战中取得了胜利,而后者则是通过秘密协议确立了统治地位,弗洛鲁斯称其为建立在信任之上的统治。[37]三位政治人物可以通过协议的方式,将自己关于有效统治的想法强加给国家,[38]并且后来几乎没有遇到阻碍就实现了他们的意图,这一事实表明了国家的虚弱,以及国家机构在内部事务中的无能为力。所以,难怪像西塞罗这样的宪制派明白了大势以后,会用一种绝望的语调谈论国家,"愤怒正在开始压倒恐惧,但这却无法驱散绝望的阴云",[39]"国家现在的情况怎么样?水深火热"。[40]西塞罗认为,恢复国家的唯一希望是彻底瓦解这个联

---

[34] Cic. *Ad Fam.* Ⅵ, 6, 4. 关于波里奥的观点,参见 Horace, *Odes* Ⅱ, 1, 1 f., 以及 R. Syme, *The Roman Revolution*, p. 8.
[35] Cic. *Ad Att.* Ⅱ, 21, 1; 16, 2; 9, 2, 对比 Ⅰ, 18, 3; Ⅱ, 1, 8。
[36] *Ib.* Ⅱ, 18, 1.
[37] Flor. Ⅱ, 13, 13.
[38] Suet. *Div. Jul.* 19, 2:于是,他(恺撒)同那两人达成了一项协议,即在公共事务上,不采取任何对三人都不利的措施。对比 Dio Cass. XXXⅦ, 57. 尽管没有记录下协议的真实措施,但苏维托尼乌斯的说法基本正确。
[39] *Ad Att.* Ⅱ, 18, 2(59 B.C.).
[40] *Ib.* Ⅱ, 21, 1(59 B.C.).

盟，[41]这种观点本身是正确的，并且非常清楚地表明，当权力掌握在不喜欢现有秩序的那些人手中时，自由宪制的存在本身就岌岌可危。

不过，尽管宪制遭到了三巨头的蔑视，公共舆论却没有屈服，而且历经数百年的政治自由传统，也鼓舞了一股尽管政治上无能为力但依然发出声音的反对力量。恺撒的同僚执政官毕布路斯在他的一些法令中公开抨击恺撒与庞培，赢得了极大欢迎。[42]瓦罗出版了一本名为《三头怪》(Tricaranus)的小册子来反对三巨头。[43]老库利奥在其演讲中抨击了恺撒的私人生活与公共生活；[44]他的儿子则因公开反对三巨头而受到欢迎。[45]此外，还有其他一些表达反对与不满的迹象。[46]公共舆论转向反对当权者，[47]但是除了激怒庞培与恺撒之外，[48]几乎没有起到任何明显效果。再加上其他一些原因，促使恺撒在广场上布置武装人员来威胁他的对手。[49]当西塞罗在为其前同僚安东尼的辩护中批评了国家的现状时，[50]恺撒迅速支持克劳迪乌斯转为平民身份，[51]后者一年后刚当上保民官就报仇雪恨，宣布西

---

[41] *Ib.* Ⅱ, 7, 3 (59 B.C.)：获救的唯一希望，就是他们之间发生分歧。

[42] *Ad Att.* Ⅱ, 14, 1; 15, 2; 19, 2 及 5; 20, 4 及 6; 21, 4; Plut. *Pomp.* 48; Suet. *Div.Jul.* 9, 2; 49, 2.

[43] Appian, *Bell. Civ.* Ⅱ, 9. 对比 C. Cichorius, *Römische Studien* (1922), p. 211.

[44] Suet. *Div. Jul.* 9, 2; 49, 1; 52, 3; Cic. *Brut.* 218 ff.

[45] *Ad Att.* Ⅱ, 18, 1; 对比 8, 1; 12, 2.

[46] 小加图在一次公开演讲中称庞培是"个人的独裁者"； *Ad Q. Fr.* Ⅰ, 2, 15; 其他一些不满的例子，参见 *Ad Att.* Ⅱ, 19 and 21.

[47] *Ad Att.* Ⅱ, 19, 2; 20, 4.

[48] *Ib.* Ⅱ, 19, 3; 21, 4.

[49] Plut. *Caes.* 14; Cic. *Ad Att.* Ⅱ, 24, 4.

[50] Suet. *Div. Jul.* 20, 4; Dio Cass. ⅩⅩⅩⅧ, 10, 4.

[51] Cic. *De Dom.* 41; *De Prov. Cons.* 45-6; *Ad Att.* Ⅱ, 12, 1-2.

塞罗不受法律保护并将他流放。[52] 加图则被派往塞浦路斯执行任务，他的"自由之舌就被拔掉了"。[53]

公元前56年，当三巨头出现分裂的迹象时，西塞罗曾经一度抱有很高期望，但是在卢卡会议之后，又陷入了彻底的绝望：

> 这种性质（公共事务）的东西不容易写下来。的确，它们都在我们的朋友们的权力范围之内，其程度之深，似乎不太可能让我们这代人看到变化。[54]
>
> 有多严重？他们凡事都按自己的方式办，并且希望世人都知道情况是这样。[55]
>
> 亲爱的庞波尼乌斯，我们不仅失去了古老宪制的健康精气与血液，甚至还失去了它的颜色与外表。没有共和国能给我们带来片刻的快乐或安全感[56]
>
> 安格尔，我最亲爱的兄弟，共和国已经不存在了。[57]

在三头同盟统治下，西塞罗（当然也不只是他）意识到过去认为理所当然的很多东西都消失了：他失去了权力，失去了尊严，失去了言论自由；甚至他的人身安全也变得岌岌可危。[58] 公元前59年，西塞罗表达了他的担忧，担忧的不仅是

---

[52] 关于西塞罗被流放的详细记录，参见 T. Rice Holmes, *The Roman Republic* I, pp. 317 f., 328 f.; E. Meyer, *Caesars Monarchie und das Principat des Pompejus*³ (1922), pp. 95 ff.。
[53] Cic. *De Dom.* 22; *Pro Sest.* 60.
[54] *Ad Fam.* I, 8, 1 (Jan. 55 B.C.).
[55] *Ad Q. Fr.* II, 7, 3 (Feb. 55 B.C.).
[56] *Ad Att.* IV, 18, 2 (54 B.C.).
[57] *Ad Q. Fr.* III, 5 and 6, 4 (Oct. or Nov. 54 B.C.).
[58] *Ad Fam.* I, 8, 3-4; *Ad Att.* IV, 5, 1; IV, 6, 1-2; *Ad Q. Fr.* III, 5 and 6, 4.

个人，而是官员们可能也会失去自由。[59]随后的事件证实了他的悲观预测。[60]强权政治家的联盟摧毁了元老院的权力，[61]也伤害了它的自由。值得注意的是，公元前56年，西塞罗在谈到给执政官分配行省时告诉元老院说，虽然执政官（马尔科里努斯）声称"让我们不要违反自己的意愿，把高卢附近的地方分配给任何人……让这些人未来也不能通过民众呼吁和煽动的方式永久控制那个地方"，但是他（西塞罗）一刻也不会怀疑恺撒"将会剥夺他们的自由，虽然他是靠着他们才获得了最高的荣耀"。[62]看起来，在元老院内表达的这种观点认为，恺撒的军队长期驻扎高卢将危害元老院的自由。对西塞罗这个元老院的坚定捍卫者来说，非常讽刺的是，与他的良好判断相反，他被迫要怀疑这种观点的合理性。

在同时代的人看来，是什么导致了三头同盟？以及当三巨头变成两方的对抗时，又是什么导致了内战？所有古代的权威都认为他们的动机是对权力和卓越地位的渴望，或者用罗马人的话说，是为了权力与尊严。弗洛鲁斯写到前三头同盟时说，"恺撒想要尊严，克拉苏想要发财，庞培想要保住自己的地位，他们都渴望权力，于是就很容易达成协议，夺取统治"。[63]公元前53年，克拉苏去世以后，剩下两个互相怀疑并偏爱自身尊严的巨头，[64]分享了全部权力。对于作为自由最关键内容的

---

[59] *Ad Att.* II，18，2。
[60] 参见 Cic. *In Vat.* 22。
[61] Cic. *Ad Fam.* VI，6，4。
[62] *De Prov. Cons.* 39。
[63] Flor. II，13，11. 对比 Dio Cass. XXXVII，55，3-56，4。以及 Suet. *Div. Jul.* 50，1（庞培对权力的渴望）。
[64] Flor. II，13，14：恺撒的权力引起了庞培的嫉妒，而庞培的名望让恺撒感到不快。

共和宪制来说,其形势就是——他们二人的和谐意味着压制元老院,而他们的不和意味着内战。[65]正如古人也认识到的那样,内战是为了争夺尊严:庞培不能容忍任何人与自己平起平坐,恺撒也不愿屈居人下。[66]恺撒自己就承认过,他重视尊严胜于生命。为了捍卫尊严,他发动了军队。[67]西塞罗确信恺撒和庞培都是为了权力尤其是绝对权力而争斗。他们两人都妄自尊大,不惜牺牲国家。[68]因此,不顾他人的自由而追求尊严,被证明是罗马公共生活中的一种破坏性因素。

但是,当一个人开始追求卓越时,就很难保持对正

[65] Cic. *Ad Fam.* VI, 6, 4; *Phil.* II, 23. 对比 *Ad Fam.* VIII, 14, 2。
[66] Lucan I, 125:恺撒无法忍受有人地位高于自己,庞培也不愿与别人平起平坐。Flor. II, 13, 14:庞培不愿与人平等,恺撒不想有人超过自己。狄奥·卡西乌斯调换了顺序(Dio Cassius, XLI, 54, 1):庞培不愿意屈居人下,恺撒想要超过所有人。Caesar, *Bell. Civ.* I, 4, 4:庞培因为不愿意有人与自己平起平坐……所以完全丢掉了和恺撒的友谊。Vell. Pat. II, 33, 3:庞培从第一次进入公共生活,就不能容忍别人与自己平起平坐。对比 Quintil. *Inst.* XI, 1, 80:庞培与恺撒之间有一场关于地位的斗争。
[67] *Bell. Civ.* I, 9, 2:他始终将地位作为首要考虑,超过对生命的重视。*Ib.* I, 7, 7:(恺撒鼓励士兵)为了他的名声和尊严,起来对付敌人。对比 *ib.* III, 91, 2。以及 Cic. *Ad Att.* VII, 11, 1; *Pro Lig.* 18; *Pro Marc.* 25; *De Off.* I, 26; Hirtius, *Bell. Gall.* VIII, 52, 4; 53, 1; Suet. *Div.Jul.* 30, 5; Plut. *Anton.* 6, 3。
[68] *Ad Att.* VII, 3, 4:人们现在为国家的危险而战斗时,考虑的是自己的权力。VIII, 11, 2:他们追求的是绝对权力……苏拉式的统治一直是他的目标,也是他的许多同伴的愿望。另见 X, 4, 4。Flor. II, 13, 14:他们都想夺得至高地位。Seneca, *Ep.* 14, 13:"马库斯·加图,你是什么意思?这不是一个关于自由的问题;自由早已被摧残和毁灭了。现在的问题是,究竟是恺撒还是庞培控制着国家。"*De Benef.* II, 20, 2:(布鲁图斯)看到成千上万的人在战斗,目的不是要不要当奴隶,而是要当他两人中哪一个的奴隶。Tac. *Hist.* I, 50, 3:当两个有实力的对手在争夺帝国时,世界几乎被搞得天翻地覆。*Hist.* II, 38, 1:(马略和苏拉)之后来了庞培,这个人并不比他们好,而只不过是更加巧妙地隐蔽了自己的意图而已。

义至关重要的公平精神。结果是，这种人既不愿意使自己受制于辩论，也不愿意使自己受制于任何公共与合法的权威；然而，在公共生活中，他们常常被证明是行贿者与煽动家，企图通过武力谋取最高权力并成为优胜者，而不是以正义的方式来与他人平等相处。[69]

无论什么时候，当遇到最多只有一个人能够出人头地的情况时，竞争通常非常激烈，要想保持"纯洁的友谊"的确是件极其困难的事情。最近，我们可以看到，恺撒厚颜无耻的行径就证明了这一点：他为了攫取凭借邪恶的想象力妄想出来的那种至高无上的权力，把一切神明与人类的法律统统踩在脚下。[70]

用李维的话说，"自由与尊严的冲突"[71]事实上变成了罗马国内政治的主要特征，而一种与自由不相容的尊严最终获胜了。

4. 西塞罗的政府理论中关于自由的基础问题

接下来是以西塞罗所处的时代为背景，并且以他的政治经历为根据，考察一下《国家篇》与《法律篇》的主要观点，并探查其政治学说是否影响了共和国末期最后几十年中的自由问题，以及如果有的话，是通过何种方式。

尽管在《国家篇》中西塞罗几次谈到了相关问题，但是很明显，他的这部作品并没有提出一套治理国家的理论，而是

---

[69] Cic. *De Off.* Ⅰ, 64.
[70] *Ib.* Ⅰ, 26. 对比 *In Cat.* Ⅲ, 25。
[71] Ⅳ, 6, 11.

试图解决在他那个时代困扰着罗马国家的一些弊端。[72]从《国家篇》尤其是前言到第五卷的字里行间,可以读出他的意图。《法律篇》也表明了他的意图,这部著作公开宣称的目的是起草一部法典,以适用于《国家篇》中描述的那种政体。[73]西塞罗专门并且只处理了罗马的法律。

《国家篇》是在公元前 54—前 51 年写成的,西塞罗那时对前三头同盟和卢卡会议的影响还记忆犹新。《法律篇》的一部分是在内战结束之后恺撒的专制统治下创作出来的,很大程度上反映了西塞罗心目中对自己的职业生涯与命运的思考。[74]在写作《国家篇》时,人们以往熟悉的政治制度已经不存在了:统治者们只考虑自己的尊严,几乎夺取了一切权力,并且根据他们自己关于有效统治的想法来管理公共事务。宪制的大部分被抛在一边,自由也被剥夺了,总的来说,当权者的利益压倒一切。即便如此,西塞罗也没有对他心目中的最佳政体,即传统宪制的生命力丧失信心。[75]他认为"古老共和国"的衰落不是因为制度本身存在缺陷,而是因为罗马人民没能维持住他们优越、古老的制度。[76]正是怀着这种信念,再加上从最近的历史

---

[72] 对比 V. Pöschl, *Römischer Staat und Griechisches Staatsdenken bei Cicero*(1934),尤其是 pp. 171 ff.。波歇尔认为西塞罗的《国家篇》受到了柏拉图《理想国》的影响。另见 K. Sprey, *De M. Tullii Ciceronis Politica Doctrina*, Zutphen, 1928, pp. 258 ff.。

[73] 参见 *De Leg.* Ⅰ, 15; 20; Ⅱ, 14; 23; Ⅲ, 4; 12-13。另见 *ib.* Ⅰ, 37: 我们整个对话的目的就是加强国本、匡扶正义、祛病救人。《法律篇》可能要比《国家篇》更少关心时事,参见 *De Leg.* Ⅲ, 29。

[74] 关于创作日期的详细考察参见 H. W. How, Cicero's Ideal in His *De Republica*, *J.R.S.* XX, pp. 25 ff. 以及 C.W. Keyes in his edition of the *De Rep.* and *De Leg.*(Loeb), pp. 2 ff. and 289 ff.。

[75] *De Rep.* Ⅰ, 70; Ⅱ, 56; *De Leg.* Ⅱ, 23。

[76] *De Rep.* Ⅴ, 2。

中吸取到的经验，西塞罗才开始思考最佳的政体应该是什么。

西塞罗通过将"共和国"定义为"人民的事务"开始了他的研究，而所谓人民则是"因为认可共同的法律和利益联合起来的一群人"。[77]这一定义完整的意涵，出现在第三卷的一段话中。西塞罗根据该定义指出，暴君制、寡头制还有暴民制实际上都不能算作共和国，因为那里根本没有人民的事务。[78]因此在他看来，共和国这个概念就预设了国家应该是全体人民的共同财产，而非专属于任何一部分人；进而，全体人民都应该分担国家事务；最后，国家应该以一种得到普遍接受，并且平等约束所有人的法律为基础。不过，这并不是说想要建立一个真正的共和国，就只能选择民主制。在西塞罗看来，民主制趋向于暴民制。[79]因此，从原则上来讲，民主制与寡头制或暴君制一样，都属于部分人的统治。笔者认为，《论责任》第一卷第85节的一段话，也许可以更好地解释西塞罗的意图：

想要担任政府公职的那些人，不应忘记柏拉图所说的两条法则：第一条，要一心只考虑人民的利益，不计

---

[77] *De Rep.* I, 39. 关于这个定义的斯多葛派起源，相关讨论参见 M. Pohlenz, Cicero De Re Publica als Kunstwerk, *Festschrift Richard Reitzenstein*, 1931, pp. 82 f., 以及 Id. *Antikes Führertum*, 1934, p. 5 n. 2; R. Stark, *Res Publica*, Göttingen Diss. 1937, pp. 5 ff. 关于西塞罗这段话的文字来源，一种不太相同的看法参见 Pöschl, *op. cit.* pp. 10 ff.。关于西塞罗思想来源的讨论还有 Sprey, *op. cit.* pp. 116 ff.。

[78] *De Rep.* III, 43：哪里有暴君，哪里就没有共和国。*Ib.* 44：当国家完全被一群寡头控制时，也就不能称为共和国。*Ib.* 45：当一切事情都说是由人民管理，当所有权力都掌握在人民手中，当多数人可以任意处罚他人时……莱利乌斯，你能否认这是一个共和国吗？莱利乌斯回应道：对这样一个所有事情都由多数人权力来决定的国家，我会更加断然地否认它是一个共和国。

[79] 参见 *De Rep.* I, 65ff., III, 45。

较个人的得失,使自己的一切行为都符合人民的利益;第二条,要顾全国家的整体利益,不要只为某一部分人的利益服务而辜负其余的人。政府的管理,应该像一种信托机构,总是为委托的一方而不是为受托的一方着想。那些只关心一部分公民的利益而漠视另一部分的人,把危险的因素——意见分歧与派系斗争——引入到了公共部门之中。结果是,某些人成了民主派的忠实支持者,另一些人则是贵族派的支持者,没有多少人关心整个民族的利益。由于这种党派精神,雅典出现了激烈的纷争,而在我们自己的国家,不仅出现了分歧,还爆发了灾难性的内战。

根据刚才提到的《国家篇》与《论责任》中的段落,似乎可以得出以下结论:如果一个国家想要成为真正的共和国,并且不受内乱的影响,那么就不应该让任何一部分人的利益支配国家。甚至还可以说,共和国这个概念就预设了尊重他人的利益,就像是自由预设了尊重他人的权利一样。[80]如果是这样的话,那么二者之间的相似性就不是偶然的。因为,共和国不就是自由在政治上的一种表达?反之,自由不就是共和国的本质吗?[81]

---

[80] 对比前文 p. 8。
[81]《国家篇》第三卷第 43 节以下的这段话,被斯塔克(R. Stark, *Res Publica*, pp. 44 ff.)解释为,暗示了共和国必定是一个"法治国"。这无疑是正确的,但与此同时,"法治国"这个概念本身很明显并不足以解释西塞罗关于一种真正共和国的设想。因为"法治国"可以存在于一切合法的宪制统治之下,相比之下,西塞罗认为共和国和一种特有的宪制联系在一起。斯塔克宣称,"共和国"这个概念本身没有指明任何政体形式,这表明他一定是误解了这个概念的宪制含义。波施尔(V. Pöschl, *op. cit.* pp. 132 ff., 某种程度上还有 Pohlenz, *Reitzenstein Festschrift*, p. 95)用柏拉图的正义观念解释了同样的段落。无论这种解释的优点是什么,他都没能说清西塞罗所表达的政治含义。

如果到目前为止的论证都成立，那么西塞罗的混合政体学说的意义就不止于纯粹的学术领域。"混合政体"这个概念，只是简要描述了国家权力的分配（区别于权力的分割）。美好共和国的根本特征在于，权利、义务与职能三者之间的平衡，从而使政府掌握充分的行政权，元老院掌握充分的权威，而人民则享有充分的自由。[82]权利、义务与职能之间的这种平衡与相互竞争，本身就能够避免暴君制、寡头制与暴民制的建立。这些政体形式都以各自的方式代表了一部分人的利益的统治。西塞罗深信，只有一种带有制衡机制的混合政体才能确保自由。他清楚地指出，尽管君主制与贵族制有可能是好的，但是它们与全体人的自由不相容，因为它们都让国家中的一部分人失去了参与公共事务的机会。[83]似乎在西塞罗看来，只有在一个将权力分配给所有人的国家之中（不用说，一项权利在宪法上来说就是一种权力），全体人才能够享有自由。的确，西塞罗并没有赋予国家中的所有要素以同等的权力，但是这完全不违背罗马的自由观念。[84]它指的是法律面前的平等，而非极端的权利平等。[85]问题的关键，不是要有平等的权利，而是要有充分的权利来实现自由。通过权力分配而建立起来的制衡机制，是确保国家关注全体利益并且尊重全体权利的唯一途径，因此也是保持自由的唯一途径。因为只有当国家的权力不是集中于一个人或者一部分人的手中时，才能拥有平等约束全体人的法治，而自由最终是建立在法治之上的。[86]

---

[82] *De Rep.* Ⅱ, 56-7. 对比 Ⅰ, 69。
[83] *Ib.* Ⅰ, 69; Ⅲ, 46-7; Ⅰ, 55; Ⅱ, 43。
[84] 对比前文 p. 42。另见 K. Sprey, *op. cit.* pp. 222 ff.。
[85] 对比前文 pp. 9 ff., 尤其是 pp. 13 ff.。
[86] 对比前文 pp. 7 ff. 关于西塞罗思想的一个类似观点，参见 J. Kaerst, Scipio Aemilianus, die Stoa und der Prinzipat, in *N. J. f. Wiss.* Ⅴ (1929), pp. 661 f.。

但如果是这样的话，就出现了几个问题。那些可以作为自由基础的法律，其本质是什么？法律的来源是什么？是什么让法律具有了约束力？

在罗马，人民的一切决定（人民的命令以及平民大会决议）都是法律，而且在除了宗教之外的一切事情上，[87]立法权，也就是人民或平民与有法定资格官员的合作，凌驾于一切法律之上，因为它有权废除任何法律，或者是通过一项新的法案来修正现有法律。[88]但是，如果说人民是立法者和法律的终极来源，如果说一切有效的法律都平等地约束所有人，那么就必定会出现一个悖论：法典中的所有内容都是正义的吗？

而且，最愚蠢的事情莫过于相信，人民的习俗或者法律所认可的一切事情都是公正的。[89]那么，暴君所颁布的法律又如何呢？假如雅典著名的三十暴君想要颁布法律，或者说雅典人喜欢这些暴君的法律，那么因此就可以说这些法律是公正的吗？与之类似的是，一位罗马摄政官曾提出一项法律，规定独裁官可以随意处死任何公民，甚至无须进行审判。

更进一步说，是否每条法律无论其内容如何，都具有绝对的约束力？

---

[87] 参见 Mommsen, *Staatsrecht* Ⅲ, 335。

[88] Livy Ⅶ, 17, 12：十二铜表法规定，无论人民做出的最终决定是什么，它应该具有法律效力。对比《韦伯芝大权法》中提到的豁免条款。关于废除法律的问题参见 Cic. *Ad Att.* Ⅲ, 23, 2; 15, 6; *Cum Senat. Grat.* 8。

[89] *De Leg.* Ⅰ, 42。这里指的是瓦莱里乌斯·弗拉库斯提出的关于苏拉的独裁权的法律。对比 *De Lege Agr.* Ⅲ, 5 以及 *II in Verr.* Ⅲ, 82。

如何看待人民批准的许多致命的、有害的东西呢？它们比起一伙强盗内部通过的规矩，更不配称为法律。无知笨拙的人们开出的药单，就不能称为医生的处方。同样，如果一群人不顾危害就通过的规则，也不能称为法律。因此，法律是对正义与不正义的区分，它是根据万物中最古老且最重要的东西——自然——而制定出来的，人类的法律要符合自然，惩罚恶人，保护善人。[90]

但是，如果说有些法律是好的，有些是坏的，那么评判的标准是什么呢？而且，如果说坏的法律根本不是法律，纵使它们事实上是立法机构颁布的，那么是什么让好的法律有效，而让坏的律法无效呢？西塞罗一定思考过这些问题，因为正如接下来要看到的，他在对法律的性质与效力的论述之中给出了相应答案。为了解释法律的本质，西塞罗给罗马政治思想引入了一种看似新颖，实则并非原创的理论，即自然法学说。《法律篇》的第二卷用很大篇幅讨论了自然法，《国家篇》中也有一些论述，例如第三卷的第33残篇。

西塞罗遵循斯多葛派的教导，认为人民所拥有的各种法律，其力量来自原初的、永恒的、不变的法律，也即神圣的或者说自然的理性。[91]法律以自然为根据，来区分正义与不正义，自然是人类一切法律的标准。[92]真正的法律，是为了公民的安全、国家的维持以及人类生活的安宁与幸福。[93]

---

[90] *De Leg.* II, 13.
[91] *Ib.* II, 8-9, 11, 13-14; *De Rep.* III, 33.
[92] *De Leg.* II, 13. 对比 II, 11 *ad fin.* 以及 I, 28.
[93] *Ib.* II, 11.

此处无须讨论西塞罗自然法学说的优点或不足。就本研究的目的而言，这一学说在西塞罗政府理论中的意义是，证明了他想要为法治、共和国和自由找到一种坚实的基础。《法律篇》中有句话很好地说明了他的意图。在提出自己设计的法典之前，他强调自然法是既不能被废除也不能被取消的，而他自己要提出的法律也是那种不能被废除的。[94] 西塞罗似乎已经意识到了作为意志的法律与作为理性的法律这两种观念之间的冲突。他试图通过将自然（也就是自然理性）确立为形成及控制成文法（也就是作为意志的法律）的标准，来调和这种冲突。如果西塞罗真的相信他提出的法典就是自然法的化身，那就有点天真了。不过，即使有点天真，他的观点也极其重要。因为这意味着在他看来，罗马的根本大法是不可改变的，换句话说，根本大法（宪法）应该高于日常的立法权。[95]

西塞罗似乎是从自己以及上个时代的政治经验中得出结论认为：合法性本身并不足以保证国家及其公民的自由与福祉。他认为宪法应该有一个道德基础与道德目的。只有这样，宪法才能永远有效，而不用顾忌政治上的权宜之计或者人民情绪的变化。自然法学说是否为西塞罗所面临的问题提供了最佳解决方案，这一点很值得怀疑。不过，它确实提供了一种方案，使人类的法律依赖于不受人控制的绝对价值。因为，如果说"为了可能得到自由，我们只能做法律的奴仆"（*Pro Cluent.* 146），

---

[94] *Ib.* II, 14：我已经解释过的那种法律，它既不能被废除也不能被取消。昆：那么，你打算提出的自然法就是那种永远不会被废除的法律了？马：当然如此，只要你们俩都接受的话。

[95] 西塞罗观点的类似解释参见 C. W. Keyes, Original Elements in Cicero's Ideal Constitution, *A.J.Ph.* XLII（1921）, p. 311; F. Cauer, *Ciceros politisches Denken*, Berlin, 1903, pp. 28 ff.; Sprey, *op. cit.* pp. 217 ff.。

那么我们必须确信，法律将是一个公正开明的主人。

然而，正如亚里士多德所指出的，好的法律如果不被遵守的话，也不能形成好的统治。[96]在西塞罗自己的时代，违法几乎变成了一种流行病，而他也清楚地看到，这并非法律的缺陷，而是人的问题，"这是由于我们的过错，而不是由于任何偶然事件，导致我们只保留了共和国的形式，却早丧失了其本质"(*De Rep.* V，2)。如西塞罗所想，罗马可能拥有世界上最好的宪制。但他也赞同恩尼乌斯的观点，认为罗马的真正力量在于人民的品质，"罗马共和国建立在古老的风俗和人的力量之上"。而人民的道德沦丧，导致了罗马优良宪制的衰亡。[97]

麻烦的根源在于对尊严的狂热追求。[98]过分的尊严变成了一个破坏性因素，因为在追求尊严的过程中，它得以建立的道德基础被人们抛弃了。西塞罗对于内战爆发之后恺撒步步进逼的消息，表达了强烈的义愤：

> 这是什么奇迹啊？发生了什么啊？我不明白。人们说，"秦古路姆还在我们手里，安科拉沦陷了，拉比努斯从恺撒那里叛逃了"。我们谈论的究竟是罗马官员还是汉尼拔？可怜的疯子啊，连正义的影子都没有见过！就这样，他还宣称这一切都是为了维护其荣誉。没有诚实，还能有荣誉吗？未经批准就保留一支军队，夺取国家的城市

---

〔96〕 *Polit.* IV，8，p. 1294a，3.
〔97〕 *De Rep.* V，1 ff. 萨卢斯特也表达了类似看法，参见 *Cat.* 9 f.；52，19；*Hist.* I，7，11-12，16 M。对比 Horace，*Odes* III，24，35。
〔98〕 *De Off.* I，26 及 64，前引。对比 Sallust，*Hist.* I，7 M：分裂的种子从人性的缺陷中萌芽。我们之间最早的冲突就是由于人性的缺陷而产生的，人性总是无休无止地、不受约束地为了自由、荣耀或者权力而斗争。

以让她心如刀绞，设法免除债务、恢复流亡者的权利，还有犯下其他种种罪恶，这样做是诚实的吗？[99]

当然，把西塞罗的道德义愤完全归咎于这些消息的影响，是不公平的。值得注意的是，在所有的共和派作家中，只有西塞罗认为尊严是一种无私的、无条件的责任感，而不仅仅是一种表示尊敬及政治地位的头衔。[100]考虑到他在《国家篇》第五、六卷中提出，"第一公民"也就是元首的智慧与道德权威应该引导国家，前述观点就更加重要了。从那些著作的残篇来看，西塞罗似乎一方面希望人民向元首表达敬意，[101]但是另一方面又要求元首对共和国恪尽职守、无私奉献。[102]在他看来，这种奉献的回报，不是此世之中的声名显赫，而是像西庇阿之梦[103]所预示的那种死去之后的不朽荣耀与永恒福佑。这似乎才是西塞罗所认为的追求尊严应该有的样子。

因此，《国家篇》根本不是要为奥古斯都建立并且据说让庞培[104]梦寐以求的那种元首制度，[105]提供一套辩护和理论证

---

[99] *Ad Att.* VII, 11, 1.
[100] 参见 *Pro Cluent.* 150; *Pro Sest.* 48; *Ad Att.* VII, 17, 4; *Phil.* I, 14 f.。西塞罗作品中关于尊严的这种看法，详细谈论参见 H. Wegehaupt, *op. cit.* pp. 24 f.。不过，韦格豪普特对赖岑施泰因（Reitzenstein, *Gött. Nach.* 1917, p. 43）的批判似乎并不正确。后者强调了尊严的另一面，也就是表达尊重与荣誉的一种头衔，这在恺撒那里非常突出。
[101] *De Rep.* V, 9.
[102] *Ad Att.* VIII, 11, 1. 对比 *De Off.* I, 85。
[103] *De Rep.* VI, 13 and 29.
[104] 值得注意的是，西塞罗曾在一些信件中将《国家篇》的主题概括为"关于最好的国家制度与最好的公民"，参见 *Ad Q. Fr.* III, 5 and 6, 1。
[105] 就像迈耶所主张的，参见 E. Meyer, *Caesars Monarchie und das Principat des Pompeius*³, pp. 177 ff.。另一种彻底的反对意见，参见 Sprey, *op. cit.* pp. 191 ff.。

明。相反，它是对古老共和国的一种辩护，以及呼吁当时的政治家们改邪归正。与《法律篇》一样，它不是即将到来的元首制的先声，而是对于建立在"自由因法律而存在"这个观念基础上的共和宪制的一曲挽歌。正如西塞罗自己所认识到的，罗马的政治领导者们并不认同他的道德理想主义。[106] 尽管有一些证据表明《国家篇》广受欢迎，[107] 但西塞罗的作品还是更像荒野中的呐喊。

5. 专制统治初期的自由

作为罗马政治自由历史的一个阶段，恺撒的独裁统治可以，也应该从两个不同的角度来探讨，一个是该政权的性质，另一个是共和派对它的态度。

有一种流传已久的看法，将恺撒描绘为一个事实上的，或者至少是潜在的君主。然而，撇开对其目标的种种猜测，恺撒的"王政"本质上并不比"苏拉的王政"[108] 更像君主制。如前所述，[109] "王政"是一个用来进行政治攻击的贬义术语，在格拉古时代之后被广泛使用。毫无疑问，它的根源在于最后一位国王塔尔昆被驱逐之后，罗马共和国普遍存在的对王权的厌恶。但是就共和国末期的国内政治而言，"王政"指的是不受限制的权力，而非制度形式的王权。恺撒的地位并非完全前所未有的，但它确实是反常的，不符合自由国家的传统观念。一个掌握

---

[106] *Ad Att.* Ⅶ, 11, 1; Ⅷ, 11, 2 f.
[107] *Ad Fam.* Ⅷ, 1, 4.
[108] 参见 F. E. Adcock, *C.A.H.* Ⅸ, pp. 718-35, 尤其是 p. 727。
[109] 参见前文 pp. 62 ff.。

了最高权力与无限管辖范围的终生独裁官，无论付出多大的努力来维持共和国的形式，也只会让整个共和制度陷入瘫痪。在罗马，同僚制与权力的任期限制是共和制与政治自由的主要指标。〔110〕人们确实能想起历史上的有些时候，〔111〕曾经有一个人掌握了全部权力，而恺撒现在就是终生享有这些权力。在宪制派看来，这是前所未有的，一种僭越的专制权力。〔112〕

对于严格的共和派来说，尽管恺撒宽厚友好，但仍然是一个令人难以忍受的暴君，他摧毁了共和制度，压制了自由。〔113〕他们以自由的名义，为了恢复共和国，而刺杀了恺撒。多亏西塞罗的书信，我们才有可能了解他这个社会阶层与政治派别的罗马人如何理解共和国与自由的含义。

从共和时期的拉丁作品尤其是西塞罗的文字中，人们得到的印象是，对一位罗马元老来说，共和国既是一种政体也是一种生活方式。与自己地位平等的人，一起自由地参与政治，这通常被认为是元老的使命与生活目标。一个人可以展示自己的能力，并且为了荣誉与名声而自由地竞争，这被认为是共和制的命脉。〔114〕

---

〔110〕 参见前文 pp. 22 ff.。

〔111〕 Cic. *Phil.* Ⅴ, 17: 我记得秦纳，我见过苏拉还有最近的恺撒，自从朱尼厄斯·布鲁图斯解放了国家以来，他们三人的权力比整个共和国还大。对比 *ib.* Ⅱ, 108。

〔112〕 *Ib.* Ⅰ, 3: 独裁官这个职位，篡夺了绝对君主式的权力。

〔113〕 例如 *Ad Att.* Ⅹ, 4, 2: 他不再拒绝，不，他实际上希望被称为暴君。对比 *Phil.* Ⅰ, 4, 6, 13, 15; Ⅱ, 34, 64, 87, 96, 108, 110, 117; *De Off.* Ⅲ, 83。

〔114〕 Cic. *Phil.* ⅩⅣ, 17: 公共生活是一个广阔天地，就像马库斯·克拉苏经常说的那样，通往荣耀的道路对众人开放。Seneca, *Ep.* 98, 13: 塞克斯提乌斯拒绝了官职的荣耀，他认为自己生来就有责任参与公共事务。对比 Cic. *Pro Archia*, 29。

持有这种观点的人们，可能会一定程度被恺撒的仁慈安抚，他们只期盼恺撒运用自己的巨大权力来重建破碎的共和国；[115]他们希望找来进行重建工作的，如果不是建筑师的话，至少是一些泥瓦匠。[116]然而，越来越多的证据表明，恺撒无意重建国家，更不用说恢复旧秩序了。罗马出现了传言，说恺撒认为共和国是一个不值得拥有的赝品；[117]而他肯定是独自行动，甚至不听从同伴的劝告。[118]

人们可以不受惩罚地赞美自由的殉道者加图，[119]但是元老院里的言论自由已经消逝了。[120]参与辩论，曾经被许多元老视为罗马政治中最重要的一个环节，现在也变得毫无用处了。[121]恺撒期望人们的合作，但他也明确表示，不会乐于听取与自己的意图不一致的建议。[122]这位独裁者，已经不再是与元老院阶层成员在社会地位上平等的一个官员了。要见到他很难，[123]把他当作客人来招待也很麻烦。[124]他获得了近乎超人的独特荣誉；他没有对元老院表示出应有的尊重；[125]他还任命过一个只有一天任期的执政官，可能不是故意的，但确实让人感到反

---

[115] 参见 Cic. *Pro Marcello*，与 *Ad Fam.* Ⅳ, 4, 3; Ⅵ, 10, 5; Ⅸ, 17, 2; ⅩⅢ, 68, 2。
[116] Cic. *Ad Fam.* Ⅸ, 2, 5.
[117] Suet. *Div. Jul.* 77.
[118] Cic. *Ad Att.* Ⅹ, 4, 9; *Ad Fam.* Ⅳ, 9, 2.
[119] 对于西塞罗的《加图颂词》，恺撒只有书面回应，参见 Tac. *Ann.* Ⅳ, 34, 7。
[120] 参见 *Ad Fam.* Ⅳ, 9, 2; Ⅸ, 16, 3 (46 B.C.); Ⅳ, 14, 1 (46 B.C.)。
[121] *Ib.* Ⅸ, 15, 4.
[122] 就像西塞罗在《一封建议［信］》中提到的一个例子，参见 E. Meyer, *op. cit.* pp. 438 ff.。
[123] Cic. *Ad Att.* ⅩⅣ, 1, 2; 2, 3; *Ad Fam.* Ⅳ, 7, 6; Ⅵ, 13, 3; 14, 2.
[124] Cic. *Ad Att.* ⅩⅢ, 52, 2.
[125] Suet. *Div. Jul.* 78, 1.

感；[126]拉贝里乌斯的故事也许是一个痛苦的提醒：一个罗马骑士的尊严无法保证他不受暴君心血来潮的侮辱。拉贝里乌斯的这句话是有道理的："哦，罗马人啊，我们失去了自由。"[127]

专制统治给罗马贵族带来了沉重负担，因为它直接伤害到他们珍视的理念与生活方式。大概在公元前53年，刺杀暴君者布鲁图斯原则性地阐释过自己的观点："不统治任何人，要比做别人的奴隶更好；因为不统治的人也可以过上有荣誉的生活，而奴隶则根本就没有生活。"[128]这在恺撒的统治下已经变成了残酷的现实。即使像卡西乌斯这样的伊壁鸠鲁主义者也发现，在恺撒的统治之下，无法继续安静地远离政治。[129]值得注意，卡西乌斯是在公元前46年变成了伊壁鸠鲁主义者；在那一年，还有希望与一位仁慈的主人达成和解。[130]但是显然没过多久，他就发现作为卡西乌斯家族的人，无法逃避现实：

---

[126] Cic. *Ad Fam.* Ⅶ, 30.
[127] 参见 Macrob. Ⅱ, 7, 1-4。西塞罗在《论责任》中似乎想起了拉贝里乌斯诗作的前几行：伟大的必然性啊——很多人都想逃避你的指引，却从未有人成功——你经常把我推进深渊！*De Off.* Ⅰ, 114：有时，必然性把我们推到了一个不合适的地方。这个作品一定已经给他留下了深刻印象，他当时还写道（*Ad Fam.* Ⅻ, 18, 2）：至于我，已经变得非常冷酷无情；在我们的朋友恺撒的游乐会上，我见到了布朗库斯，听到了拉贝里乌斯与普布里利的诗歌。
[128]《论庞培的独裁统治》，转引自 Quintil. Ⅸ, 3, 95。另见，阿西尼乌斯·波里奥的一段话：由此而来的恶意，虽然极不公正，却足以让我认识到自由是多么令人愉快，而专制统治之下的生活又是多么悲惨。因此，如果我们试图再次将至高无上的权力交到一个人的手中，那么我就宣布我是他的敌人，不管这个人是谁。参见 *Ad Fam.* Ⅹ, 31, 3（16 March 43 B.C.）。
[129] 参见 A. Momigliano, *J.R.S.* XXXI（1941），pp. 151 ff.。
[130] 公元前45年，当恺撒前往西班牙作战时，卡西乌斯写信给西塞罗说（*Ad Fam.* XV, 19, 4）：我感到焦虑，宁可有一个仁慈的老主人，也不要一个残酷的新主人。

"出生于卡西乌斯这个家族的人,不愿忍受任何人的统治,更不用说忍受专制了。"[131]布鲁图斯在写给西塞罗与阿提库斯的信中,提到了西塞罗对屋大维的态度,这也间接反映出他自己对专制统治的看法。[132]他痛恨凌驾于法律之上的统治。[133]一想到自己的安全系于别人的善意,[134]他就感到无法忍受;他起来推翻君主统治,不就是为了避免这种情况发生吗?[135]过着朝不保夕的生活,忍受屈辱和伤害,比流放更糟糕,甚至还不如去死。[136]从这些信件以及前面引用的格言来看,布鲁图斯受到了这样一种认识的启发:暴君统治之下的苟活,是以牺牲个人的自由与尊严为代价的。[137]

上面讲到的这些心理活动,并不能解释密谋反对恺撒的全部动机,但是它们可以在某种程度上解释孕育这种密谋的精神。

如果说人们曾经希望推翻专制统治者就可以恢复共和国的自由,那么这种幻想很快就破灭了。西塞罗在公元前44年4月份给阿提库斯的信中写道,"那一天我们英勇的朋友们打开了不朽之门,却没有为罗马人民打开自由之门"。[138]以及,"就像以前在所有自由的国家都没有发生过的那样,宪制和自由没有得到恢复"。[139]西塞罗对刺杀恺撒这件事的评价是——勇气

---

[131] Cic. Phil. II, 26.
[132] Ad Brut. I, 16 and 17. 关于这些信件真实性的相关讨论,参见 R. Y. Tyrrell and L. C. Purser, The Correspondence of Cicero, vol. VI, pp. CXI ff.
[133] Ib. 17, 6 and 16, 5.
[134] 16, 1.
[135] 16, 4.
[136] 16, 1 ad fin. and 6.
[137] 16, 5 ad fin., 17, 6. 对比 17, 5。
[138] Ad Att. XIV, 14, 3.
[139] Ib. XIV, 4, 1.

可嘉、智慧不足；[140] 但也许还有超出他认识之外的事实。共和国的解放注定会失败，并非像西塞罗说的那样，是因为解放者们没有打败安东尼；而是因为他们没有认识到，恺撒的统治只是旧共和国解体的结果，而不是它解体的原因。

6. 自由对抗秩序及安全

由于文献来源的特殊性，我们虽然对主要人物的观点与心理有所了解，但是对普通人的想法则在很大程度上是一种笼统的推测。然而，除了被强制合作或收买同情之外，人民对任何一项事业的自由支持，在共和国末期的政治斗争中都绝非微不足道的因素，并且可能对斗争的结果产生了重要影响。因此有必要尽可能地探查一下，人民一般来说想要的是什么；这样我们才能更好地理解，他们对于共和主义及政治自由是什么立场。不幸的是，这方面的证据很少，而且大多是间接性的。尽管如此，还是可以勾勒出一些线索。

萨卢斯特与西塞罗的一些文本可以被恰当地视为平民派或贵族的宣传话语的样本，其中除了对他们对手的猛烈抨击，偶尔还有对于其支持者提供支持不足的隐晦指责。我们马上就会看到，这种指责源于如下事实：当政治家们在鼓吹自由或尊严时，普通且缺乏政治头脑的人民，渴望的却是和平、秩序、安全与平静。

在公元前78年煽动反对苏拉统治的埃米利乌斯·雷必达，据说曾讲过这样的话：

---

[140] *Ib.* XIV, 21, 3; XV, 4, 2.

> 许多善良人士所珍视的，比辛苦奋斗得到的荣誉还要宝贵的那种平静与自由相伴的状态，已经成为过去。在现在这个时代，一个人要么是奴隶，要么就是主人；要么是恐惧公民，要么让公民恐惧。

以及：

> 如果你认为这（即苏拉的和解方案）是和平与秩序，那就是对共和国的彻底堕落与颠覆表示赞同，向强加于你的法律低头，接受一种和平与奴役的相伴……对我来说……与危险相伴的自由，好过与和平相伴的奴役。[141]

在公元前73年煽动恢复保民官权力的李锡尼·马凯，据说也向人民讲过类似的话：

> 我警告你们（罗马人民啊），也请求你们记住这一点：不要为了迎合你们自己的懦弱而改变事物的名称，不要把奴役称作和平。如果让邪恶战胜正义与荣誉，你们就不可能享受和平。

以及：

> 但是有一种麻木抓住了你们，无论荣辱都不能触动你们。你们为眼前的懒惰放弃了一切，以为你们的后背是空

---

[141] Sallust, *Hist*. I , 55, 9-10 and 25-6 M.

闲的，就有了充足的自由。[142]

看起来，煽动人民造反的企图，与人民对悠闲的渴望二者发生了冲突。所以，煽动者们就把悠闲描绘成懒惰地接受奴役，或是对自由的忽视。然而事实并非如此。悠闲意味着从容的生活，或者说一种远离政治参与的生活方式；[143]但它也意味着一种安全、[144]稳定[145]的状态，并且朝向一种和平与宁静。[146]

人民最关心的是和平与安全意义上的悠闲，这一点得到了西塞罗的证实。在反对茹卢斯土地法案的演讲中，他说道，"因为，在考察一切让人民愉快与满意的事情时，我们会发现，没有什么比和平、悠闲、宁静更受欢迎的了"。[147]还有，"没有人能找到一个对他有利的大会，来游说通过土地法，因为我正在劝阻这个法案……罗马人啊，从这里你就可以明白，人民最希望得到的东西，莫过于我这个作为人民之友的执政官在今年提供给你们的——和平、宁静与悠闲"。[148]尽管此处有充分的理由怀疑西塞罗夸大且有意歪曲了问题，但是如果他觉得自己不了解听众的真实心理，似乎也就不会这样说话。此外，西

---

[142] *Ib.* Ⅲ, 48, 13 and 26. 对比 *Jug.* 31, 2。
[143] *Hist.* Ⅰ, 55, 9; Cic. *Pro Cluent.* 153; *Pro Rab. Post.* 17.
[144] 参见 Horace, *Odes* Ⅱ, 16, 1-4。
[145] Caes. *Bell. Civ.* Ⅰ, 5, 5; Cic. *Phil.* Ⅰ, 16; Ⅱ, 113; Ⅷ, 11; *Ad Att.* ⅩⅣ, 21, 2; ⅩⅤ, 2, 3; *Ad Brut.* Ⅰ, 15, 4.
[146] 例如 Cic. *De Lege Agr.* Ⅱ, 102; *Phil.* Ⅴ, 41; *Pro Mur.* 78; 86。一些关于罗马和平观念的精彩评论，参见 Harald Fuchs, Augustin und der antike Friedens-gedanke, *Neue philologische Untersuchungen*, 3. Heft, Berlin, 1926, pp. 182-205。
[147] Ⅰ, 23.
[148] Ⅱ, 101 ff.

塞罗在内战的前夕还写道,"还是说那些放贷者或者农民,他们的主要利益在于和平?除非你能想象这些人害怕受到国王的统治,只要能让他们感觉到和平与宁静,他们就不会拒绝王政"。[149] 战争爆发之后不久,他又说:"乡镇的议员和人民也和我谈了很多。除了土地、破房子与微小的财富之外,他们什么都不关心。"[150] 由此看来,普通民众要的就是和平与安全;如果可能的话,"再加上自由";如果不可能的话,相比于被认为是自由的东西,他们看起来更偏爱悠闲。

元老们肯定也有类似的心境,因为特殊的社会地位,他们被期望为更多关注自己的尊严。在《为塞斯提乌辩护》和其他一些地方,西塞罗把贵族派的理想阐释为,"尊严与悠闲"。[151] 在这个表述中,"悠闲"可能指的是私人的闲暇,就像《论演说家》的开篇中提到的那样。不过,他在《为塞斯提乌辩护》(98)中给"悠闲的尊严"开出了一个长长的内容清单,这清楚地表明了他心中所想,至少在这篇演讲中,首先是公共的和平与秩序这个意义上的悠闲,而不是私人的闲暇。至于尊严,他清楚地指出这是贵族(最优秀之人)的目标,相比之下,悠闲则是全体人民都可以享受的。[152] 因此在《为塞斯提乌辩护》中,尊严与和平似乎指的是全体人的和平与某些人的优越地位。[153] 在谈到这种理想的尊严与悠闲时,西塞罗明显是在影

---

[149] *Ad Att.* Ⅶ, 7, 5(Dec. 50 B.C.).
[150] *Ib.* Ⅷ, 13, 2(1 March 49 B.C.).
[151] *Pro Sest.* 98. 对比 *Ad Fam.* Ⅰ, 9, 21。
[152] *Pro Sest.* 104. 对比前文 p. 4。
[153] 这个意义上使用的悠闲与自由还可参见 *Phil.* Ⅹ, 3:为什么,当你的事业和财富带给你悠闲与尊严时,你却赞成、推荐和提议与一般的宁静和你个人的尊严相反的事情呢?以及 E. Remy, Dignitas cum otio,(转下页)

射最近发生的事件,他说:

> 攻击国家的力量和手段,要比保卫国家的大。其原因在于,那些轻率、放肆的人,只需要一个点头就能使他们行动起来……而诚实的人总是显得不太活跃……只有到了最后必要时才采取行动;所以有时,由于他们的犹豫和懒惰,当然仍旧希望享受悠闲时,他们失去了尊严,有时又由于他们的过错,而同时失去了二者。[154]

正如平民派试图说服人民,没有自由的悠闲根本不算悠闲,西塞罗则在试图说服一些统治阶级相信,以尊严为代价的和解,根本不是和解;因为如果他们为了悠闲而放弃了尊严,那么他们也将失去悠闲。就像李锡尼·马凯轻蔑地评论说,人民错把奴役当成和平,西塞罗也在《反腓力辞》的第二篇说道:

> 让他们出于对公共安宁的关心,尽可能地撤退吧:国家会召回他们的。和平的名字是甜蜜的,现实给人们带来幸福;但是和平与奴役之间的差别是巨大的。和平是安宁的自由。[155]

(接上页) *Musée Belge* XXXII (1928), pp. 113 f.。雷米是从帝国的尊严解释尊严的,而非最优秀之人的尊严。一种对"悠闲与尊严"完全不同的解释,参见 H. Wegehaupt, *Die Bedeutung und Anwendung von dignitas*, pp. 53-60。

[154] *Pro Sest.* 100. 对比 *ib.* 98:因此,让他们欢迎与尊严不符的和平,也是不合适的。另见 *Ad Fam.* Ⅰ, 7, 10 *ad fin.*。

[155] *Phil.* Ⅱ, 113. 对比 *Phil.* Ⅷ, 12:但是我问你,克勒尼,你是什么意思?你把奴役称作和平?

第三章 传统政体的衰落

从所有这些说法来看，似乎是有一些包括元老与普通公民在内的人，在这个艰难的内乱时期，最希望获得和平与安全。这种情况也许可以部分地解释，为什么维护传统政体的努力最终失败了。

尽管西塞罗的观点与此相反，[156]但是总的来说，在恺撒被刺杀之后，罗马人民对共和国的自由确实没有表现出多少热情。为什么会这样？毫无疑问，内战和长年的内部纷争造成了严重的疲倦与冷漠。但是如果把对自由事业的缺乏热情仅仅归咎于勇气不足，那就是把问题过于简单化了。毕竟，当意大利处于或者似乎处于危险时，人民还是做出了反应。不过，当共和制处于危险时，他们没有做出反应。其原因似乎是逐渐形成了这样一种根深蒂固的信念，即在自由名义下提供的东西，不值得为之战斗和牺牲。这种看法，可能是受到了某些值得注意的因素的影响。

之前已经讲过，在共和国末期，自由作为一种政治口号，首先指的就是共和制。几个世纪以来，罗马人对共和制的执着，并非源于对于某种政体的意识形态式偏好，而是源于这样一个事实：在罗马，共和制不仅阻止了君主制的建立，而且为个人自由提供了有效的保障。然而，在共和国末期，共和制与自由不再像以往那样在同一种意义上联系起来。共和制越来越多地意味着一种对权力的激烈争夺，一种完全无视他人权利的、对尊严的追求。共和制的捍卫者首要关心元老院的权威，以及治权和其他权力的宪制安排。但是对普通人民的生活来说，元老院是否自由，官员是否遵守了严格的宪制标准，都是

---

[156] *Ad Fam.* X, 12, 4; *Phil.* III, 32.

不太重要的。个人自由的好处，主要体现在法庭，以及快速增长的民法体系的流畅运转。但是很明显，缺少了和平与秩序，自由将变得毫无意义。或者用西塞罗的话说，"没有和平就没有自由"。[157] 在罗马，法治曾经是、也被认为是自由的基础。尽管共和政体的目的是建立法治及秩序，但是在共和国的最后几十年里，法治变得岌岌可危，时常被强权法则取代。在罗马，很难想象没有法治的自由，然而法律已经不再可靠，"暴力、徇私和作为最后手段的金钱，早已把法律体系搅得一塌糊涂了"。[158]

罗马共和制试图通过一种权力分配，既承认强大的政府，又保障个人自由。但是，由于上面讨论过的原因，制衡机制崩溃了，罗马面临这样一种严峻的事实：被视为政治自由化身的政体形式，不再适合于维护法律与秩序。共和制意义上的自由，与秩序之间的冲突持续太久，不能被视为暂时的危机；人们逐渐得出结论，既然权力分配无法维持法律与秩序，那就不如试试看别的方式能否达到同样目的。一些人亲眼看到，反复爆发的内战是旧政体难以避免的伴生物，他们可能就会认为，应该建立一种可以维持和平的新制度，哪怕是以旧政体为代价。[159] 这可能就是为什么罗马人虽然热爱自由，但最终却选择了这样一种政体：其显著特征是权力永远集中在一个人的手中。"和平的利益要求把全部权力集中到一人之手。"[160]

---

[157] *Ad Brut.* II, 5, 1.
[158] Tac. *Ann.* I, 2, 2. 对比 Cic. *Phil.* VIII, 11; *Pro Mil.* 18; Lucan I, 171-82; Tac. *Ann.* III, 27, 1-28, 2（没有习俗也没有法律）。
[159] 加图的密友法沃尼俄斯认为，内战比不合法的君主制更糟糕。参见 Plut. *Brut.* 12, 3。
[160] Tac. *Hist.* I, 1, 1.

第四章 奥古斯都元首制与自由的关系

1. 和平与元首

塔西佗虽然经常批评奥古斯都的元首制,但也没有否认它的一项伟大成就,即恢复了和平:"奥古斯都·恺撒第六次当选执政官时,感到权力已经稳固,这才废除了他在三头同盟时期发布的命令,为我们制定了在和平与元首制之下所需要的法律。"[1] 在更早的一部作品中,他指出和平与元首制的结合绝非偶然,"在阿克提乌姆一役后……和平的利益要求把全部权力集中到一人之手"。[2] 奥古斯都本人对恢复和平与恢复共和国同样重视,[3] 这毫无疑问是我们在评价元首制时需要注意的一个关键

---

[1] *Ann.* III, 28, 3;对比 I, 2, 1;*Dial.* 38, 2 *ad fin.*。Philo, *Legat. ad Gaium*, 39, 309.
[2] *Hist.* I, 1, 1. 对比 *Ann.* IV, 33, 2。另见 Lucan I, 670;Appian, *Bell. Civ.* I, 6, 24。
[3] 例如,一个证据就是将奥古斯都称为"罗马人民自由的保护者"的硬币上面也刻着"和平"字样的铭文及和平女神的图案。参见 H. Mattingly, *Coins of the Roman Empire in the British Museum*, vol. 1, p. 112, no. 691, plate 17, 4。雅努斯神庙的关闭以及奥古斯都和平祭坛的建立,参见 *Res Gestae*, 13。

事实。看起来,就罗马人完全有自由的选择而言,他们是自愿接受了元首制。这不是因为他们相信元首制等同于旧的共和政体,而是因为他们意识到新的制度提供了一种持久和平的前景。

一群因为自相残杀的战争[4]而疲惫不堪的人民,最需要且渴望内部的和平、稳定与秩序。阿克提乌姆的决定性胜利结束了内战。虽然胜利可以带来和平,但是要维持和平,却不能光靠胜利。苏拉曾经是胜利者,他宣称自己建立了和平,[5]然而却没有持续多久。恺撒也是胜利者,他的胜利带来的和平也很短暂。来之不易的和平如何才能持久下去?这是阿克提乌姆之后,罗马人面临的核心问题。

我们已经看到,罗马人认为根据可以探明的情况而言,困扰共和国末期的内部麻烦是自我膨胀的个人之间的对抗,而不是基于不可调和的原则的不同政策之间的冲突。内战尤其被认为是庞培与恺撒争夺主导权的斗争,争夺尊严与统治地位的斗争。因此,在罗马人看来,只要有野心的人不惜一切代价、采取一切手段提高自己的尊严,只要有利于这种野心的条件依然存在,内部的冲突与战争就会一直持续下去。西塞罗呼吁人们改变心意。但是改变制度要比改变人性容易得多。[6]在这方面,元首制提供了一种解决方案,它蔑视共和派的政治风度,并且摧毁了共和国。[7]

如果说对尊严的争夺是内战的根源,如果说这种争夺因为

---

[4] Horace, *Epodes* XVI, 1 f.: 又一代人被内战摧毁了,罗马在自己的力量之中崩溃了。
[5] 参见 Sallust, *Hist.* I, 55, 24 M.
[6] 塞涅卡说,如果布鲁图斯认为"在一切古老的风俗都消失以后,还可以恢复古代的宪制",那么他就是错的。参见 *De Benef.* II, 20, 2。
[7] 对比 R. Syme, *The Roman Revolution*, p. 315。

第四章 奥古斯都元首制与自由的关系

民事与军事权力分布于多个行动者手中而变得可能,那么一个人至高无上的地位被稳固建立起来的话,就不会给野心的诱惑留下空间,更不用说力量的对抗了,这样似乎也就消除了内战的主要根源。这种观念在罗马并不新鲜。萨卢斯特让埃米利乌斯·雷必达谈到过苏拉的说法,"[苏拉]宣称共和国无法建立,战争也无法结束,除非将平民永远赶出他们的土地,残酷地掠夺平民,把原本属于罗马人民的一切权力都交到自己手中"。[8]与之类似,恺撒也经常说,"相比于关心国家,他更关心自己是不是活着,他已经有一段时间满足于权力与荣耀了;但是,如果有什么事落在了他头上,那么就不会再有安宁之日,还可能陷入另一场比以往更糟糕的内战"。[9]历史证明了他的正确。毫无疑问,在不断的内战压力下,罗马人得出了这样的结论:"对于这个陷于混乱的国家来说,唯一的补救办法就是由一个人来统治。"[10]

因此,罗马人对元首制的建立表示欢迎,并不是因为他们错误地相信这并不意味着旧秩序的改变,而是因为他们清楚了

---

[8] *Hist.* Ⅰ, 55, 24 M. 如果这句话能够代表苏拉的观点,那么它将为恺撒的批评提供更多依据:"苏拉是一个放弃了独裁统治的无知之人。"参见 Suet. *Div. Jul.* 77。

[9] Suet. *Div. Jul.* 86, 2.

[10] Tac. *Ann.* Ⅰ, 9, 5. 对比 *Ann.* Ⅳ, 33, 2; *Hist.* Ⅰ, 1, 1 and 16, 1。另见 Seneca, *De Clem.* Ⅰ, 4。熊鲍尔认为,罗马人民对元首制的偏爱心理受到了柏拉图及亚里士多德政治思想的影响,这些思想由斯多葛派的巴内修斯引入罗马,首先启发了小西庇阿,后来又影响了西塞罗。参见 E. Schönbauer, Untersuchungen zum römischen Staats-und Wirtschaftsrecht, Wesen und Ursprung des Prinzipats, *Z.d.Sav.—Stif. Rom. Abt.* ⅩⅬⅦ (1927), pp. 31 ff.[对比 J. Kaerst, *N. J. f. Wiss.* Ⅴ (1929), pp. 653 ff.]。关于斯多葛派对元首制形成的影响,还可参考 A. v. Domaszewski, Die philosophische Grundlage des Augusteischen Principats, in *Bilder und Studien aus drei Jahrtausenden, Gothein Festgabe*, 1925, pp. 63-71。可是为什么要在斯多葛派哲学中苦苦寻找罗马人已经在艰苦的内战中习得的教训呢? 对比 R. Syme, *op. cit.* pp. 321 ff.。

解到发生的巨大变化：不是在几种有分歧的权力之间建立一种脆弱的平衡，也不是在几个竞争尊严的大人物之间实现一种武装休战，而是逐渐将权力集中到最高层，让一个尊贵的人物压倒其他所有挑战者。人们不禁会想，虽然蒙森可能误解了《神圣功业》的真实含义，[11]但是他在推测奥古斯都对于自己在国家中所处位置的著名定义时——"排在所有人的前面"，可能更加接近事实真相。

正如上一章所讲，共和国在其最后阶段承受着两个相互交叠的困难：一个是"自由与尊严的冲突"，另一个是自由与悠闲的冲突；而后者又是前者的结果。元首制的建立终结了对尊严的竞争；它也带来了"甜蜜的悠闲"。[12]但是自由怎么办呢？

2. "自由的捍卫者"：一个过时的词语

《奥古斯都的神圣功业》，[13]以一项将共和国从少数派暴政中解放出来的声明开始，并且以一项恢复了元老院与罗马人民的统治的声明作为结束，把荣誉授予了奥古斯都，表彰他的贡献。《神圣功业》的这种设计，很容易让读者接受前述的两项声明。事实上最近一段时间以来，人们偶尔会以结尾部分为依据来解读其开篇；[14]结果是将开篇看作奥古斯都的政治信条

---

〔11〕 34, 3. 参见 *Res Gestae Divi Augusti ex monumentis Ancyrano et Apolloniensi, iterum ed. Th. Mommsen*（1883），p. 144。

〔12〕 Tac. *Ann.* Ⅰ, 2, 1。另见 *Virgil, Ecl.* Ⅰ, 6 ff., 对比 Seneca, *Ep.* 73, 8 and 10-11。

〔13〕 这里使用的是 Jean Gagé 的版本，*Res Gestae Divi Augusti*, Paris, 1935（=Gagé, RG）。

〔14〕 例如参见 Gagé, RG, pp. 73 ff.; E. G. Hardy, *The Monumentum Ancyranum*, Oxford, 1923, p. 27; H. Kloesel, *Libertas*, p. 58; V. Ehrenberg, Monumentum Antiochenum, *Klio* XIX（1925），p. 203。

与宪制意图的一种公开阐释。考虑到它与本研究主题的直接关系，这里有必要考察一下这项关于解放了共和国的声明，并且看看可以在多大程度上合理接受其表面上的价值。

> 在我十九岁时，我主动用自己的财产组织了一支军队，并利用它使一个处于少数派暴政下的共和国获得了解放。以该[名义]，元老院在盖乌斯·蓬萨与奥卢斯·赫提乌斯担任执政官时，颁布了表扬法令，让我成为元老院的一名成员，授予我相当于执政官的发言权，并且授予我治权。[15]

由于第二句开头的副词"以该[名义]"，既包括组织了军队，也包括解放了共和国，所以第一句话所指的只能是公元前44年最后几个月的事件；而且，如果不深入阅读的话，很难看出"使一个处于少数派暴政下的共和国获得了解放"，如何能够联系到穆提那之战与腓立比之战，[16]更不用说阿克提乌姆之战了。[17]奥古斯都提到的公元前43年的法令，是由西塞罗推动的，他当时发表的演说流传至今。[18]西塞罗明确指出，他所谓"国家的解放"，指的是屋大维率领马提亚军团及第四军团迫使安东尼撤出了罗马。[19]他还称赞屋大维是上天派来的大救星，"凭一己之力挽救了共和国"。[20]奥古斯都《神圣功业》中的一切，似

---

[15] *Res Gestae*，Ⅰ, 1-2.
[16] 参见 Mommsen, *Res Gestae*², p. 3。
[17] 参见 Hardy, *Mon. Anc.* p. 27; Ehrenberg, *op. cit.* p. 203。
[18] 参见 Cic. *Phil.* Ⅲ, 37 ff., 尤其是 38 *ad fin.*。对比Ⅳ, 4; Ⅴ, 46。
[19] *Phil.* Ⅲ, 4; Ⅳ, 4; Ⅴ, 23 and 42.
[20] 参见 *Phil.*，Ⅲ, 3-5; Ⅳ, 2-4; Ⅴ, 42-6。对比 XIV, 25。

乎是在尽可能重复西塞罗的话语。如果将屋大维带给元老院的短暂解脱称为"解放了共和国",即使在罗马也显得有些夸大其词;这种夸大最早就来自西塞罗,而且很多人肯定都知道。但是他们一定也知道,"解放"后不久,解放者就向罗马进军了,为自己索要执政官的位置。他严厉地惩罚了努西亚的人民,因为他们为穆提那之战中死去的公民竖碑纪念,并且在上面刻着他们为自由而牺牲的铭文;[21]他接着与压迫者订立了契约,这个契约后来又被废除了。[22]如果奥古斯都只是希望宣告自己是祖国的解放者,他原本可以指出一些相比公元前44年的胜利更加伟大、更加坚实的成就,现在提到的成就完全不足以支持他如此之高的要求。但是也许,奥古斯都写作《神圣功业》的第一句话,不是想要建立他作为自由保护者的声誉,或者说即使他自己愿意,他的同代人也不太愿意在这个意义上表示接受。

如果以公元前44年底和公元前43年初发生的事情为背景,而不是以公元前27年的事情来看待这段文字,奥古斯都的意图就会变得清晰起来。

屋大维刚踏上罗马政坛时,人们常叫他"小男孩",他对此十分不满。[23]而他年老后又不无自豪地说,自己年仅19岁时就主动用自己的财产组织了一支军队。同时代的人不用说都

---

[21] Suet. *Div. Aug.* 12.

[22] 后人没有忘记也没有掩盖屋大维早期的事业。值得注意的是,塞涅卡在写给尼禄的一份作品中说,"人们认为那位神圣的奥古斯都是一位仁慈的元首,而实际上,与另外几位执政者共同掌权的时候,他曾经大开杀戒。当他像你这般年纪,也就是18岁时,就已经把匕首刺进了朋友的胸膛,他已经在悄悄地打算袭击执政官马克·安东尼了;他还是公敌榜的推行者之一"。参见 *De Clem.* Ⅰ, 9, 1。另见 Tac. *Ann.* Ⅰ, 10, 1-3。

[23] Suet. *loc. cit.*

知道，他在这一点上甚至超过了伟大的庞培。[24]但是，他的非凡功业也没有免于宪制派的批评。奥古斯都与他的同代人还有后人们都很清楚，尽管曾经有过庞培的著名先例，但是严格来说，"个人组建一支军队"是严重的叛国罪。[25]对屋大维的举动，不友好的批评者也许会从塔西佗那里得到如下看法："屋大维正是为了取得统治大权，才用金钱的赏赐刺激老兵，在尚未成年而且还没有担任过任何公职的时候便征募了一支军队，收买了一位执政官的军团。"[26]这个非法的举动，即使已经涂上了一层回忆的粉饰，也只有通过其动机与后果才能得到辩护。这种辩护的合理性可能会被质疑，但作为其基础的原则，肯定是罗马人愿意接受的。难道不正是那位最伟大的共和宪制派说过，"布鲁图斯……只是一个普通公民，却承担了治国的全部重担，并且第一次在我们国家中论证了这一点，即当他同胞的自由需要保护时，任何人都不能置身事外"？[27]而且事实上，西塞罗对屋大维的举动是否正当发表过自己的看法。他在《反腓力辞》的第四篇中说道：

> 罗马人啊，现在的情形只能是这样的：要么组建军队反对执政官的这个人是不忠诚的，要么人们就是正当地拿起武器反对这个人。如果有人怀疑这一点——虽然无人怀疑——那么元老院今天已经消除了这种怀疑的可能性。盖乌斯·恺撒凭着他的热情、凭着他的智慧，还有凭着他奉

---

[24] 参见 Cic. *Phil.* V, 43-4。
[25] 例如对比针对雷必达的元老院终极决议。参见 Sallust, *Hist.* I, 77, 22 M。
[26] *Ann.* I, 10, 1.
[27] *De Rep.* II, 46. 对比 *Phil.* XI, 28。

献的财产，保卫了并正在保卫着共和国与你们的自由，他也得到了元老院的最高奖赏。[28]

元老院决议消除的真正疑问是屋大维的行动是否正当；虽然西塞罗假装屋大维的行为无可指责，但他未必不是在回应那些不友好的批评。

  奥古斯都在《神圣功业》中强调，他严格地遵守了宪制。[29] 这显然是希望同时代的人以及后人都不要怀疑其政治起点的合法性。他的声明中隐含的理由大概是这样的：我主动组建了一种军队，但目的是共和国的福祉；元老院可以为我作证，它赞成我的举动并且还因此授予我荣誉。而西塞罗著名的《反腓力辞》[30] 则让奥古斯都轻松了许多。

  至于"使一个处于少数派暴政下的共和国获得了解放"这句话，那些熟悉罗马共和国末期政治词汇的古代人，似乎可能没有要特别当回事，更不用说会从字面上来理解它了。"少数派暴政"以及"使共和国（或罗马人民）获得了解放"，这两个短语都被使用得太多，而且还经常被误用，失去了它们最初的含义。举几个例子就足够了：

> 普布利乌斯·西庇阿，以个人身份将国家从提比略·格拉古的暴政下解放了出来。（Cic. *Brut*. 212）
> 格拉古兄弟……开始解放了平民。（Sallust, *Jug*. 42, 1）
> 他们（贵族派）自封为自由的捍卫者。（Sallust, *Hist*.

---

[28] *Phil.* IV, 2.
[29] *Res Gestae*, 5-6.
[30] Tac. *Dial.* 37, 6.

Ⅲ, 48, 22 M）

他越过行省而来……目的是解放罗马人民，不再受少数派暴政的压迫。(Caesar, *Bell. Civ.* Ⅰ, 22, 5）

你父亲（庞培）看到国家被伤天害理、为非作歹的坏人践踏……他就解放了意大利与罗马。(*Bell. Afr.* 22, 2）[31]

弗拉库斯……以裁判官的身份解放了国家。(Cic. *Pro Flacco*, 25）

我看到了米罗，自由的保护者。(Cic. *Pro Sest.* 144）[32]

如上所示，"获得了解放"（在政治意义上）被用在一些完全相反的例子之中。在共和国末期，它是一个被广泛使用的政治口号，变得像自由一样含义模糊。它属于一种每个人都乐于使用的"好听的名词"，[33]因为它具有某种情感价值，但又几乎没有保留其原有的积极含义。它充其量只是一种表示公共精神的意图，几乎没有别的意思。奥古斯都似乎就是出于这个原因，

---

[31] 对比 Cic. *De imp. Cn. Pompei*, 30。对庞培行动的另一种看法参见 *Phil.* Ⅴ, 44。

[32] 米罗的牺牲品克劳迪乌斯，也曾装扮为解放者，参见 Cic. *De Dom.* 110 and 131。值得一提的是，在处决了喀提林的同伙之后，梅特鲁斯·采莱提交了一份议案，要求请回庞培：推翻西塞罗的暴政。参见 Plut. *Cic.* 23, 4。这里听起来类似于"把国家从马尔库斯·图利乌斯的暴政之下解放出来"。迪奥·卡西乌斯说，公元前46年，恺撒被尊称为解放者：为了表彰他的胜利，元老院称他为解放者，把这个名称列入官方记录中，并投票赞成建立一座献给自由的神庙。参见 Dio Cass. XLⅢ, 44, 1。更多有趣的例子（其中一部分可能关系不大）参见，W. Weber's *Princeps, Studien zur Geschichte des Prinzipats*, 1936, n. 557, pp. 138-9。

[33] 塔西佗借塞拉利斯之口说出了对日耳曼人的评价：他们的借口是自由和各种好听的名词；但凡是有野心奴役别人或是想要赢得统治的人，没有不使用这种辞令。参见 Tacitus, *Hist.* Ⅳ. 73, 3。

在自己的《神圣功业》中使用了这个短语;"使共和国获得了解放"是一种老套的说法:我为了公共利益而工作。奥古斯都在其《神圣功业》开篇的话,并不能承载有时被加在它们身上的那些分量。

还应该指出的是,虽然奥古斯都的措辞乍一看让人想起平民派的话语,但是这种印象并不一定正确。正如我们所看到的,贵族派并没有在"恢复自由"的大业中落后于平民派。唯一具有某种"平民化"色彩的是"少数派"(factio)这个词。但是,由于使用过度,这个词也失去了它原本关于一种寡头政治的含义,[34]变成了一个在政治上滥用的模糊术语。[35]奥古斯都在《神圣功业》中没有直接提及安东尼的名字。他不太可能在第一章就使用像别处的婉转说法,[36]写道"从我的对手的暴政之下"。"少数派"可以很方便地替代安东尼,[37]它没有误导任何人,除了一些现代学者。[38]

人们同样认为,公元前28年发行的著名硬币也具有不恰当

---

[34] 在公元 1 世纪,维莱里乌斯·帕特库鲁斯与瓦莱里乌斯·马克西姆斯使用少数派一词时,指的都是平民派,见 Veil. Pat. II, 18, 6, 以及 Val. Max. III, 2, 17; IV, 1, 13。

[35] Sallust, *Jug*. 31, 15:好人之间叫友谊,坏人之间叫派系。对比一些引文,*Thes. Ling. Lat*. vol. VI, col. 137, 12 ff., 以及 *s. v.* factiosus, 138, 31 ff.。

[36] *Res Gestae*, 24, 1.

[37] 他指的就是安东尼而非其他任何人,例如参见, Vell. Pat. II, 61, 1:国家萎靡不振,被安东尼的暴政压迫;另见 Cic. *Phil*. V, 6; 44; VI, 3; VIII, 5; XII, 14-15; *Ad Fam*. X, 1, 1; *Ad Brut*. I, 15, 5。

[38] 哈迪认为,"少数派"指的是解放者,参见 *Mon. Anc*. p. 27。从《神圣功业》的一些章节来看,这种说法站不住脚(*Res Gestae* ch. 1, ll. 3-5 and ch. 2, ll. 10-12。克洛塞尔猜测,奥古斯都心里想的是"元老院里的反对派",但这也是不大可能的,退一步讲,奥古斯都后面马上就说,正是这同一个元老院给他授予了荣誉。的确,"少数派"是一个集体名词,但安东尼也有追随者。

的宪制意义。它的正面刻着,"大元帅、恺撒、神之子、第六任执政官、罗马人民自由的保护者"。[39]笔者认为,这段文字更可能指的是阿克提乌姆一役的胜利,也就是将罗马人民从克莉奥帕特拉统治的威胁中解放出来,而不是恢复共和国,[40]这件事在公元前28年才刚刚准备开始。这一假设的理由如下:首先,硬币的正面是奥古斯都戴着月桂花环的头像,背面是和平女神,手持墨丘利之杖,踩在一把短剑之上。正面的月桂花环与背面的和平女神,象征的都是战争的胜利,而不是恢复宪制。其次,硬币正面的"罗马人民自由的保护者",本身并不一定指向公元前28年发生的事情。公元前28年与公元前27年的另一块硬币上刻着"征服埃及",[41]但征服埃及显然不是发生在那两年。还有一块公元前27年的硬币上面刻着"公民的救世主",[42]一块公元前23年以后的硬币上刻着"拯救了公民",[43]但它们指的都是"赦免内战的失败者"。因此,前述硬币正面所指的保护了罗马人的自由,并不一定指的就是公元前28年的事件。最后,自由的保护者这个观念,就意味着存在一个压迫者。那么人们也许会问,是谁在公元前28年压迫着罗马人的自由?屋大维被称为自由的保护者,会不会是因为他废除了自己在三巨头时期的法令呢?[44]而且,还有没有其他确凿的证据,表明硬币是在那个

---

〔39〕 参见前文 p. 97 n. 3。

〔40〕 Mommsen, *Res Gestae*², p. 145. 蒙森的观点已经被普遍接受,甚至包括钱币收藏家。参见 H. Mattingly and E. A. Sydenham, *The Roman Imperial Coinage*, Ⅰ, p. 60 n. 1; M. Grant, *From* Imperium *to* Auctoritas, pp. 384 and 424。

〔41〕 Mattingly and Sydenham, *op. cit.* p. 61, no. 19 and p. 62, no. 21.

〔42〕 *Op. cit.* p. 62, no. 22.

〔43〕 *Op. cit.* p. 64, no. 55, 编者暂定为公元前19—公元前15年。

〔44〕 Tac. *Ann.* Ⅲ, 28, 3.

事件之后才（在以弗所的造币厂）被铸造出来的呢？

由于反对安东尼和克莉奥帕特拉的战争是以罗马的自由与独立为名而发动的，这种硬币很可能是阿克提乌姆一役胜利的纪念币的一个样品。除了对硬币文字的比较研究之外，一般的常识也表明，在确定图案与文字的年代时要注意，在造币厂里制作的硬币并不总是能够跟上政治宣传的最新进展。

假如奥古斯都看到一本关于奥古斯都元首制的书的扉页上，印着那个硬币的正面图案和文字："罗马人民自由的保护者"，[45]他也许会觉得好笑。他可能更希望看到背面的女神图案。

尽管如此，那些相信《神圣功业》的开篇以及公元前28年的硬币阐明了奥古斯都纲领的人，还必须面对这样一个直白的事实：就其情感价值而言，它就像内战爆发时恺撒的"纲领"一样，模棱两可、闪烁其词。"恢复了共和国的自由"以及"罗马人民自由的保护者"这类短语，主要用于模糊的政治议题，而非阐明真正的纲领。因此，基于这些老套、模糊的宣传话语——如果确实是宣传话语——来评价奥古斯都的元首制，那就是一种误判。

3. 从理论和事实上恢复共和国

> 名义上是民主制，事实上却是一人统治。
> ——修昔底德《伯罗奔尼撒战争史》，Ⅱ，65，9

在《神圣功业》中，奥古斯都宣称自己在结束内战时就

---

[45] M. Hammond, *The Augustan Principate*, 1933.

放弃了绝对权力;他之前是得到普遍同意后行使这种权力,现在把共和国的管理移交给了元老院与罗马人民来自由处置。从官方说法来看,公元前27年的宪制交接代表了共和国的恢复,当时的《图利娅颂》见证了"世界恢复了和平,共和国恢复了秩序",[46]还有普雷奈斯特的《岁时记》见证了"根源元老院的法令,伟大的统帅奥古斯都加上了这一天"。[47]此外,维莱里乌斯·帕特库鲁斯甚至宣布说:

> 二十年的内战结束了,海外的战争也被镇压了,和平恢复了,各个地方疯狂的武装都平息了;法律恢复了效力,法院恢复了权威,元老院恢复了尊严;官员的权力被削减到之前的范围,除了在现有的八位裁判官之外增加了两位。传统的共和政体恢复了。(Ⅱ,89,3)

另一方面,后来的历史学家对于奥古斯都恢复了共和国这个说法,形成了一种完全不同的观点。塔西佗说:

> 屋大维放弃了三巨头之一的头衔,声称自己只不过是一个普通的执政官。只要拥有保护平民的保民官的权力便感到满足。他先是用慷慨的赏赐笼络军队,用廉价的粮食讨好平民,用和平的生活获取世人的好感,然而再逐步提高自己的地位,把元老院、官员以及立法的职权都集中到

---

[46] *C.I.L.* Ⅵ, no. 1527, p. 333, l. 25.
[47] *C.I.L.* Ⅰ², p. 231, 关于一月的月中日。对比 Ovid, *Fasti* Ⅰ, 589:在那一天,每个行省回到了人民手中,你的祖父也获得了奥古斯都的头衔。

了自己身上。[48]

苏维托尼乌斯简短并稍显隐晦地评论道：

> 他曾经有两次想要恢复共和国的……但是两次都想到，一方面自己恢复到个人身份，可能会有危险，另一方面将政府重新置于人民的控制之下可能会对公众造成危险；最终他决定把国家留在自己手中。[49]

而迪奥·卡西乌斯确信奥古斯都建立了一种事实上的君主制：这样，人民和元老院的权力就都落到了奥古斯都的手中……严格来说，就形成了君主制。[50]

既然在元首制建立之前的"共和国"被视为政治"自由"的主要化身，那么新政权可能会被认为是恢复了自由还是压制了自由，就取决于它是恢复了还是压制了传统政体。然而，这个问题不应该，甚至说不可能根据古代人流传下来的对元首制的评价来判定。因为，如果说奥古斯都的同代人可以被指责为虚伪的奉承者，那么他后来的批评者也可能是倾向于根据其继任者的发展，而不是根据奥古斯都元首制本身的优劣来进行评判。

幸运的是，有充分的决定性证据可以对"恢复共和国"的本质进行评判，而无须依赖那些可疑的证词。很明显，既然元首制新的、显著的要素就是重建了国家，那么新的安排在多大

---

[48] *Ann.* Ⅰ, 2, 1. 对比 Ⅲ, 28, 3；Ⅰ, 3, 1；4, 1；3, 7；*Hist.* Ⅰ, 1, 1。
[49] Suet. *Div. Aug.* 28, 1.
[50] LⅢ, 17, 1. 对比 LⅡ, 1, 1；LⅢ, 11, 5。

程度上恢复了传统的共和国,首先就要看元首这个职位本身在多大程度上符合罗马的自由国家观念。[51]

在恢复宪制以后,奥古斯都这样描述自己的职位:"在那以后,我的权威超过了所有人,但是我的正式权力,并不比其他几位同僚更多。"[52]为了清楚起见,我将分别考察它的"权力"与"权威",尽管二者相互依存,实际上是一回事。

如果说权力(potestas)指的是一种行使权力(power)的形式正当性,而非实际的能力,那么奥古斯都对自己权力的说法是站得住的,因为他把其权力的本质限定于每个具体的官职(尽管保民官不是一种严格意义的官员),而不是他所拥有的所

---

[51] 一些学者认为,奥古斯都对宪制的重新安排是对共和国的一种恢复。参见 G. Ferrero, *The Greatness and Decline of Rome*, trans. by H. J. Chaytor, IV (1908), pp. 121-42; 235-55; 尤其是 134-6; Ed. Meyer, Kaiser Augustus, *Kl. Schr.* I² (1924), pp. 425 ff., 尤其是 455 ff.; F. B. Marsh, *The Founding of the Roman Empire*², Oxford, 1927, pp. 212-29, 290-3; H. F. Pelham, The Early Roman Emperors, *Essays*, Oxford, 1911, pp. 31 ff.; M. Hammond, *The Augustan Principate*, 尤其是 pp. 4-5, 21 ff., 195-7. 关于奥古斯都元首制的其他解释,参见 Th. Mommsen, *Römisches Staatsrecht* II³, part 2, and III, pp. 1252 ff.; D. McFayden, *The Rise of the Princeps' Jurisdiction within the City of Rome*, Washington Univ. Stud., Humanistic Series, X (1923), no. 2, pp. 181 ff.; H. Dessau, *Geschichte der römischen Kaiserzeit*, I (1924), pp. 15-62; M. Rostovtzeff, *The Social and Economic History of the Roman Empire* (1926), pp. 38 ff.; E. Schönbauer, Untersuchungen zum römischen Staats- und Wirtschaftsrecht, Wesen und Ursprung des Prinzipats, *Z. d. Sav.-Stif. Rom. Abt.* XLVII (LX) (1927), pp. 264-318, 尤其是 288 ff; T. Rice Holmes, *The Architect of the Roman Empire*, I (1928), pp. 180 ff., 263 ff.; W. Kolbe, Von der Republic zur Monarchie, in *Das Erbe der Alten*, Heft 20 (1931), pp. 39-65; Sir Henry Stuart Jones, *C.A.H.* X (1934), chaps. V-VI; F. E. Adcock, *ib.* pp. 583 ff.; H. Last, *C.A.H.* XI (1936), pp. 399 ff.; A. von Premerstein, Vom Werden und Wesen des Prinzipats, *Abh. Bay. Akad.* Heft 15 (1937); R. Syme, *The Roman Revolution* (1939), 尤其是 pp. 313 ff.; M. Grant, *From* Imperium *to* Auctoritas, 尤其是 pp. 408 ff.。

[52] *Res Gestae*, 34, 3.

有权力总和的极限。作为执政官，他的执政官权力与同僚执政官相等；阿格里帕以及在他死后的提比略，他们是奥古斯都的保民官同僚；作为行省总督治权的持有者，奥古斯都可能拥有的是与其他总督一样的权力。[53]

在共和国时期，罗马人非常重视同僚制原则，将它视为罗马共和政治与自由的核心要素。因此，奥古斯都很自然地会想要让罗马人相信，他的权力与该原则并不矛盾。他当然想要排除一切关于自己在国家中职位的怀疑，并记录下自己拒绝了独裁官和终生执政官的职位，"无论是我在场或不在场时所宣布的"，以及其他一切与既有宪制惯例不符的权力，"拒不接受赋予我任何违背祖先传统的权力"。[54]因此到目前为止，正如奥古斯都所说，他没有掌握非同僚性的权力，这个说法是成立的。但是，将"我的权威超过了所有人"与"但是我的正式权力，并不比其他几位同僚更多"这二者并置在一起，则有更多的含义。从权威与权力的对立之中，似乎可以得到的推论是，奥古斯都的所有权力并没有超过拥有同样职位的同僚。但这显然是不正确的，只有古代的无知者与近代的教条主义者才会相信。因为，奥古斯都凭借他的权威而享有至高无上的地位（其含义我们稍后将会看到），他的权力也并不像一般的宪制惯例那样，局限在一个具体的官职之上，而是由各种官职的特权累积而成。就他的这种权力而言，实际上并不存在同僚制。奥古斯都拥有一个尽管每年都会重新选举但实际上是永久性的保

---

[53] 就本研究的目的而言，奥古斯都是否拥有高于诸总督的治权，并不重要。因此，无须在此讨论这个问题。最近的讨论可以参见 M. Grant, *op. cit.* pp. 424 ff.; H. Last, 'Imperium maius': a Note, *J.R.S.* XXXVIII（1947），pp. 157 ff.。

[54] *Res Gestae*, 5 and 6.

民官职位，光这一点就让他的权力超过了所有执政官；[55]他还有行省总督的治权，以此可以指挥罗马最精锐的部队；[56]虽然他不是执政官，但他有权"召开元老院会议，向元老院提出动议，提议元老院通过一项法令，并要求分组表决"。[57]因此很明显，奥古斯都拥有的权力远远超过了正常宪制惯例设定的范围。没有人的权力可以与他相比，也没有人想要拥有这种权力。对于最严格的宪制主义者来说（如果还有的话），元首的权力是由元老院和人民授予的，这一点并不能构成什么安慰。[58]有些学者似乎过分强调了这个事实的重要性。[59]根据罗马的传统，难道过去国王们的统治，不也是"需要元老的建议和人民的支持"？[60]元老院与人民授予了权力，这本身并没有对权力施加限制，它只是让占有这种权力看起来符合法律，并

---

[55] 塔西佗（*Ann.* Ⅲ, 56, 2）正确地描述了这种保民官式的权力：奥古斯都发明了最高大权这个说法，因为他不喜欢国王或独裁官的名号。奥古斯都本人曾宣称，他是通过自己的保民官权力完成法律与道德方面的事务，参见 *Res Gestae*, 6。一个正统共和派将如何看待这种无限任期的保民官权力，可以参考以下两个事实：第一，提比略·格拉古被指控想要建立"王政"；第二，李维说过，"我没提李锡尼和塞克斯提乌斯，他们长期掌权的年数，就像都城里的国王一样多"，"如果官员和保民官都是同样人的不断当选，这会危害共和国"。参见 Livy Ⅵ, 41, 3；Ⅲ, 21, 2。

[56] Suetonius, *Div. Aug.* 47, 1；Dio Cass. LⅢ, 12, 2. 对比 R. Syme, *The Roman Revolution*, p. 326；H. Stuart Jones, *C.A.H.* Ⅹ, p. 128。

[57] S. C. de Imperio Vespasiani, Bruns, *Fontes*[7], Ⅰ, p. 202, ll. 3-5。"就像神圣的奥古斯都让它合法的那样"（ita uti licuit divo Augusto），从这个短语只能推断出的历史事实是，奥古斯都被允许按照元老院决议描述的那样行事；不过，licuit 这个词并不意味着以这种方式行事的权力本身是由法律赋予的。对比 H. Last, *C.A.H.* Ⅺ, pp. 406 f.。

[58] 参见 Dio Cass. LⅢ, 12, 1。

[59] 例如 G. Ferrero, *op. cit.* Ⅳ, p. 134。该作者认为奥古斯都的权力，"类似于美国总统"。另见 F. B. Marsh, *op. cit.* pp. 224 ff.。

[60] 参见 Livy Ⅰ, 17, 9；22, 1；32, 2；35, 6；41, 7；49, 3；Cic. *De Rep.* Ⅱ, 35。

且将它与通过违宪手段掌握权力的僭主制区别开来。必须永远记住，在罗马人看来，他们的政治自由源于行政权一年一任与同僚制。[61]元首的权力虽然是被授予的，却也是永久性的，[62]并且在实际中不可撤销。[63]通过巧妙地将官员的特权与其相应的任期限制分离开来，奥古斯都掌握了多种权力，却无须像每年都被重选的官员那样进行统治。因此，不论它的表象是什么样的，元首的权力并没有保留任何正常的共和国官员所应有的要素：它是一种特权的积累，这在共和国的正常时期是不被允许的；并且它的管辖范围已经危险地类似于独裁官的权力；[64]没有与它对等的东西，所以无法对它进行管控；它实际上是终身制的，所以在元首活着的时候，他不对任何人负责。[65]

退一步讲，奥古斯都对自己权力的描述还是比较保守的。说出元首权力的真相这件事，留给了提比略：

> 元老们，我现在要说而且在其他时候经常说过，一位善良、有用的元首，在获得了你们授予的如此伟大和无限的权力之后，应该效忠元老院，效忠全体人民，效忠每一个人。[66]

---

[61] Livy II, 1, 7; IV, 24, 4; Sallust, *Cat.* 6, 7.
[62] 关于行省总督治权的特征，参见 Mommsen, *Staatsrecht* II³, pp. 793 f., 854; von Premerstein, *op. cit.* pp. 234 ff.。
[63] 关于从元首那里废除权力的原则，参见 Mommsen, *op. cit.* II³, p. 1132。
[64] 一种完全相反的观点参见 V. Ehrenberg, *Klio* XIX (1925), p. 206。
[65] 罗马的高级官员在任期内是不能被质询的。诚然，奥古斯都与提比略也不时地解释自己的作为，但没有任何宪制手段可以强迫他们这样做。对比 Suet. *Calig.* 16, 1. 此外，所有的官员和元老都必须宣誓，守护元首的公报。对比 Mommsen, *op. cit.* 13, p. 621；II³, pp. 906 ff.。
[66] Suet. *Tib.* 29.

元首行使权力的方式还需留到后面再说，不过提比略已经正确地讲出了这种权力的本质——"一种如此伟大和无限的权力"。

奥古斯都的权力就是这样。还要看的是其权威的范围。"权威超过了所有人"这个短语，自从安条克纪念碑被发现以后，就一直受到广泛讨论。纪念碑揭示了"权威"的真实含义，而不是人们早先推测的"尊严"。根据这些文字，最近一些人认为元首的至高地位与共和国的自由观念并不矛盾。他们还认为，奥古斯都没有主张共和制不允许的东西；权威完全来自人格的力量；它没有法律上的强制力，可以被自由地接受或者无视；因此，一种卓越的权威，并不会与自由发生冲突。[67] 奥古斯都的统治，凭借的是与罗马共和观念完全一致的个人权威，这种理论如果成立的话，将对人们看待自由的方式产生重大影响，因此必须认真审视。

布鲁图斯的一段话也许有助于厘清权威与自由二者的关系。他在公元前43年写给西塞罗的信中说道，"元老院和人民不仅允许他的（西塞罗的）权威如此之大，甚至还希望它能达到自由国家之中一个人所能拥有的极限"。[68] 从这句话明显可以看出，布鲁图斯认为，在一个自由的国家里，个人的权威存在一个或者应该存在一个上限，不能扩张到界限之外。这种观点的原因不难发现。它不是来源于一个自由国家无法容忍卓越的个人，而是来源于这样一种现实或者说是认识，即权威就是权力；就其影响力本身及运用它的正当性而言，它就是权力；虽然有点

---

[67] R. Heinze, Auctoritas, *Hermes* LX (1925), pp. 355-7.
[68] Cic. *Ad Brut.* I, 4 a, 2.

不太明确、不太强硬,但也是真实的、正当的。[69]

共和制时期元老院的地位,完全取决于它的权威。即使是那些主张元老院统治的人,也从未要求更多的东西。在法律上,没有一个官员有义务让自己的权力服从元老院的权威。但是按照惯例,他应该这样做。而且,元老院终极决议可以出于一切实际目的,暂停公民不可剥夺、不可侵犯的关于审判及向人民上诉的权利,再加上"反对元老院的权威"[70]这个短语所包含的谴责语调,这些事实都反映了元老院权威的分量。[71]一个人的权威可能意味着什么,西塞罗讲述的事件很好地说明了这一点:

> 梅特鲁斯……像他这样的在我国很罕见……当时是候任执政官,有一位保民官违反了元老院的法令,利用他的特权要求人们举行庆祝活动,而梅特鲁斯以普通公民的身份对活动加以禁止,凭借他的权威取得了作为官员无法取得的结果。[72]

---

[69] 熊鲍尔是这样描述权威的:"国家生活中的权威的本质,恰恰在于它代表一种不需要外在手段来强制服从的权力,而是创造出一种内在的强迫性,让人们觉得这种服从是一种自愿选择的责任。" E. Schönbauer, *op. cit.* pp. 290 f.

[70] 参见 Cic. *In Pis.* 8; *Phil.* Ⅱ, 48; *De Senect.* Ⅱ; Hirt. *Bell. Gall.* Ⅷ, 52, 3; Sallust, *Hist.* Ⅰ, 77, 22 M。

[71] 关于元老院的权威,蒙森这样说,"人们经常提到,在共和国末期元老院显赫的、不确定的、没有正式依据的权力地位,与之对应的是一个模糊的、没有明确定义的词——'权威'"。Mommsen, *op. cit.* Ⅲ, 1033。个人在公共事务中的权威也与之类似。在纯粹的私人事务中情况可能有所不同。值得注意的是,海因策的结论在很大程度上是基于私人生活来推断公共生活。

[72] *In Pis.* 8. 另见 Tac. *Dial.* 36, 8:他就越能赢得大人物的喜爱、元老院的权威以及人民中的声望。

如果凭借权威可以对公共事务施加如此决定性的影响，那么布鲁图斯认为在一个自由国家里，个人不能拥有一种不受限制的权威，这种观点就不难理解了。而且这个事实本身就提醒我们，不要草率地假设，元首至高无上的权威与罗马传统的共和制自由观念是一致的。

当然，在共和制时期有一些政治家的权威是显赫的，甚至是至高无上的。而且那些杰出的政治家，确实也曾被人称为、甚至自称为第一公民；[73] 如果说他们中的某一个在一段时间内被视为第一公民，这也并不罕见。此外，尽管无法得到确证，但是他们被称为共和国的第一公民，可能就是因为他们的权威。然而，共和国时期的元首或者说第一公民的地位，与元首制时期的元首还是有很大的区别，忽视这种差异就是忽视了元首制的真正本质。

正如我们所看到的，对权力和尊严的竞争是罗马共和国内部政治的主要动力——至少是共和国末期。由于个人之间以及派系之间竞争不断，任何一个政治家的权威都可能会增加或减少。因为一个人的权威不仅取决于他的个人品质，而且可能还主要取决于，在涉及任何特定的国家事务的公共生活中，他所处的地位。这一点可以从西塞罗本人的权威在前三头与后三头统治时期的变迁得到充分说明。[74] 以往可能同时存在多个杰出的政治家，人们一定程度上可以在他们之间进行自由选择。随着元首制的建立，情况彻底改变了。元首的权威永远至高无上，正如他是永远的最高统帅。它遮蔽并超越了其他一些权

---

[73] 参见 Gelzer, *Nobilität*, pp. 35 ff. and Sprey, *op. cit.* pp. 198 ff., 208 ff.。

[74] 对比，例如 *Ad Q. Fr.* III, 5 and 6, 4 with *Ad Brut.* I, 4a, 2。

威。[75]由于不存在与之对等的东西，罗马人的选择只剩下要么接受元首制，要么冒险进行抵抗。对于那些从来没有获得过、也不太可能获得权威的人来说，这种状况可能没有什么明显后果。但是对于那些曾经拥有过权威，并且为了出人头地（不是想要元首那样举世无双的地位）一直在奋斗的人来说，情况是大不相同了。[76]"斗智斗勇，力争上游"，[77]是共和国统治阶级的一种生活方式。因此我们可以怀疑，那些认为自己的自由是获得统治他人权利的人，[78]那些认为一个人的理想是获得"最高尊严"的人，[79]那些认为追求卓越的欲望证明了"灵魂伟大"的人，[80]那些不愿忍受恺撒"一人统治"的人，[81]他们是否会同意，长期生活在别人的统治之下、不能为自己赢得统治地位，符合传统共和制意义上的充分自由。

即使元首制只是建立在权威的基础之上，关于它和罗马共和政治之间的关系，还需要注意另一件事。"第一公民"最初既不是一个官方头衔，也不是一种官职名称。它是一种表示赞美的事实陈述。[82]在共和国时期，第一公民只是"在平等地位者中居首"，近年来人们也用同样的方式描绘元首。然

---

[75] Tac. *Ann.* XIV, 47, 1：美米乌斯·列古路斯，他的权威、节操和品格，使他在至大至尊的皇帝的庇佑下，获得了尽可能大的荣誉。

[76] 据记载，奥古斯都曾对密谋刺杀他的秦纳说，"难道就我一个妨碍了你（想成为元首）的心意了吗？请你告诉我，泡卢斯、法比乌斯、麦克西姆斯、高西、舍维利，这一长串贵族中——他们都是光宗耀祖而不是徒有其名的——又有谁能容忍你的统治？"参见 Seneca, *De Clem.* I, 9, 10。另见 Tac. *Ann.* I, 13, 1-3。

[77] 这个短语出自 Lucretius II, 11 f.。参见前文 pp. 88 f.。

[78] 参见前文 p. 38，西庇阿的格言。

[79] 参见 Cic. *Phil.* I, 34。

[80] 参见 Cic. *De Off.* I, 13 and 64。

[81] 例如参见布鲁图斯的信，Cic. *Ad Brut.* I, 16；另见 Cic. *De Off.* I, 26。

[82] 对比 F. E. Adcock, *C.A.H.* X, p. 588。

而，这个描绘虽然有一定道理，在平等地位者中居首这个说法，并不能像用于共和国第一公民的同样方式，用于元首制的元首。因为如果这个居首的总是同一个人的话，那么其他平等地位者就被贬低了，真正的平等只存在于每个人都可以居首的情况之中。然而，无论奥古斯都多么努力地在公共生活中表现谦逊，[83]他的名号"奥古斯都"本身就标志着他在某种程度上高于一般的人类标准。[84]还有他在《神圣功业》中使用的短语"我身为元首"[85]也表明，他自己以及其他人，都把他的元首地位看作一种制度。[86]而一种制度性的元首地位并不符合共和国贵族之间的平等惯例，哪怕至少是装出来的。在共和时期，贵族们可能会自愿地服从其他贵族的权威，现在他们却总是被要求服从元首的权威。[87]从共和国贵族的立场来看，塔西佗的说法是正确的，"世界的局面改变了，古老淳朴的罗马民风已荡然无存。政治上的平等已经成为陈旧过时的信念，所有的眼睛都在望着元首的敕令"。[88]

这种建立在权威基础上的统治地位具有深远的现实意义。与权力不同，权威没有得到界定。所以，相比于"权力"被限定在明确的范围之内，而权威至少从理论上来说，没有范围的

---

[83] 参见 Suet. *Div. Aug.* 53-6。对比 Seneca, *De Clem.* I, 15, 3。

[84] Dio Cass. LIII, 16, 8.

[85] *Res Gestae*, 13；30；32, 3.

[86] "元首"一词没有出现在官方文件之中，这个事实只能说明它不是一种官方头衔。

[87] Tac. *Ann.* III, 22, 6：强制性的同意。*Ann.* I, 74, 3-6：恺撒，你投票的顺序是什么？如果你先投，那么我就知道该怎么做，如果你最后再投，那我恐怕会和你的意见不一样。*Ann.* VI, 8, 7（借一位骑士之口说）：上天把至高无上的决定权交给了你（恺撒），给我们留下了顺服的荣耀。对比 *Hist*, IV, 8 and *Agric*. 42, 5。

[88] *Ann.* I, 4, 1.

限制：它可以被用于任何事情。这个事实也许可以解释奥古斯都元首制的特殊性质。他的权威使其在行使职权时，严格来说不需要法律的认可。一个明显的例子是，"监督法律与道德"。苏维托尼乌斯与迪奥·卡西乌斯在这个问题上有分歧。前者声称奥古斯都是终生的道德与法律的监督者，[89]而后者说奥古斯都是前后两次担任这个职务，每次五年。[90]奥维德与贺拉斯都暗示奥古斯都监督着法律与道德，但是他们的暗示并不一定意味着奥古斯都为此需要担任特定的职务。[91]奥古斯都自己说他拒绝了元老院和人民授予的、最高和唯一的法律与道德的监督者的职务，但是他通过保民官的权力履行了元老院在那时委托给他的责任。[92]没有令人信服的理由怀疑奥古斯都说法的真实性。因为，尽管监督法律与道德超出了保民官的权力范围，但是奥古斯都的权威弥补了他的权力。如果说对《神圣功业》第8节第5段残缺文本的复原是正确的，那么奥古斯都自己就说他的权威对立法产生了决定性影响："通过我提议的新法律，我恢复了祖先们的很多模范做法，这些做法在我们的时代正在消失，我自己也在很多方面为后人树立了效仿的榜样。"[93]

还有一些例子可以解释奥古斯都的上述说法。《法学阶梯》的编纂者说，"信托在早期历史中缺乏效力……后来神圣的奥古斯都为了人身安全……命令执政官在一些情形下用他们的权威强制执行"。结果是它逐渐成为正式的法律（神圣的奥古斯

---

[89] Suet. *Div. Aug.* 27, 5.
[90] Dio Cass. LIV, 10, 5; 30, 1.
[91] Ovid, *Metam.* XV, 832 ff.; Horace, *Ep.* II, 1, 1 ff.
[92] *Res Gestae*, 6.
[93] 对比 Ovid, *Metam.* XV, 833：最正直的立法者。

都使它们成为具有法律约束力的义务）。[94]

鉴于法学家对法律的解释（responsa prudentium）是罗马司法管理活动中的一个强效因素，需要特别注意以下的内容：

> 在奥古斯都之前，发表意见的权利并不是由皇帝所赋予的，实际中的做法是，那些对自己的研究有信心的人就可以发表意见……神圣的奥古斯都为了加强法律的权威，首先确立了只能在他的权威批准下发表意见。[95]

也许直到哈德良时代，"经元首权威授权的解答"在理论上对法官没有约束力，[96]但他们承载着元首的权威赋予他们的全部分量，所以是很重要的。[97]

从上面的例子可以看出，奥古斯都凭借他的权威，可以干涉那些如果按照严格的法律规则与共和制惯例来判断，并不属于其保民官权力与行省总督治权的事务。然而，一旦他的权威被人们接受，就没有必要强化他的特权，或是授予他自由裁量的权力。他实际上享有了后来韦帕芗被授予的一切或者说大部分的权力，并且履行了非常多的职能，相当于"全面监督和保护共和国"。然而，像《韦伯芗大权法》那样的授权法案，[98]

---

[94] *Inst.* Ⅱ, 23, 1 and 12. 奥古斯都的专制统治对遗嘱制度的影响，对比 *Inst.* Ⅱ, 25。

[95] Pompon. *Dig.* Ⅰ, 2, 2, 49.

[96] 参见 *Gai Inst.* Ⅰ, 7。

[97] 以下摘自塔西佗《编年史》中的段落，可能与奥古斯都的权威有关：神圣的奥古斯都有一次否决了（裁判官有权鞭打演员的提议），他说演员是不应当受到体罚的。而在提比略看来，奥古斯都说的话是绝对不能被亵渎的。参见 *Ann.* Ⅰ, 77, 4。

[98] 参见 Bruns, *Fontes*⁷, p. 202, 尤其是 ll. 17 ff.。

或者是一种赋予奥古斯都作为共和国最高保护者的自由裁量权的法案,[99]似乎从来没有被通过。[100]《韦伯芗大权法》总是提到奥古斯都的先例,这个事实只能证明奥古斯都履行了类似权力,但是并不能证明这些只能是由某部特别的法律所授予的。只有当元首制逐渐被强化为一种形式更加严格的权力时,当某些元首的权威不再像奥古斯都那样明显地超过他人时,当他们的元首头衔不再像奥古斯都那样不容置疑时,才出现了那些一般性的授权法案。[101]毫无疑问,奥古斯都的至高地位很大程度上依赖于他的权威。但是与此同时,我们也应该注意到,通过权威形成的至高地位可能确实要比那些通过非常规权力而获得的更少一些攻击性,但它的真实性与有效性却丝毫不减,甚至对自由的威胁可能也是丝毫不减。

要完成对元首权威的考察,还必须了解它以何种方式影响

---

[99] Dio Cass. LIII, 12, 1:通过这种方式,他的至高地位得到了元老院与人民的批准。冯·普莱默施坦因(Von Premerstein,*op. cit.* p. 117)主要依据迪奥的说法,认为奥古斯都被授予了作为共和国最高保护者的自由裁量权。然而,这种观点与奥古斯都在《神圣功业》中的自我解释并不一致。即使可以假定奥古斯都出于某种原因隐瞒了真相,但是我们仍然很难理解,为什么似乎没有任何拉丁作家知道授权奥古斯都照看整个共和国的事情。希腊作家尤其是迪奥,在这件事上可能纯粹是一种误会。顺便说一句,迪奥这句话似乎并不一定指的就是公元前27年发生了明确的权力授予。这句话也可能是在概括元首制的总体效果。

[100] 关于奥古斯都权力的类似解释,参见 H. Last, *C.A.H.* XI, pp. 404 ff.；R. Syme, *op. cit.* p. 313 n. 1；D. McFayden, *op. cit.* pp. 183 ff.；E. Schönbauer, *op. cit.* pp. 288 ff.,尤其是 p. 293。

[101] 关于维提里乌斯的继位,塔西佗(*Hist.* II, 55, 2)说:"元老院立刻就把其他元首多年来所享受的一切荣誉明令授予了维提里乌斯。"与之类似,关于韦伯芗的继位,塔西佗说(*Hist.* IV, 3, 3):"元老们却集会同意把他们通常授予元首们的全部荣誉和特权授予了韦伯芗。"后一段话显然是在暗指《韦伯芗大权法》。

了元老院的权威与人民的统治权。

正如已经看到的,贵族派将共和制和自由解释为元老院的统治。元老院的权威,作为共和国末期的一个政治口号表达的是元老院至高地位的教义,它意味着行政部门应该服从元老院的指导与控制,即使对元老院的顺从意味着要自我克制官员的权力。[102]然而,在元首制下,元老院沦为元首的下级伙伴。奥古斯都通过他的保民官权力,可以否决一切他不同意的元老院决议。另一方面,他事实上被允许采取一切他认为正确的措施,而元老院已经预先批准了他的行动。[103]因此,看起来是元老院的活动依赖于元首的权威,而不是元首的活动依赖于元老院的权威。

"选举自由"是平民派纲领的一项条款,[104]也被视为人民统治权的一种体现。曾经有一段时间,进行选举和立法的人民大会是罗马宪制的核心机构。但是当公元14年,提比略遵照奥古斯都的指示废除了人民的选举时,[105]他只是取消了一个已经沦为骗局的东西。奥古斯都虽然恢复了选举,[106]但是选举自由却因为元首的推荐[107]而被严重削减,这种推荐本质上就是指定任命,这种方式与恺撒独裁统治下的情形完全一致。[108]的确,罗马的选举从来不是完全自由的,但是,无论这种选举

---

[102] 参见 Cic. *Pro Sest.* 137。参见上文 pp. 40 ff.。

[103] 参见 S. C. de Imp. Vesp. ll. 17-19 以及 Dio Cass. LVI, 28, 3。

[104] 对比前文 p. 50。

[105] 参见 Vell. Pat. II, 124, 3。

[106] Suet. *Div. Aug.* 40, 2;56, 1.

[107] Dio Cass. LIII, 21, 7. 对比 Mommsen, *Staatsrecht* II³, pp. 921 ff.。在两次混乱的选举中,奥古斯都根本没有经过人民选举就任命了官员。参见 Dio Cass. LIV, 10, 2;LV, 34, 2。

[108] Suet. *Div. Jul.* 41, 2. 对比 Lucan V, 391 ff.。

自由的程度有多少，人民都认为它是政治自由必不可少的一部分。例如，关于无记名投票的斗争就反映了这点。凭借元首权威的推荐，[109] 在很大程度上将选举简化为纯粹的形式，并且因此取消了罗马宪制中的人民要素。按照古老的共和制标准来判断，这毫无疑问是对罗马人民政治自由的侵犯。然而，除了一些原则之外，这种变化并没有引起重大影响。在共和国的最后几十年里，罗马的选举自由变成了城市平民的一种特权，其他全体罗马人民没有理由关心这个事情。如果说塔西佗正确地指出了，废除人民的选举在人民内部除了"嘟囔几句"之外没有引起任何抗议，[110] 这就表明罗马人民并不认为这种创新是对权利的严重损害。

从目前所讲的来看，元首的权威与权力，如果根据旧的标准来判断，远远超过了共和制的惯例，并且让一个在旧的共和制意义上自由国家的存在本身成为疑问。然而，有多少罗马人想要用共和制的标准来判断元首制，以及只根据它是否符合严格的共和精神来做出评价呢？态度强硬的法学家安第斯第·拉贝奥，不愿赞成任何过去不存在的东西。[111] 但是他能够代表同时代的人吗？塔西佗的这句评论很有道理："年轻一代的人

---

[109] Ovid, *Ex Ponto* IV, 9, 67 f.：然后，授予者的权威却让这荣耀翻倍，礼物也拥有了赠礼之人的尊贵。

[110] *Ann.* I, 15, 2.

[111] 阿泰乌斯·卡皮托（Ateius Capito, 拉贝奥的同代人与反对者）说："这个人疯狂地热爱自由，以至于当神圣的奥古斯都作为元首统治着国家时，拉贝奥却认为一切都是非法的，并且什么东西都不接受，除非发现它是罗马古代法律命令和批准的。"参见 Tac. *Ann.* III, 75 and *Dig.* I, 2, 2, 47; Gell. *N.A.* XIII, 12, 2。Horace, *Sat.* I, 3, 81：比拉贝奥还疯狂。Porphyrio *ad loc. cit.*：（拉贝奥）记得自己出生时的自由，他说了很多、做了很多反对恺撒的事情。

都是在阿克提乌姆一役战胜之后出生的。甚至老一辈的人大部分也都是在内战时期诞生的；剩下来的人又有几个真正看见过共和国呢？"[112]经受内战之后的第二代人，几乎不会把宪制的恰当性作为最高标准，来衡量一个提供了和平的政权的优劣程度。一旦对和平、安全与稳定的渴望得到满足之后，他们也许会期待自由，即使自由并不存在。不过，认为关于恢复了共和国与自由的所有讨论都是纯粹的编造，这也并不正确。

早在元首制建立之前，共和国就已经变成了一种"想象中的东西"，就像西塞罗与恺撒一样，很多人都已经意识到了这一点。[113]奥古斯都的同代人知道共和国是一种没有多少实质内容的形式，而这种形式在很大程度上被继续保留了下来："不是君主制……也不是独裁制，而是一种用元首名义组织起来的共和国。"[114]常见的官职被保留了下来（官职的名称一如既往[115]），元老院讨论并通过决议，人民也还在大会中投票。与遥远的过去相比，所有这一切似乎都是假象。但是每一个清醒的人都知道，"古老的共和政体"早已无可挽回地消逝了。如果人们想把奥古斯都的元首制与过去相比，那他们所比较的也只是较近的时期，还不是遥远的过去。毫无疑问，元首制相比恺撒的独裁统治及后三头的专制统治，要更受欢迎。

从另外一个也更重要的方面来看，元首制可以被恰当地视为对共和国的一种恢复。共和国意味着它不仅是一种政体，而

---

[112] *Ann.* I, 3, 7. 对比 *Hist.* I, 1, 1: 认为国家和自己没有关系。另见 *Ann.* I, 2, 1。
[113] Cic. *De Rep.* V, 2; *De Off.* II, 29; *Ad Att.* IV, 18, 2; Suet. *Div. Jul.* 77.
[114] Tac. *Ann.* I, 9, 6。
[115] *Ib.* I, 3, 7. 对比 Vell. Pat. II, 89, 3。

且主要还是一种统治的目的。共和国的精髓在于它不仅是一个国家，还是一个作为"共同财富"的国家，也就是说，它由全体公民的利益构成，并且为了全体公民而存在。[116] 人民没有政治权利的国家，根本就不是共和国。[117] 与共和国直接相对的是罗马人所谓的"王政"，也就是武断的专制，在这种统治之下，国家可以说是统治者的私有财产，而人民是其没有任何权利的臣民。看起来，为了理解罗马人在奥古斯都统治之下的心态，应该将元首制与罗马人极度憎恨、恐惧的武断专制进行对比，[118] 而不是与过去的共和国对比。奥古斯都既不是一个专制者（君主），[119] 也不是一个拥有无限权力的独裁官。他的特权区别于他的权威，虽然很广泛，但也符合宪制并且是有限度的。在他的统治之下，罗马人没有理由认为自己是一个无权利的臣民。所有罗马人仍然是自己共和国的自由公民，国家是由元首在领导，但元首并不是为了自己的利益，而是为了所有人的幸福。[120] 他们仍然生活在一种权利得到保障的法律和秩序体系之下。国家的领导方式发生了变化，但其目的保持不变。这就意

---

[116] 斯塔克的《共和国》一书，似乎完全忽视了罗马共和国观念的这个方面。罗马人继续将皇帝统治下的国家称为共和国，这个事实本身并不能证明共和国指的就是现代意义的一般国家。罗马人为什么将共和国一词还用于帝国统治下的国家，可以从以下引文中得到很好的解释："无论是在人民大会还是元老院，他（哈德良）都说过，自己将如此管理国家，让人们知道它不属于自己，而是属于人民。"参见 *S.H.A. Hadr.* 8, 3。

[117] 参见 Cic. *De Rep.* Ⅲ, 43 ff.。对比前文 pp. 80 ff.。

[118] 例如参见 Livy Ⅱ, 15, 3。

[119] 罗马人清楚地意识到元首制与王政之间存在根本差异。参见 Ovid, *Fasti* Ⅱ, 142：[罗慕路斯]的名号是主人，[奥古斯都]的名号是元首。类似的对比参见 Suet. *Calig.* 22: 他几乎马上就要加冕了，把元首制的外表转变为君主制的形式。另见 Pliny, *Paneg.* 45, 3; 55, 6 f.。

[120] 对比 F. E. Adcock, *C.A.H.* Ⅹ, p. 587。

味着自由的本质依然存在。罗马的自由从来就不是消极的无政府主义。它建立在一种积极的学说之上，简而言之就是"自由因法律而存在"。[121] 它指的是公民维持自己在共同体中的地位，不是以国家为对立面，而是需要国家的帮助与保护，因为国家保障了他的权利，这些权利是他维持一切地位的前提。在奥古斯都统治下，罗马公民的基本权利与自由没有受到影响。的确，贵族失去了他们在公共事务中自行其是的特权。但是另一方面，以前的弱势群体、潜在的新人，却在元首制之下获得了比以往任何时候都更有利的机会来进入公共事业。[122]

因此似乎有确定的理由认为，奥古斯都元首制下的罗马，是一个存在着自由的共和国（不是最理想意义的）。真正的变化在于统治的基本原则而不是它的形式或目的。因为共和政治的关键在于通过权力分配建立制衡机制，而新政权则是在一定程度上依赖于将权力隐晦地集中到元首手中。这是一个深刻的变化，但它没有立刻影响到旧贵族以外其他人的生活。不过，其中确实蕴含着潜在的危险，它的发展最终将破坏自由的基础。

---

[121] Cic. *De Lege Agr.* II, 102. 对比前文 pp. 7 ff.。
[122] 尤其对比 R. Syme, *The Roman Revolution*, ch. 25-33。

第五章 元首制与自由：两个长期不能并存之物

处在政府之下的人们的自由，应有长期有效的规则作为生活的准绳，这种规则为社会一切成员所共同遵守，并由立法机关所制定。

——洛克，《政府论·下篇》，第四章，第22节

实现自由，需要限制公共权力。

——阿克顿，"论民族主义"，《自由史论》，第288页

1. 问题的本质

卢坎在其史诗的后半部分无视尼禄的暴政而进行写作，[1]他发现自从法萨卢斯战役以来，自由与恺撒二者就一直在发生冲突。塔西佗说，在涅尔瓦之前，元首制与自由难以兼容。[2]众所

---

〔1〕 参见 G. Boissier, *L'Opposition sous les Césars*⁵ (1905), pp. 280 ff.。

〔2〕 Lucan Ⅶ, 691 ff. (ed. Housman)。豪斯曼对这段稍显模糊的话的解释是：就像塔普苏斯的蒙达一样，庞培在法萨卢斯一役被打败之后，没有（转下页）

周知,朱里亚·克劳迪与弗拉维皇帝始终面临着各种不同形式与强度的反抗。在卡里古拉被刺杀之后,那些试图废除元首制的人打出了自由的旗号。[3]一些尼禄的受害者在临死之前,嘴上喊着解放者朱庇特的名字。[4]在尼禄垮台之后,"恢复自由"变成了一个流行口号。[5]因此可以看到,自由与元首制以这样或那样的形式发生着冲突,并且塔西佗的历史作品尤其是《编年史》,在某种程度上可以视为讲述这种斗争的故事。[6]

不过,虽然从提比略到图拉真时代,元首制与自由的冲突看起来是一种事实,但是这种冲突的本质是什么尚不清楚。至少对现代的研究者来说,真正的问题还有些模糊,因为相关的政治术语含义不清,尤其是自由本身。自由可能指的是个人与公民的权利,也可能是共和制,或者二者兼而有之。每一个标题下面,都有多个同源但又有所区别的概念,因此,要确定自由在每个特定语境中的准确含义,并不是那么容易。与之类似,元首制既可能指的是元首实际的样子(但是从来不应该成为的),也可能是它应该成为的样子(但是很罕见)。

如果现存的证据被放置在恰当的视角和真实的背景之下,自由与元首制之间冲突的本质,以及在帝国初期自由的范围(这两个实际上是同一问题的不同方面)是可以被确定的。考虑到自由包含的多种含义,为了避免在处理我们面前的问题时

(接上页)人再支持他了,也没有人还想要战争了,他们继续斗争的原因只是自由与恺撒二者的永恒冲突。Tac. *Agric.* 3, 1.

[3] 参见 Josephus, *Ant.* XIX, 186。
[4] Tac. *Ann.* XV, 64, 4;XVI, 35, 2.
[5] H. Mattingly and E. A. Sydenham, *op. cit.* I, pp. 210, 215, 225, 229, 230.
[6] "一连串残酷的命令、接连不断的控告、被出卖的友谊、被残害的无辜者、导致同样后果的各种不同的案件",参见 *Ann.* IV, 33, 3。对比 *Hist.* I, 2, 3。

产生混淆，有必要尽可能地区分表面的问题与实际的问题。因此，如果我们首先排除自由与元首制的冲突不是什么，那么理解起来可能就会容易一些。

如果将反对皇帝或者元首，与反对或者说不满罗马的统治区分开来，那么至少就针对朱里亚·克劳迪与弗拉维皇帝的那些情况而言，并不算是一种广泛的人民运动。反对者主要集中在罗马城，而且即使在那里，也主要是一些元老、贵族及知识分子。塔西佗借塞拉利斯之口的评论很有道理，"尽管你们住得离首都很远，但你们同我们一样享受好皇帝的利益。可是残暴的皇帝所残害的却是离他们最近的那些人"。[7]

这些主要由元老院发动的反抗，其动机并不是要废除元首制和恢复共和国。塔西佗说，奥古斯都去世不久，一些人就开始闲谈自由的好处。[8]出现了关于德鲁苏斯的谣言，说一旦他掌权就会恢复共和国，[9]与之类似的还有关于日尔曼尼库斯的谣言。[10]当达尔马提亚总督弗里乌斯·卡米卢斯·斯克里波尼亚努斯计划在公元前42年起兵反抗克劳迪乌斯时，他向自己的士兵许诺将恢复共和国，但是没有人听他的话。[11]考虑到在卡里古拉死后，他事实上是潜在的元首候选人，[12]其许诺的真诚性可能会受到怀疑。所有这一切表明，自由与共和国的观念并没有消亡，但也仅此而已。

唯一已知的认真考虑过恢复共和国的时刻，是卡里古拉

---

[7] *Hist.* IV, 74, 2.
[8] *Ann.* I, 4, 2.
[9] *Ann.* I, 33, 3.
[10] *Ann.* II, 82, 3.
[11] Dio Cass. LX, 15, 3.
[12] 参见 *C.A.H.* X, p.667。

被刺杀之后到克劳迪乌斯登基之前这个短暂的空位期。[13]但是，即使在这种特殊情况下，元老院也没有做出一致赞成共和国的决议。考虑到元老院在卡里古拉暴政之下的窘境，恢复共和政体的愿望似乎很容易理解。即便如此，也并不是所有人都对恢复共和国抱有热情。一些人认为元老院只应该任命一位新的元首。但是，无论元老院里面的意见如何，它很快就意识到自己并不是局势的主宰。它不得不欣然批准禁卫军的选择。这两天之内发生的事情，也许给了元老院一个永远都不会忘记的教训。从奥古斯都到图密善，几乎所有皇帝都陷入被刺杀的阴谋之中，但阴谋策划者的目标是除掉当时的元首，而不是废除元首制。值得注意的是，当皮索策划刺杀尼禄时，罗马人相信他没有向执政官维斯提努斯承认这个秘密："害怕他在自由的事业中崛起，或者选择另一个人为皇帝，让国家变成自己的礼物。"[14]共和制不再被认为是可行的政治了。

关于反对派目标的这种看法，与罗马帝国早期存在着许多杰出人物这个事实并不矛盾。他们中的一些甚至崇敬加图、布鲁图斯还有卡西乌斯的事迹。从表面上看，这种对共和国及其英雄的崇敬，似乎意味着一种强烈支持共和制的意见。然而，事实远非如此。毫无疑问，在帝国之中确实存在着一些毫不妥协的共和派，例如法学家拉贝奥。[15]但是对共和国及其英雄人物的崇敬，并不必然伴随着在政治上坚定的共和主义。

罗马人的政治天才之处在于，他们看到了自己历史上一切新起点背后的不间断的延续性。在奥古斯都统治下，政体形

---

[13] 参见 Josephus, *Ant.* XIX, 162 ff. 以及 Suet. *Div. Claud.* 10, 3 ff.。
[14] Tac. *Ann.* XV, 52, 4.
[15] 参见前文 p. 120 n. 111。

式发生了变化,但这并不意味着要切断与过去的一切联系。相反,奥古斯都元首制激发了一种有意识的努力,试图强调过去与现在之间的联系。共和国是罗马历史上光荣而英勇的时期,因为必然会引起罗马爱国者的崇敬。但是明智的爱国者们也知道,如果罗马要生存下去,就不得不延续元首制。[16]这就是为什么他们对罗马共和国历史的歌颂,在很多情况下可以和对元首制的支持结合在一起。[17]李维和维吉尔对共和制的同情,并不妨碍他们对元首制的效忠。元首制的终极目的不就是为了保存罗马的传统吗?

崇拜加图、布鲁图斯以及卡西乌斯,并不等于就要效忠他们失败的事业。提提尼乌斯·卡皮托在职业上是帝国的公务人员,在个人爱好方面是一个狂热的英雄崇拜者,他的家里摆满了布鲁图斯、卡西乌斯和加图的半身像。[18]塞涅卡既非常崇敬加图,又坚定坦率地支持君主制。阅读其作品,人们很容易感觉加图与他的态度没有冲突。他崇敬斯多葛主义者加图的勇气与正直,后者在一切情况下都坚持忠于自我,在生死之时都蔑视命运。[19]加图是斯多葛式德性的化身,是无法效仿的模

---

[16] 参见 Seneca, *De Clem.* Ⅰ, 4, 3; Tac. *Hist.* Ⅰ, 1, 1; Ⅰ, 16, 1; *Ann.* Ⅰ, 9, 5; Ⅳ, 33, 2。

[17] "因此,如果认为所有对旧时代的人和事如此尊敬的人们,也会对旧政体感到惋惜,并且认为不变成一个共和派的话就无法赞美共和国,这实在是大错特错",参见 Boissier, *op. cit.* pp. 92 f.。关于塔西佗的态度,参见下文 pp. 160 ff.。

[18] Pliny, *Ep.* Ⅰ, 17, 3. 参见 J. M. C. Toynbee, Dictators and Philosophers in the First Century A.D., *Greece and Rome* ⅩⅢ (1944), pp. 43 f.。

[19] "无论国家发生了多么频繁的变化,没有人看到加图发生了变化","加图……显示了勇敢之人能够在生活中无视命运", *Ep.* 104, 29 ff.。对比 *Ep.* 24, 6 ff.; 95, 69 ff.; 98, 12。

范。[20]但是，在热情赞扬加图勇气的同时，也夹杂着对其政治主张的批评。

> 你是什么意思呢，马库斯·加图？现在这不是一个关于自由的问题；自由早就已经被摧残和毁灭了。问题在于，究竟是恺撒还是庞培控制着国家。加图，你为什么要在这场纠纷中支持一方呢？正在选出的是一个暴君，这不关你的事。[21]

显然，塞涅卡认为他的英雄没有正确地理解其所处时代的政治形势。同样，他也批评布鲁图斯未能看到，在旧的道德腐朽之后，没有什么可以恢复旧的宪制。[22]

塞涅卡的例子提醒人们，不要将对共和英雄的崇敬一概等同于政治上的共和主义。对共和名人的崇敬，可能是一种符号，表明他们信仰共和主义，[23]而且一些恶毒的批评者也把这解释为一种革命的味道。[24]但是，这也可能表明共和主义作为一种政治力量已经耗尽了，它只是以对过去时代的浪漫之爱与一种政治上无害的英雄崇拜的形式，存活了下来。值得注意的是，尽管写下了《反腓力辞》并且遭受流放，但是西塞罗并没

---

[20] "不朽之神给我们树立了加图，这个比古老的尤利西斯与赫拉克勒斯更加真实的智者榜样"；*Dial.* II (*De Const. Sap.*), 2, 1。对比 *Dial.* I (*De Provid.*), 3, 14。另见 *Ep.* 70, 22 与 *Dial.* II, 7, 1。

[21] *Ep.* 14, 13。

[22] *De Benef.* II, 20, 2。

[23] 特拉塞亚·帕伊图斯以及赫尔维迪乌斯·普里斯库斯，被称为加图、布鲁图斯及卡西乌斯的崇拜者，以及帝国早期的自由殉道者，他们的情况是否真的如此，后文将会讨论。

[24] 参见 Tac. *Ann.* XIV, 57, 5; XVI, 22, 7 ff.。

有被列入受人尊敬的共和国英雄与殉道者的行列。[25]原因似乎是西塞罗的性格以及他的死亡,没有什么值得后人崇敬的地方。塞涅卡知道加图的著名头衔是什么,"从自由之舌加图手中,夺走了他的剑,你就剥夺了他最大的一份荣耀"。[26]如果要列举共和派最重要的人物,西塞罗原本应该在加图和解放者旁边占有一个光荣的位置。总之,崇拜那些死得光荣并且被传说理想化了的英雄,并不能证明就支持他们真实的政治立场。

还有一件事值得注意。加斯顿·布瓦西耶在其名著《恺撒统治之下的反对派》中,否认反对派具有一种政治性。他断言,反对派虽然憎恨皇帝的罪恶,但是他们并不因此憎恨皇帝的权力。反对派主要是道德性的,而不是政治性的。他们指责的是皇帝这个人,而不是皇权。[27]在同一研究中的其他地方,[28]布瓦西耶似乎某种程度上改变了自己的看法——也可能是无意的。无论如何,总的来说他的论点认为,反对派不是政治性的。[29]

布瓦西耶否认反对派具有一种政治性,似乎是因为一方面他很正确地看到,其目的不是恢复共和国,另一方面,他潜在地预设了与元首制的政治冲突,只可能是共和主义与君主制之间的冲突。

接下来几页的目的是要说明,自由与元首制之间的冲突是

---

[25] 昆体良表示了克制的敬意,并自称是西塞罗风格的崇拜者,参见 *Inst.* XII, 1, 16。
[26] *Ep.* 13, 14.
[27] Boissier, *op. cit.* pp. 102-3.
[28] *Ib.* pp. 345 f.
[29] 一种较为类似的观点参见 J. M. C. Toynbee, *op. cit.* p. 47。

一个政治问题，尽管它不是共和主义与君主制之间的冲突。

奥古斯都元首制不是，也不意味着一种伪装成共和制的绝对君主制。奥古斯都并没有试图或者希望一劳永逸地废除共和国。相反，他的目的是尽可能多地保留它。[30]有两个伟大的政治观念在共和国的废墟中幸存了下来，它们也都被接纳为行政权的基本原则：一个观念认为，法律是罗马公民享有的一切权利与自由的主要保障，它高于一切权力；另一个观念认为，罗马国家是罗马人民共同关心的东西。正如我们已经看到的那样，这两个有所区别的观念，实际上只是自由的两个不同方面。而且正是自由的这两个方面，在自由与元首制的冲突之中最为突出。

2. 元首高于法律

普林尼在《颂词》中赞扬图拉真对法律的尊重时写道：

> 我第一次听到并理解了一种新的说法——不是"元首高于法律"，而是"法律高于元首"；皇帝和其他执政官一样，也要受到限制。[31]

人们原本可能以为，法律理所当然地约束着元首；然而看到普林尼在这一点上对图拉真的赞扬时，似乎就不太明确也不太肯定了。关于普林尼对图拉真的赞扬在多大程度上是真实的，我们将在后面考察。这里需要考虑的是，他的话语中所暗

---

[30] 参见 F. E. Adcock, *C.A.H.* X, p. 587。
[31] *Paneg.* 65, 1.

示的内容,即在图拉真以前元首是高于法律的,这一点是夸大的还是准确的。

按照奥古斯都的想法,元首无疑是第一公民,但是作为一个公民,就需要服从罗马的法律与宪制机构。从元首制的宪制理论来看很有趣的一件事是,当克劳迪乌斯犹豫能否和自己的侄女阿格里皮娜缔结婚约时,维提里乌斯问他是否愿意听从人民的命令与元老院的权威,皇帝对此答道,"我是公民中的一员"。[32] 第一任元首也没有主张自己是国家的主人:奥古斯都认为自己是岗位上的一个士兵;[33] 提比略宣称元首应该是国家的仆人;[34] 他们都避开了"主人"这个称呼。[35]

但如果是这样的话,为什么图密善能够在不改变宪制的情况下,成为"主人和神"呢?为什么普林尼会想到说元首高于法律呢?为什么元首制与自由之间会发生冲突呢?

布瓦西耶说,"如果说皇帝的权力不是没有限制的,那么至少可以说这种限制不太有效:一切罪恶都是从那里来的"。[36] 不过令人遗憾的是,在做出这个中肯评价之后,他又继续说元首

---

[32] Tac. *Ann.* XII, 5. 对比 Suet. *Div. Claud.* 26, 3。另见 *Ann.* IV, 6, 7:当他(提比略)和一个普通公民发生争论的时候,照例是由法庭来解决。

[33] 参见 Gellius, *N.A.* XV, 7, 3. 对比 Seneca, *De Clem.* I, 3, 3(守卫)。另见 F. E. Adcock, *C.A.H.* X, 594。如果说元首地位的观念超出了罗马的军事传统,那么它可能是来自苏格拉底,也可能是来自希腊的王权。参见 Plato, *Apology*, 28 D ff.。对比 Dio Chrys. III, 55:被最伟大的神明派来完成这项工作。相关详细讨论参见 E. Köstermann, Statio Principis, *Philologus* LXXXVII (1932), pp. 358-68, 430-44;J. Béranger, Pour une définition du principat, *Rev. Ét. Lat.* XXI - XXII (1943-4), pp. 144-54。

[34] Suet. *Tib.* 29. 对比 24, 2;Tac. *Ann.* I, 11, 2。另见 Dio Chrys. III, 75;在那里,君主被描述为"奴仆"。

[35] Suet. *Div. Aug.* 53, 1;*Tib.* 27;Dio Cass. LVII, 8, 2.

[36] Boissier, *op. cit.* p. 63.

的权力建立在其尊严的基础之上，[37] 并指出"这种定义模糊且内涵多变的权威，由于其模糊性而颇为强大，让别的所有东西都失去了活力"。[38] 这种解释明显是受到了孟德斯鸠分权理论的启发，根据这种理论，制衡权力最有效的方式就是对机构的职权进行严格划分。[39] 但罗马从来就没有过分权，而且正如罗马宪制所表明的那样，罗马人不同于孟德斯鸠及其追随者，他们深知界定职权与限制权力这二者的本质区别。他们认为，至少在共和国之中，限制权力并不是靠对职权的清晰界定，而是有效地防止权力在法定范围之内的滥用。限制执政官的权力，靠的是确定其任期，并且还通过同僚制或干预权来防止其滥用权力，如果这些都失败了，则在事后进行惩罚。执政官的军事和管理职权与裁判官的司法和审判职权相分离，只不过是一种分工机制。执政官并非不能担任法官，或者说裁判官不能成为将军。正是因为存在这三种防止权力滥用的设计——同僚制、干预权、权力的任期制——共和国的宪制可以被正确地描述为，"法律的权威高于人类"。[40] 只要法律高于权力，自由就是有保障的。

从自由的角度来看，元首制的问题在于缺乏有效的措施来防止皇帝滥用权力。并不是说元首们可以免除一切事实上的制约；在理论上，有一些制约仍像以前那样存在着，但是在实践中，它们因为缺乏充分的强力支持，而无法对元首产生影响。这些制约在共和国能够发挥效力，是因为存在着权力的分

---

[37] 这是当时公认的对《神圣功业》第34节的理解，而不是似乎正确的"权威"。
[38] *Op. cit.* p. 64.
[39] 人们会注意到，布瓦西耶在同一个意义上使用"限制不太有效"与"定义模糊且内涵多变"。
[40] Livy Ⅱ, 1, 1.

配（不是分立）。只要这种权力分配依旧，它们的效力也就能维系。但是，当出现了一种高度集中、长久不变的压倒性权力时，那些制约就几乎没有用了。虽然它们还没被废除，但却变成了伪装的东西。

　　法学家盖尤斯断言，"没有人怀疑它（君主谕令）具有法律的效力"。[41]当然，高级官员确实一直有权发布强制性的法令，但是官员的法令与君主谕令之间存在天壤之别。前者只是在符合现有法律的情况下才合法、有效，而后者取代了法律。也就是说，不同于根据一些规则来进行管理的官员，元首有权通过直接的命令进行统治。然而，即使这种取代了法律的命令在统治中会带来益处，但是它并不符合共和国时期所设想的自由的基本理念。这种观念体现在西塞罗的格言之中——"为了可能得到自由，我们只能做法律的奴仆"。[42]它预设了罗马人民应该根据人民立法颁布的一般规则来进行统治，并且约束自己遵守它们。在这种统治之下，罗马人觉得他们是自己的主人，尽管他们事实上并不是在自我统治。然而，当君主的谕令、法令或者指示，[43]获得了法律的效力，那么罗马人民就落入了主人的统治之下。诚然，元首还没有废除一切法律，[44]但是另一方面，也缺乏有效的手段迫使他遵守法律。一种在事实上高于法律的权力，就是对自由的严

---

〔41〕 Gai *Inst*. Ⅰ, 5. 对比 *Dig.* Ⅰ, 4, 1（Ulpian）=*Inst.* Ⅰ, 2, 6。《学说汇纂》中乌尔比安的文本显然被篡改过。舒尔茨重构了乌尔比安本来的措辞：皇帝的谕令取代了法律，因为他通过《皇权法》获得了人民授予的权力。参见 F. Schulz, Bracton on Kingship, *Eng. Hist. Rev.* LX（1945）, p. 154。

〔42〕 Cic. *Pro Cluent.* 146.

〔43〕 君主谕令是由皇帝通过裁决、告示或者诏书制定的，*Gai Inst.* Ⅰ, 5. 对比 *Dig.* Ⅰ, 4, 1, 1（Ulpian）。

〔44〕 详细讨论参见 F. Schulz, *op. cit.* p. 158。另见 S. C. de Imp. Vesp. ll. 22 ff.。

重威胁。而且由于这种权力在技术层面具有合法性，它的威胁就更加严重了。盖尤斯与乌尔比安争辩说，皇帝的裁决和告示就是法律，因为他的权力是人民授予的。所以，授权法就变成事实上的绝对主义的一种合法性资格。[45] 但合法性不等于自由，"绝对权力依据其最初的，起源于人民的假设，就具有宪法上的自由一样的合法性……使天空变得昏暗"。[46]

希腊的王权哲学，尤其是关于真正的国王是法律的化身（νόμος ἔμψυχος）这种学说，在罗马为人所知，并且可能由于某种误解，刺激了帝国早期的绝对主义（帝国末期则是另一回事，这里暂不讨论）。[47] 然而，就其真正和原初的形式来说，国王是法律的化身这种学说所涉及的内容，完全不同于罗马人面临的问题。这个学说根本不涉及实在法。[48] 哲人-王凭借其智慧，能够理解正确理性的戒律，[49] 并把它们颁布给自己的臣

---

[45] 参见 *Gai Inst.* Ⅰ，5；Ulpian，*Dig.* Ⅰ，4，1。渐渐地，《皇权法》被视为免除了一般性的法律。参见 *Cod. Iust.* Ⅵ，23，3（Severus Alexander, A.D. 232）：虽然帝国法律允许皇帝不受法律形式的约束，但没有比依照法律生活更接近帝国本质的了。对比 *Inst.* Ⅱ，17，8：皇帝塞维鲁斯和皇帝安东尼纳斯经常做出同样的批复——虽然朕不受法律约束，但朕也是遵照法律而生活的。

[46] Lord Acton, *History of Freedom*, p. 78.

[47] 关于这种学说的相关讨论参见 Erwin R. Goodenough, The Political Philosophy of Hellenistic Kingship, *Yale Classical Studies*, Ⅰ（1928），pp. 55-102；*The Politics of Philo Judaeus*（1938），pp. 55，107-10。很难说，古迪纳夫教授是否注意到自己在前一部著作第 99 页以下的观点（本书并不接受），与后一部中的内容不太一致。

[48] 参见 Seneca, *De Clem.* Ⅰ，1，4 和 Ⅰ，1，2；尤其见 Plutarch, *Ad Principem Ineruditum*，3（= *Moralia*，780 c）：那么，谁应该来统治统治者呢？不是成文法……而是他的灵魂中被赋予的理性（逻各斯）。

[49] 参见 Musonius, ed. Hense, p. 36, 23 ff.；Plutarch, *loc. cit.*；Dio Chrys. Ⅰ，75：他也被称作正确理性之神。

民。他是神在地上的代理人，[50]在行使权力时必须效仿神的仁慈。[51]然而，他统治的基础在于遵从正确理性的不成文法，否则他就会变成一个暴君。因此，国王作为一个绝对统治者，他不对自己的臣民负责，但是他要服从那些神圣的或者自然的法律，而他自己就是这些法律在地上的化身。

罗马人面临的问题是，权力建立在元老院与罗马人民的一项授权法案基础上的元首，与罗马实在法之间的关系。很明显，国王是法律的化身这种学说，与"元首的意志就是法律"这个原则，从一开始就走向了不同层面。希腊的学说当然可以被用于实在法领域（νόμος一词的模糊性极大地促进了这种做法），加强一种已经存在的绝对主义。但是，它也可以被用来缓和绝对主义，而这也许就是塞涅卡在《论仁慈》中想要做的。看起来，塞涅卡因为认识到罗马的实在法难以约束元首，所以他试图让尼禄接受这样一种想法，即统治者有义务自发地接受道德性的不成文法。

李维记载了罗马人的真实看法，"任何公民都不应获得如此崇高的地位，以至于不能根据法律对其进行讯问"。[52]他亲眼目睹了罗马自由的这一基本原则的崩塌——皇帝、他的家人以及他们的朋友，开始僭取一种"高于法律"的地位。事实证明，对莉薇娅·奥古斯塔的一个朋友来说，司法几乎是无效的。[53]不久之后，克劳迪乌斯在没有听证的情况下就流放了两个无辜的罗马人，一个人是因为在他成为皇帝之前，曾在法庭

---

[50] Seneca, *De Clem.* Ⅰ, 1, 2; Pliny, *Paneg.* 80, 5.
[51] Musonius, *loc. cit.*; Dio Chrys. Ⅰ, 37 ff. 对比 Seneca, *De Clem.* Ⅰ, 14, 2。
[52] ⅩⅩⅩⅧ, 50, 8.
[53] Tac. *Ann.* Ⅱ, 34, 3-8. 对比Ⅳ, 21, Ⅰ与Ⅱ, 51, 3; Ⅲ, 12, 10; ⅩⅡ, 60, 6。

上强烈地反对过他,另一个人则是因为在担任市政官的时候,处罚过违反了某项行政法规的克劳迪乌斯庄园的租户,并且还鞭打了表示抗议的管家。〔54〕法律虽然还没有失效,但事实上却被证明无法对抗元首的压倒性权力。而且,如果这种权力以及权力意识碰巧与邪恶的人结合在一起,那么禁令无效的意识很容易刺激出这样一种信念,即一切事情都是被允许的。"记住,我可以对任何人做任何事",这是卡里古拉在祖母告诫他时的回答。〔55〕尼禄犯下了许多罪行却从未受到惩罚,由此可以得出结论,没有一位元首真正意识到他的实际权力是什么。〔56〕如果不是因为当时一些有思想的人士意识到并且承认了皇帝的无所不能,人们可能会倾向于把这些言论看作喝醉了的掌权者的胡言乱语。塞涅卡说,"恺撒可以合法地做任何事","他可以做任何事"。〔57〕迪奥·克瑞索托问道:"谁,能比高于法律的人有更敏锐的正义感?谁,能比可以做一切事情的人更严格地控制自我?"〔58〕

这并不是对元首制的宪制理论的准确解释,但它却是一种事实,而且可以从《韦伯芗大权法》之中找到很多法律层面的表达与认可。〔59〕

元首的权力变得越来越绝对,而这种绝对的权力又可能随时变得专制、武断和暴虐。如果说从自由的角度来看,共和国末期的最大问题是防止有限权力变成绝对的,那么帝国初期的

---

〔54〕 Suet. *Div. Claud.* 38, 2.
〔55〕 Suet. *Calig.* 29, Ⅰ. 对比 32, 3。
〔56〕 Suet. *Nero*, 37, 3. 对比尼禄反讽式的评论:我害怕朱利安的法律,*ib.* 33, 2。
〔57〕 *Ad Polyb.* 7, 2; *De Clem.* Ⅰ, 8, 5.
〔58〕 *Or.* Ⅲ, 10.
〔59〕 Ll. 17 ff. 对比前文 p. 133 n. 45。

最大问题就是防止绝对权力变得专制。这就是症结所在，也是导致自由与元首制发生冲突的根本原因。

在我们描述罗马人试图用何种方式调和自由与绝对主义之前，还有一件要注意的事情。专制主义统治下的真正受害者是元老阶层。其他阶层也受到了一定影响，[60] 而且他们也对此心怀不满。但是，专制者的怀疑与怒气以及他们的专制政权，更多打击的是元老院和贵族。这就是为什么反对专制主义主要局限在元老阶层。

3. 元老院的自由

在帝国的最初几十年里，元老院经历了一场深刻变革。共和时期，尤其是自苏拉以来，元老院是由人民间接选举产生的。因此，它在一定程度上代表了人民，尽管人民与元老院是宪制的不同部分，或者说平民与元老院作为不同的社会阶层，常常相互对立。随着提比略统治下废除了人民选举，元老院就变成了一个由现成员自行选举的团体。不过，虽然其代表性受到了削弱，但它很大程度上代替了人民大会。[61] 自此以后，就只能通过元老院之口听取元老院与罗马人民的声音了。所以，就作为一种政治制度的共和国来说，它现在主要体现在元老院和普通的官员身上（区别于帝国的使节及代理人）。除了传统

---

[60] 例如沉重的税收和掠夺性充公做法的伤害，参见 Suet. *Calig.* 38；*Nero*, 32；Tac. *Ann.* XV, 45；以及密探和告密者的伤害。关于图密善在这方面的政策，参见 M. P. Charlesworth, *C.A.H.* XI, pp. 41 f.。

[61] *Gai Inst.* I, 4；Mommsen, *Staatsrecht* III, pp. 1265 f.；F. Schulz, *Prinzipien des römischen Rechts*, p. 7.

与宪制的惯例之外，元老院不再是罗马人民的代表，官员也不是罗马人民的代表。事实上，元老院变成了一个由现成员自行选举的团体，为管理部门提供人才，在行动上充当元首的伙伴。这种伙伴关系的特性，决定了元老院对当时元首的态度。

如果真像蒙森认为的那样，存在着一种元老院与元首的双头政治，那么元首制与自由之间的冲突就永远不会发生了。事实上，双头政治只是某些元老院顽固分子的理想。正是事实上不存在双头政治，也就是说，元老院并非一个与元首地位平等的独立权威，才是导致冲突的一个关键原因，尽管不是唯一原因。

在我们的拉丁作家们看来，一位皇帝的信誉首先就表现在他对元老院和官员的尊重，这无疑是一个影响不小的事实。[62] 在帝国时期的国内政治中，自由通常或明或暗地指的就是元老院的自由。[63] 元老院的自由，意味着国家的重大事项应该提交元老院讨论，并且元老们可以自由地发表意见和不受限制地投票。元老院所寻求的，并不是恢复它已经失去的至高地位，而是保持一种作为皇帝伙伴的光荣地位。[64] 然而，由于元老院与皇帝之间的伙伴关系，建立在一种没有相应权力划分的分工之上，[65] 元老院很难保持自己的地位。元首逐渐地吸收了元老院

---

[62] 参见 Tac. *Ann.* IV, 6; 15, 3; XIII, 4, 3; *Hist.* II, 91, 2; Suet. *Tib.* 30 ff.; *Calig.* 16, 2; *Div. Claud.* 12, 1-2。

[63] Tac. *Agric.* 2, 2; *Ann.* XIII, 49; I, 74, 6; 77, 2-3; 81, 3; II, 35; III, 60, 1-6; *Hist.* IV, 44, 1; Suet. *Tib.* 30。

[64] 参见 Tac. *Ann.* II, 35, 2：皮索……认为国事更有理由不应被中断下来，在皇帝离开罗马时，元老院和骑士们能够履行他们的职责，维护国家的荣誉。对比 *Hist.*, IV, 9。Dio Cass. LII, 32, 1, 也非常有趣。

[65] 参见 F. E. Adcock, *C.A.H.* X, p. 587。

与普通官员的权力及声望,[66]他在这样做时并非总是怀着恶意。元老院无法胜任它的责任,而且虽然它急切地想要保持其声望,但有时却只能自愿将较为艰巨的任务交给元首。[67]随着帝国管辖范围的扩张,代理人的权力逐渐增长,官员的权力相应下降。[68]对于元老和贵族们来说,看到那些作为皇帝秘书的获释奴隶掌握了巨大的影响力和财富,肯定是非常难过的。[69]

认识到自己的无能和依附地位,并不能激发出自尊。如果说提比略对元老院的顺从感到厌恶,[70]那么可以想象那些追随元老院传统的人,亲眼目睹在卡里古拉、尼禄或图密善的统治下受尽屈辱的元老院以谄媚、卑屈、自损换取苟活时,会感到多么地愤恨与沮丧。[71]

不过,尽管元老院亲吻了棍子,尼禄还是威胁要彻底将它摧毁。[72]元老院的衰落对普通公民来说有多么重要,废除的话会不会影响他们的地位,这些都值得怀疑。但是,凭借其传统以及惯例的力量,元老院被认为是共和国的宪制化身,至少元老们自己是这样认为的。因此,元老院及其列席官员们的权利

---

[66] 参见 Ann. I, 2, 1; III, 60, 1; XI, 5, 1。

[67] 参见 Ann. II, 35; III, 35, 1; Hist, IV, 9。

[68] 参见 Ann. XII, 60。对比 Suet. Div. Claud. 12, 1; 24, 1。

[69] Ann. XII, 60, 6. 对比 XI, 33, 2; 35, 1; 37-8; XII, 1-2; 25, 1; 53, 5; XV, 72, 3-4; Hist. I, 7, 3; Suet. Div. Claud. 28 and 37; Domit. 7, 2. 塞涅卡在《神圣的克劳迪乌斯变成南瓜》中对克劳迪乌斯进行了一种文字报复:克劳迪乌斯被判决成为一个奴隶,后来又给一个获释的奴隶做秘书。参见 Apocolocyntosis Divi Claudii, 15, 2。

[70] 参见 Tac. Ann. III, 65, 3。

[71] 例如参见 Tac. Ann. XIV, 12; 14; 20; 61; XV, 23; XVI, 4, 里面有很多谄媚和自损的例子。

[72] Suet. Nero, 37, 3, 对比 Tac. Hist, IV, 42, 4。

与尊严被看作共和国的一种体现。[73]这也是为什么在帝国时期，元老们对元老院权利的声张，变成了自由的缩写，相比之下，对于西塞罗那样坚定捍卫元老院至高地位的人来说，口号始终是——元老院的权威与罗马人民的自由。

4. 特拉塞亚·帕伊图斯

特拉塞亚·帕伊图斯的反对意见广为人知，但也有多种不同的解释。以尼禄的专制统治下元老院令人遗憾的窘境作为背景，才可以显现出它的真相。[74]特拉塞亚经常被列为在帝国早期从哲学上提出所谓反对意见的一个例子。但是，就像被记录下的言行所反映的那样，他主要是作为一个持有斯多葛派观点的勇敢正直的罗马元老从事活动，而不是一个斯多葛派哲学家碰巧成为罗马元老。权威人士已经讲了太多关于他的事情，使我们能够了解到他的动机从何而来。塔西佗说道：

对于元老院发布的一项关于允许西拉库塞斗剑比赛的人数超出规定数目的普通命令，我本来是不想记述的。但是特拉塞亚·帕伊图斯反对这项命令，从而使诽谤他的人得到了谴责他的投票的机会。他们说："如果他相信元老院的自由是国家必不可少的东西，那么他又何必纠缠于这

---

[73] Tac. *Ann.* XIII, 28; *Hist.* I, 84, 3：维提里乌斯多少算有一些军队，但是元老院却站在我们这边，因此这就是说，国家是站在我们这边的。

[74] 关于反抗的多种不同解释，参见 G. Boissier, *op. cit.* pp. 99 ff.; H. Furneaux, *The Annals of Tacitus*, II (1891), pp. 80 ff.; B. W. Henderson, *The Life and Principate of the Emperor Nero* (1905), pp. 294 ff.; D. R. Dudley, *A History of Cynicism* (1937), pp. 130 ff.; J. M. C. Toynbee, *op. cit.* pp. 49 ff.。

些琐碎的事情呢？……不能过分放宽西拉库塞的参加斗剑比赛的人数，这难道就是他所期望的改革吗？难道在帝国的一切部门中所有别的事情就都是那样地合乎理想，就好像国家的统治者不是尼禄而是特拉塞亚吗？如果最重要的事情都被忽略，就好像它们根本不存在一样，那么不去谈论那些鸡毛蒜皮的东西，难道不是一种责任吗？"另一方面，特拉塞亚在他的朋友要求他对这种责难进行辩解的时候，他却回答说，并不是因为他不了解当前的情况，他才对这类性质的命令提出修改意见。他只是以十分尊敬对方的方式要元老们晓得，在他们可以关心极其细微的事情时，不要隐藏自己对重大事务的兴趣。[75]

抛开警句式的措辞与编排，没有理由怀疑这一叙述的真实性。因此，似乎在特拉塞亚看来，在公元58年国家遭受了缺失元老院的自由所带来的痛苦；他在一件琐碎的事情上花费过多心思是想要表明，看在元老院荣誉的份上，逃避重大问题并不是因为粗心大意。从这段话的要旨来看，"如果有机会的话"似乎应该提供一些事情给"隐藏者们"。

每当元老院为了谄媚皇帝而贬损自己时，特拉塞亚都会保持沉默或者敷衍地表示同意。但是，当有关尼禄处死了自己母亲的信件在元老院里被宣读时，著名的人物们相互竞争、试图做出令人满意的决议，特拉塞亚却一言不发地走出了会场，因为"他不能说自己想说的话，他也不想说自己能说的话"。[76]

---

[75] *Ann.* XIII, 49.
[76] *Ann.* XIV, 12 and Dio Cass. LXI, 15, 2.

公元 62 年，一位名叫安提斯提乌斯的裁判官因叛逆罪而在元老院受审。有人提议判处他死刑，但是特拉塞亚表示反对，"在长篇大论颂扬了恺撒和极为猛烈地斥责了安提斯提乌斯之后，他却提出了这样的看法：一个罪人所应受到的充分惩罚，在一位优秀的元首和不受任何强迫约束的元老院的统治下，不一定就是人们所决定的惩罚"。[77] 他继续说，法律已经规定了各种惩罚办法，所以根据法律的判决既可以使审判官不致蒙受残暴之名，又可以使时代不致蒙受耻辱之名。[78]

在同一年，克里特的一个外省显贵也接受审判。他的说话方式被认为是对元老院的侮辱，因为他说自己有权决定治理克里特的长官能否得到这个行省人民的感谢。特拉塞亚抓住了这个机会，提出应该禁止由外省显贵来决定退休官员能否得到感谢。在塔西佗的加工下，他的演讲充满了骄傲自大的意大利民族主义的语调，这很符合他的元老身份和城市血统，但是却不太符合斯多葛派的世界主义。[79] 值得注意，特拉塞亚的提议得到了尼禄的批准，[80] 这说明直到公元 62 年时，他还没有失去皇帝的宠幸。还要记住的是，他在公元 56 年担任执政官，[81] 并且颇有影响。从卡皮托·科苏提亚努斯的责难之中就能够看出他的权威不小。卡皮托后来在 58 年[82] 和 62 年，分别指控特拉塞亚敲诈勒索，以及轻判了安提斯提乌斯。因此很明显，在克劳迪乌斯统治时期或者说尼禄统治的初期，特拉塞亚不可能是不

---

[77] *Ann.* XIV, 48. 对比 Dio Cass. LXII, 15, 7, 1a。
[78] 参见 Tac. *Ann.* XV, 20 f.。
[79] *Ann.* XV. 21, 1-2.
[80] *Ib.* XV, 22, 1.
[81] H. Furneaux, *ad Ann.* XIII, 49, 1（vol. II, p. 373 f.）.
[82] *Ann.* XIII, 33, 3 and XVI, 21, 3.

受欢迎的人物。

这一事实表明，特拉塞亚"对共和制的同情"不一定就具有政治性。他写过一本关于加图的书，[83] 也庆祝过布鲁图斯和卡西乌斯的诞辰。[84] 但加图和布鲁图斯不只是共和政体的捍卫者，他们还是伟大的罗马人和斯多葛派的模范。

在塔西佗看来，特拉塞亚的自由似乎是一种与思想无关的勇气，不属于共和主义。[85] 他绝不是像指控者们声称的那样，领导了一场旨在推翻帝国的运动。[86] 相反，他劝阻自己的一些朋友，不要向尼禄做出公然的、卖弄式的、积极的反抗。[87] 这也可以解释他最后几年里的行为。

大约在公元 63—64 年，[88] 特拉塞亚采取了一种彻底退出公共生活，尤其是退出元老院的策略。尼禄发给元老院的信件中，称其无所事事、疏忽责任。[89] 但事实并非如此。这是一种经过深思熟虑的[90] 抗议策略，特别表现为保持沉默。特拉塞亚的控告者说："他担任过执政官，但是却不来元老院；他虽然是祭司，却不参加祭祀仪式；他虽然是公民，却不宣誓效忠。特拉塞亚公然敌视我们的国家，敌视我们的生活方式和宗教崇拜。让他来吧，他不是喜欢扮演元老，喜欢保护诽谤皇帝的人吗？让他来吧，他不是想要修正或者改变自己的国家吗？

---

[83] Plut. *Cato Min.* 37.
[84] Juvenal, V, 36-7.
[85] *Ann.* XIV, 12; 49; *Hist.* IV, 5, 2.
[86] *Ann.* XVI, 22, 7-8.
[87] *Ann.* XIII, 49, 2; XVI, 25, 2; 26, 6.
[88] 公元 66 年，指控者说，"他三年没来过元老院"。参见 *Ann.* XVI, 22, 1。
[89] *Ann.* XVI, 27, 2 f.
[90] *Ib.* XVI, 26, 7-8.

相比于他现在这种一概否定又一声不吭的样子,不如让他来说个够!"[91]指控者基本上说对了特拉塞亚的动机:他是一个心怀不满的元老,想要通过沉默和不参与来表达自己对政权的不满,显示自己的正直和自由判断。[92]这种策略并不新颖。提比略统治下的皮索,就宣布自己要退隐到偏远的乡下,以表达对公共事务状况的不满。他的抗议给提比略留下了很深的印象。[93]在恺撒的统治下,西塞罗也采取了类似的沉默无为的做法,[94]而恺撒正确地将西塞罗自愿退出公共生活的姿态理解为对政权的批评,并且试图与他和解。

或许,"反对"并不是描述特拉塞亚态度的正确词语。这是一种抗议,一种不满的表现,一种试图将自己与政权分离开来的做法,而这种政权最大的问题被认为是制造了分裂。特拉塞亚的退隐非常有名,因为他以往被认为是一个热爱自己元老职责的人,并且由于他受人尊敬,[95]所以也很有影响。指控的人主要攻击他的退隐,并由此衍生出许多指控。很明显,既然他几年以来都不曾踏入元老院,那么他肯定就缺席了(公元65年)授予已故女皇神圣荣誉的仪式,还有例行的宣誓活动。[96]一旦他的退隐被解释为叛国,指控者就可以罗织各种相关或不相关的事情,最终都是为了一个目的——给他定罪,这在尼禄的统治下并不难办。指控者只需要特别强调一些冒犯尼禄的事

---

〔91〕 *Ann.* XVI, 28, 3 f. 对比 Dio Cass. LXII, 26, 3。
〔92〕 达德利正确地强调了这点,参见 D. R. Dudley, *op. cit.* p. 131。
〔93〕 Tac. *Ann.* II, 34, 1 f.
〔94〕 参见 Cic. *Pro Marc.* I ; *Ad Fam.* IV, 9, 2; IX, 16, 3。
〔95〕 在他被处死之前,就连尼禄也称赞过他的公正。参见 Plutarch, *Moralia*, 810a。
〔96〕 *Ann.* XVI, 21, 2; 22, 1 and 5.

情,例如,说他曾经批评过对戏剧的狂热,[97]或者是老套地指控说他装出哲学家的样子,就是为了指责皇帝的放浪生活。[98]正如我们稍后将看到的,关于特拉塞亚及其朋友们想要摧毁国家的指控,[99]也是一种针对所有哲学家尤其是斯多葛派的常见做法。

但是,如果说对特拉塞亚的指控夸大了其政治意义,那么他的斯多葛主义以及对共和制英雄的崇敬,则在他死亡的方式中得到了充分体现,而且也许还能看出他对加图的崇敬之意。如果现存的关于他临终时刻的描述是真实的,那么很明显,特拉塞亚是有意让自己的死亡模仿苏格拉底与加图的范例。[100]他与犬儒学派的德米特里厄斯讨论着灵魂的不朽,并且当他的血管被切开、血液喷洒出来时,他对前来传达元老院命令的官员说,"我们是在向解放者朱庇特神行奠酒礼呢。[101]年轻人,看吧,期望上天不要展现这样的征兆,但你是生活在这样一个时代里,坚定的范例对于锻炼坚强性格是有好处的"。与加图一样,他无疑相信自己树立了一个坚定的范例,将被后人铭记;[102]激励他们,就像加图激励了自己一样。特拉塞亚说,

---

[97] *Ib.* XVI, 21, 1; 22, 1; Dio Cass. LXI, 20, 4; LXII, 26, 3 f.
[98] *Ann.* XVI, 22, 3:谴责你的放浪。对比 Seneca, *Ep.* 123, 11 f.:那些以自负的精神批评别人生活的酸溜溜的家伙,假装成全世界的导师,其实是他们自己生活的真正敌人。你不用在乎他们的话,你也不应该犹豫,宁愿更好的生活,而不是更好的名声。很明显,塞涅卡正在对抗一种流行观点。这种观点也出现在 Quintil. *Inst.* XII, 3, 12。
[99] *Ann.* XVI, 22, 7-8.
[100] *Ann.* XVI, 34-5. 关于加图的临终时刻,参见 Seneca, *Ep.* 24, 6 ff.。
[101] 对比 Dio Cass. LXII, 26, 4。塞涅卡也进行了一次类似的奠酒礼,参见 *Ann.* XV, 64, 4。
[102] Dio Cass. LXI, 15, 4.

"像自由人一样死去，要比毫无意义的卑躬屈膝，然后像奴隶一样被毁灭要好得多"。这是因为他意识到，即使付出了自我贬低的代价，也无法在暴君统治之下买到安全的生活。[103]

没有任何东西可以证明特拉塞亚想要推翻帝国、恢复共和。但要说他和同伴们只是对尼禄的个性表示厌恶，[104]那也是一种没有抓住要害的轻描淡写。专制统治的一个根本特征是，无法在专制者的个性与他的权力之间画出一条界限，因为专制者的权力就是专制者在做的事情。当然，那些生活在一个疯狂专制者统治下的人，无法分辨出他们受到的压迫哪些是宪制层面的，哪些是精神病理层面的。尼禄的疯狂让他成为一个车夫，一个演员，一个弑母者；但与此同时，却是他的权力让他成为皇帝。这才是关键所在。尼禄将元首当成了暴君；他的蠢行受到称赞，他的罪恶未受惩罚。这不过是凸显了暴政的残酷性。特拉塞亚并不是对邪恶感到愤怒的斯多葛派德性的化身；他首先是一位罗马元老，试图在恶毒的罗马暴君面前维护自己的自由与尊严。而这可能就是为什么，塔西佗将他的名字与"真正光荣的范例"联系在一起（*Hist.* II，91，3）。

5. 斯多葛主义与自由

特拉塞亚的指控者声称斯多葛主义具有政治颠覆性。对于特拉塞亚来说，这个指控并不成立，但它可能代表了一种对于斯多葛主义的普遍看法。哲学受到了有影响力人物的反对：他

---

[103] Id. LXI, 15, 3.
[104] G. Boissier, *op. cit.* pp. 102-3; J. M. C. Toynbee, *op. cit.* p. 49.

们认为哲学会滋生傲慢与抗命,而且塞涅卡也觉得有必要反驳这一指控。他说,"在我看来错误的是,认为那些忠诚献身哲学的人是顽固的叛乱分子,蔑视官员、国王或是其他管理公共事务的人"。[105]

迪奥·克瑞索托年轻时,在一篇已经遗失的演讲《反哲学家》(κατὰ τῶν φιλοσόφων)中猛烈地抨击了哲学。他抨击了苏格拉底和芝诺,宣称他们的追随者应该被赶出地球,因为这些人是"城邦与宪制的瘟疫"。[106]诡辩术或者说修辞学与哲学的冲突由来已久,迪奥作为一个诡辩家,攻击哲学也不足为奇。但是,迪奥的这番谩骂带有某种政治上的设计,而且很有可能是在迫害哲学成为一个比较热门的话题时发表的。[107]

在公元1世纪,罗马哲学主要指的就是斯多葛主义或者犬儒主义。值得注意的是,有关傲慢与抗命的指控,特别针对斯多葛主义。[108]还有一个比较重要的事实在于,穆索尼乌斯·鲁弗斯虽然在公元71年针对哲学家的大驱逐中被豁免,但是随后又被赶走,直到提图斯统治时期才被召回。[109]

---

[105] *Ep.* 73, 1.
[106] 参见 Synesius, *Dio*, Patrol. Gr. LXVI (1864), p. 1116 D f.:我们用酒神般的嘲弄攻击苏格拉底和芝诺,并要求将他们的弟子从每片土地和海洋上驱逐,因为他们都是城邦和政体的瘟疫。对比 H. von Arnim, *Leben und Werke des Dio von Prusa* (1898), pp. 150 ff.。
[107] 对比 v. Arnim, *loc. cit.*。他认为迪奥的《反哲学家》演讲是公元71年在罗马发表的。不管怎么说,西内西乌斯很清楚地表明,这些内容属于迪奥还是诡辩家的时期,也就是在他被流放之前。
[108] Tac. *Ann.* XIV, 57, 5:他接受了斯多葛派的傲慢与哲学,这种哲学使人焦躁不安,渴望忙碌的生活。另见 Quintil. *Inst.* XII, 3, 12,在那里哲学被称为"懒惰的傲慢"。
[109] Dio Cass. LXVI, 13, 2; Musonius, ed. Hense, p. XXXV; M. P. Charlesworth, *Five Men* (1936), p. 36.

不只是哲学家，还有魔法师和占星术师也被驱逐出罗马，所以驱逐哲学家本身并不能证明他们全体或者说大部分在政治上是可疑的。不过，像韦伯芗这样宽容的皇帝，也曾经驱逐了所有哲学家，这似乎表明哲学大体上被视为一种不小的麻烦。毫无疑问，声名狼藉的伪哲学家，特别是伪犬儒派，败坏了哲学的声誉。[110] 但如果据此认为，官方与真诚的斯多葛主义之间的关系一直和睦，那就错了。它们并不和谐。正如我们所看到的，斯多葛主义被指控滋生了叛逆和无序；斯多葛派在反对者眼中很突出，在被镇压的牺牲者中也很突出。说得好听一点就是，在罗马官方眼中，斯多葛主义并不能免于质疑与批评。

斯多葛派的政治理论经常被称为君主制的御用哲学。这在某种程度上是正确的，但同时也是一种过度的简化，掩盖了斯多葛主义的一些本质特征。确实，后期斯多葛主义并不反对君主制本身，而且，它认为君主制明显是最可取的政体形式。[111] 但是，这并不意味着它就毫无保留地接受君主制。贯穿于斯多葛派政治思想的一个主题，是王政与暴政之间的区别：暴君与国王之间的区别是什么呢？[112] 区别并不在于权力的合法性或是它的界限，而是统治者使用权力的方式。[113] 斯多葛主义描绘了君主制的应然状态。[114] 一个名副其实的国王应该实现这

---

[110] D. R. Dudley, *op. cit.* pp. 144 ff.; M. P. Charlesworth, *C.A.H.* XI, pp. 9 ff.
[111] Seneca, *De Benef.* Ⅱ, 20; Dio Chrys. Ⅱ, 50; 64 f.
[112] Seneca, *De Clem.* Ⅰ, 11, 4. 对比 Dio Chrys. Ⅲ, 25. 另见，迪奥·克瑞索托关于王政之峰与暴政之峰的神话，他们从远处看就像是完整的一座山，*Or.* Ⅰ, 66 ff.。
[113] Seneca, *De Clem.* Ⅰ, 11, 4-12, 1; Dio Chrys. *loc. cit.*
[114] Dio Chrys. Ⅲ, 25; 我将谈谈理想的君主应该是什么样子，谈谈理想的君主和那些自称君主却远远算不上君主的人有什么不同。

种理想的君主制，并且人们将根据他遵照还是背离了这种理想而对他做出评判。[115]

只要斯多葛派准备好承认当时的皇帝是他们崇高的王政理想的化身，那么斯多葛主义可能就会受到欢迎，并且成为一种半官方的哲学。[116]斯多葛派对改善感到绝望，[117]勉强同意对自己的理想进行安静的沉思，他们即使不受欢迎，但至少也是无害的。然而，如果斯多葛主义与罗马的政治行动传统相结合，如果他们被热情地鼓吹为可以付诸实践的东西，那么在罗马官方看来，斯多葛派的理想主义可能就是危险的。很少有皇帝能够良心发现，让人们自由地抨击暴政。[118]暴政与王政的并置，提醒国王记住自己的职责，警告他们玩忽职守，谴责他们滥用权力及违背正义，这些对于一个并非无可指责的元首来说，很可能是危险的。只有在一件事上，真诚的斯多葛派不准备妥协——那就是自由。塞涅卡宣扬了一种放弃的学说，认为自杀是通往自由的唯一道路；[119]特拉塞亚从斯多葛主义中获得了不赞成暴政与奴役的勇气，其他人可能获得了抵抗的勇气。

---

[115] 参见 Dio Chrys. I, 15 and 36。还要注意《论王政》中第一篇演讲结束时的双关语：一位不神圣的国王。

[116] 最著名的例子是塞涅卡的《论仁慈》和迪奥·克瑞索托的《论王政》。迪奥流亡异乡时的犬儒式生活，以及他的一些论述中存在的犬儒派要素并没有让他成为始终如一的犬儒派。斯多葛主义，无疑是其王政哲学的主要特征。

[117] Seneca, *Dial.* VIII (*De Otio*), 3, 3：如果国家已经腐败到无法挽回，如果它完全被邪恶占据，智者就不会徒劳无益地奋斗。

[118] 图密善处死了一位诡辩家（？）马特尔努斯，因为他在一次演讲中说了反对暴政的话。参见 Dio Cass. LXVII, 12, 5。对比 D. R. Dudley, *op. cit.* p. 140 n. 1。

[119] *Ep.* 70, 14; *De Ira*, III, 15, 4 ff.

斯多葛主义关注的政治问题，就是从自由角度来看的罗马政治的核心问题——如何在绝对主义统治下确保自由？斯多葛主义给出的解决方案，某些方面接近于元首制在公元 2 世纪所遵循的路线。但是，正如稍后所要看到的那样，与元首制的发展联系在一起的政治思想——最佳元首与收养制——直接来源于罗马的观念以及罗马的政治经验。认为斯多葛主义或者再加上犬儒主义对元首制产生了一种决定性的影响，实在是过于夸大。更接近事实的情况是，斯多葛主义接受了现实中的元首制，并且用王权理论对它进行阐释。就这样，斯多葛主义影响了元首制在理论方面的构造，而不是影响了元首制本身的形成。

不过，虽然斯多葛主义没有重塑元首制，但它还是在自由的观念上留下了印记。如前所述，[120]罗马人认为自由是一种建立在实在法基础上的公民权利。塞涅卡阐述了建立在自然法基础上的人权思想。"不会出于虚荣心而使用恐吓手段"，显示了国王的善行。[121]"尽管法律允许一个人随意处置他的奴隶，但是在对待人的时候，有一个限度：一切生灵所共同拥有的权利不能被损害。"[122]人是神圣的，"人与人之间应该相互尊重"。[123]这些观念最终进入了罗马的法律理论之中，可能也在很大程度上影响了有关奴隶立法的人道化进步。但是它们出现得太晚，或者说太早了，以至于无法影响宪制。人权的宪制含义只有在许多世纪以后才得以实现。

---

〔120〕 对比前文 p. 3。
〔121〕 *De Clem.* Ⅰ, 1, 3.
〔122〕 *Ib.* Ⅰ, 18, 2.
〔123〕 *Ep.* 95, 33.

6. 赫尔维迪乌斯·普里斯库斯

如前所述，坚定的斯多葛主义并不总是对政府持有好感。必须补充的是，根据其内心想法，一个真正的斯多葛派倾向于不妥协的态度。因为后期斯多葛主义不是一种形而上学的思辨体系，而主要是一种实用的生活指引，它教导一些严格的伦理以及对痛苦和死亡的蔑视。在这些观念的影响下，一个彻底的斯多葛派不可能成为一个机会主义者。正是因为这种不妥协的态度以及无畏的理想主义，再加上喜欢向"未皈依的人"展示自己的优越，斯多葛派人士显得傲慢又倔强。

特拉塞亚·帕伊图斯的女婿赫尔维迪乌斯·普里斯库斯，就是这种毫不妥协、桀骜不驯的斯多葛派的一个例子。[124]

塔西佗说，赫尔维迪乌斯奉行斯多葛主义，"不受命运之中各种机缘的摆布"，[125]并且"从岳父的性格之中首先继承了自由的精神"。[126]从上下文来看，塔西佗这里讲的自由主要体现在一个人的行为举止之中，而不是国家的宪制之中。赫尔维迪乌斯勇敢宣扬自己的意见自由，捍卫元老院的权力与尊严。[127]

---

[124] 一种不同的看法，认为赫尔维迪乌斯"走向了犬儒派"，并且是一种彻底无政府主义的犬儒派，参见 J. M. C. Toynbee, *op. cit.* pp. 51 ff.。

[125] Tac. *Hist*, IV, 5. 对比 Dio Cass. LXVI, 12, 1。

[126] *Hist*. II, 91, 3; IV, 7; 9; 43, 2; 普里斯库斯啊，我走了，把元老院留给你吧。

[127] 罗斯托夫采夫推测，赫尔维迪乌斯反对世袭君主制。参见 M. Rostovtzeff, *A Social and Economic History of the Roman Empire*, p. 519 n. 14。这个推测本身虽然基于非常薄弱的间接证据，但并非不能成立。难道，普林尼不也是强烈地反对世袭君主制吗？参见 Pliny, *Paneg.* 7. 不过，即使这个推测可以成立，但也不能解释赫尔维迪乌斯的所有行为。

我们并不清楚他反对韦伯芗的原因是什么。塔西佗认为元老院拥立韦伯芗的那一天就是冲突的开始。最让人遗憾的是，文本里的一处空白掩盖了赫尔维迪乌斯当时的发言。"他的话表现了对一位好皇帝的尊重……他的发言没有任何虚伪的谄媚，因此受到了元老院的热烈欢迎。在他一生的事业中，这一天是最引人注目的，标志着他既开始蒙受巨大的耻辱，又开始获得巨大的荣耀。"〔128〕不久之后，元老院讨论修复卡皮托广场的事情时，"赫尔维迪乌斯提议应该由国家出钱，并且由韦伯芗协助工作。比较谨慎的元老们对这一建议保持沉默，随后就让它被忘掉了。但是也有几个人把这件事记在心上"。〔129〕在塔西佗看来，除了其他原因之外，赫尔维迪乌斯的坦率发言及其对元老院权利的坚持，可能是造成冲突的主要原因。尤维纳利斯《讽刺诗》第五篇第 36 节的注释者说，赫尔维迪乌斯的举止就好像他生活在一个自由的国家。〔130〕苏维托尼乌斯说他拒绝承认韦伯芗是皇帝，并激烈地质问过他。〔131〕拉丁作家笔下浮现出来的赫尔维迪乌斯的样子，很像奥古斯都与提比略统治时期的法学家安第斯第·拉贝奥，〔132〕一位毫不妥协的元老，无视当下的情况，坚持过去时代的理想。

然而，迪奥·卡西乌斯提供了一种截然不同的观点。他说，赫尔维迪乌斯猛烈地抨击君主制，称赞民主制，是一种不

---

〔128〕 *Hist.* IV, 4, 3.
〔129〕 *Ib.* IV, 9, 2. 对比 IV, 9, 1：当选的执政官想把这个（国库）问题留给皇帝解决，因为事关重大，而且也难于想出对策，但是赫尔维迪乌斯却认为这事应该由元老院来决定。
〔130〕 拉丁原文：Non aliter quam libero civitatis statu egit。
〔131〕 Suet. *Div. Vesp.* 15.
〔132〕 对比前文 p. 120 n. 111。

守规矩的做法，并且想要煽动暴民革命。[133]这种描述把赫尔维迪乌斯说得像一个狂热且非常愚蠢的共和派，因为不会有正常人相信罗马暴民会起来推翻元首制。但也许迪奥的描述还有别的意思。如果赫尔维迪乌斯真的发表过关于君主制与民主制的演讲，那么可以合理假设他使用的拉丁文词语是 regnum（王政）与 respublica（共和国）。反对王政、称赞共和国，可能意味着一种旧式的极端共和主义，但是也可能适用于某种奥古斯都元首制的东西。它不是王政，并且在某种程度上算是一个共和国，当时的元老院享有很多权利。二者中的哪一个是赫尔维迪乌斯的选择，我们并不清楚，也可能永远弄不清楚。至于说他的颠覆性演讲，迪奥似乎只是在重复反对哲学的陈词滥调。[134]这些事情也许曾经被用来指控赫尔维迪乌斯，可是有什么能证明它们的真实性呢？

如果我们接受迪奥·卡西乌斯的推测，认为赫尔维迪乌斯是一个不负责任的煽动家，鼓吹叛乱和无政府状态，那么就很难理解，为什么塔西佗在讲到他时充满敬意，还有为什么马库斯·奥勒留认为，"让自己熟知特拉塞亚、赫尔维迪乌斯、迪奥、布鲁图斯，并且构想出一个建立在平等、公正和言论自由基础上的国家，以及一种优先尊重民众自由的君主制"，是一件好事。[135]我们根本无法确定赫尔维迪乌斯是不是一位彻底的共和主义者。就算是的话，他也不可能同时是一个无政府主义者。我们不能脚踩两只船。我们必须在所有拉丁文权威以及马

---

[133] Dio Cass. LXVI, 12, 2.
[134] 对比 Dio Cass. LXVI, 12, 2 与 Seneca, *Ep.* 73, 1; Tac. *Ann.* XIV, 57, 5; XVI, 22, 8; Synesius, 1117c（p. 144 n. 1）。
[135] *Ad Semet Ipsum*, I, 14, 2.

库斯·奥勒留与迪奥·卡西乌斯这两方之间做出选择。选择一定会落向哪方几乎没有疑问。迪奥误解了赫尔维迪乌斯,就像他误解了奥古斯都的元首制一样。对他来说,赫尔维迪乌斯是一个愚蠢的麻烦制造者,而这在官方眼中就意味着无政府主义。

关于赫尔维迪乌斯,唯一可以确定的是,他想要惩罚那些指控自己岳父的人,想要自由地谈论自己的想法,想要提高元老院的声望。除此之外都是推测。

因此,在塔西佗与马库斯·奥勒留的支持下,更接近事实的推测似乎是,赫尔维迪乌斯并没有追随伪犬儒派的时尚,煽动民众的无政府主义,而是以罗马斯多葛派的方式捍卫自由。

赫尔维迪乌斯并不是唯一不妥协的人。对自由的压制似乎驱使很多人走向夸张和挑衅式的不妥协。塔西佗在《阿古利可拉传》中谴责那些不妥协的人,是为了出名而放弃生命。他宣扬体现在阿古利可拉身上的耐心和献身公共服务的理想,不要为了自由的虚名而招致自己的毁灭。

> 有些人专门崇拜蔑视权威的人物,但是他们应该知道,就是在暴君的统治之下,也有伟大的人物;而温顺服从如果能与奋发有为的精神结合在一起的话,也可以获得一种荣誉;但许多人却只会以一种毫不利于国家而徒然招致杀身之祸的匹夫之勇来追求这种荣誉。〔136〕

在《编年史》中,他提到了一个伟大而聪明之人的例子:

---

〔136〕 *Agric.* 42, 4 f. 对比 Seneca, *Ep.* 113, 32: 那些希望自己的德性为人所知的人,不是为了德性而奋斗,而是为了名声。

在挑衅的独立和卑鄙的奴性之间走出一条中间道路。[137]

但是耐心、审慎和顺从无法吸引所有人。关于这个问题，阅读塔西佗总结的特拉塞亚朋友们的观点是很有趣的。他们建议特拉塞亚在审判之中为自己辩护：

> 他讲的话只会增加它的荣誉。只有懦弱和胆怯的人才会带着秘密死去。让全国都看到敢于正视自己死亡的男子汉吧。让整个元老院都能听到可能是出于某位神的启发，并且是超人的言论吧。说不定就连尼禄也会被这一真正的奇迹所感动。但是，如果他依旧坚持他的残暴行为的话，那么至少后世的人一定能分辨出光荣的死亡和沉默而怯懦的死亡之间的区别。[138]

受压迫的意识让许多人变得卑躬屈膝，但它也激发了一些人在引人注目的死亡之中不顾一切地伸张自我。

7. 仁 慈

认识到为了维持国内外的和平，必须让君主掌握一种压倒性的巨大权力，但权力因为其本质也可能被肆意妄为地滥用，这就让元首行使权力的方式变得越来越重要。行使权力的方式经常与行使权力之人的性格有关系，却也不一定完全一致。在

---

[137] *Ann.* IV, 20, 4 f.
[138] *Ann.* XVI, 25. 塔西佗提醒读者，他并不厌恶那些死得没有骨气的人。*Ann.* XVI, 16, 2：我希望读者们允许我不要憎恨这些死得渺小的人。另见 Furneaux, *ad loc.*。

帝国时期，当自由的保障因素大大削弱，当滥用权力的可能性大大增加时，皇帝实际行使权力的方式就会对世界产生重大影响："暴君与国王之间的区别在于行为，而不是名称。"[139]这就是为什么像仁慈或者宽和这些个人德性，变成了对自由具有重要意义的政治口号。

仁慈，首次出现在罗马的词汇表中是在内战结束以后。恺撒对失利者的宽大处理让罗马人印象深刻，并且修建了一座神庙来纪念他的仁慈。[140]有趣的是，虽然仁慈经常被刻在帝国的硬币上面，而已知的帝国之前的硬币则只有一例。这是公元前44年铸造的一枚硬币，正面刻着仁慈神庙，以及"恺撒的仁慈"字样。[141]西塞罗在公元前46年发表的两篇演讲，《为玛尔刻珥路斯辩护》与《为利伽瑞乌斯辩护》，很好地阐释了恺撒的仁慈在政治上的意义。西塞罗称赞恺撒的仁慈，清楚地意识到所有人的生命都依赖于它，[142]并且在它上面寄托了更美好未来的期望。[143]与此同时，他将自己和利伽瑞乌斯称为"匍匐的祈求者"，[144]并不只是一种比喻说法。事实上，《为利伽瑞乌斯辩护》就是在谦卑地祈求原谅，而不是一篇辩护词。之所以如此是因为西塞罗清楚意识到，事实上没有法律可以依靠，一切都取决于恺撒的意志。

西塞罗的《为玛尔刻珥路斯辩护》与《为利伽瑞乌斯辩

---

[139] Seneca, *De Clem.* Ⅰ, 12, 1.
[140] Dio Cass. ⅩLⅥ, 6, 4; Appian, *Bell. Civ.* Ⅱ, 106, 443. 对比 H. Dahlmann, Clementia Caesaris, *N. J. f. Wiss.* Ⅹ（1934）, pp. 17 ff。
[141] *BMC Rep.* Ⅰ, p. 549, no. 4176.
[142] 尤其参见 *Pro Marc.* 22; *Pro Lig.* 15。
[143] *Pro Marc.* 2. 对比 *ib.* 18。
[144] *Pro Lig.* 13.

护》标志着自由历史上的一个转折点，也就是——公民的权利只有法律这一种保障——这一观念的衰落。作为自由守护者的法律，失去了其至高无上的地位。失败一方公民的生命，完全取决于胜利者的仁慈。一百年后，塞涅卡给尼禄写下了《论仁慈》。如果说西塞罗的《为玛尔刻珥路斯辩护》与《为利伽瑞乌斯辩护》代表了"自由因法律而存在"这种理念开始衰落，塞涅卡的《论仁慈》则代表了它的最终崩塌。

塞涅卡将仁慈定义为"在有能力伤害别人的时候，抑制自己的想法，或者是地位高的人在惩罚地位低的人时，所表现出的宽大"。[145] 我们马上就会看到，仁慈的应用范围要比这个定义所暗示的广泛许多，但这个定义本身还是很重要的。当法律统治着罗马的时候，地位低的人向地位高的人要求正义，这对于罗马人来说是合法的。除了父亲对待家族成员或是指挥官在战场上对待部队之外，任何权威都不能向人们施加一种法律规定之外的惩罚（法律规定了各种惩罚办法）[146]。罗马人对法治的期望不是仁慈，而是正义。然而，随着元首制的到来，这种情况发生了改变。当奥古斯都对密谋刺杀他的秦纳说，"秦纳，这是我第二次给予你生命。第一次你还是一个公开的敌人，而这次你是一个妄图弑君的密谋者"；[147] 严格来说，他的行为超越了权限，因为他既无权在未经审判的情况下处死一位公民，也无权对他进行赦免。然而，无论他在形式上的权利是什么样的，他拥有这样做的实际权力，而这就是仁慈变得如此重要的原因。

---

[145] *De Clem.* II, 3, 1.
[146] Tac. *Ann.* XIV, 48, 6.
[147] 参见 Seneca, *De Clem.* I, 9, 1-12。

塞涅卡《论仁慈》第一卷的论证基础是，暴君与国王拥有相同程度的绝对权力，区别只在于他们行使权力的方式。[148] 仁慈缓和了权力的运用，它是一种自我施加的制衡。[149] 毫无疑问，一个重要的事实是虽然塞涅卡主张就连一个在其他方面毫无权利的奴隶，也享有某种人的自然权利，[150] 但是他很少提到罗马人的公民权利。塞涅卡的论文给人的印象是，当公民与皇帝发生冲突时，前者完全依赖于后者的仁慈。的确，政治理论不是塞涅卡的强项，而且他也不是以法学家的身份在写作。但尽管如此，鉴于他在某种程度上提到了皇帝的责任与皇帝权力的本质，那么他完全没有提到公民权利与实在法的这个事实，似乎就表明他意识到没有强制力支撑的权利与法律是不可靠的。查尔斯沃斯说，"事实上，仁慈已经变成了专制者的一种品质；征服者对那些生命被握在他手中的人表示怜悯，绝对君主对他的臣民做出和蔼的姿态"。[151] 西塞罗在他的《国家篇》中根据正义来区分好的国王与坏的暴君，塞涅卡则根据仁慈。正义，预设了 ius 的双重存在：权利与法律；相比之下，仁慈只是预设了一副好心肠。处理方式的区别，不仅来源于西塞罗首先是一位政治家与法律人，而塞涅卡是一位斯多葛派哲学家这个事实；而且还来源于塞涅卡认识到，当权利与法律的基础被打破之后，仅靠正义已经不够了。这也是为什么不同于仁慈，正义很少被刻在帝国的硬币上面。[152]

---

[148] Ib. I, 11, 4-12, 1.
[149] Ib. I, 5, 4 and I, 11, 2（手握帝国权力却能自我约束）。
[150] Ib. I, 18, 2.
[151] M. P. Charlesworth, The Virtues of a Roman Emperor, *Proc. Brit. Acad.* XXIII（1937）, p. 113.
[152] M. P. Charlesworth, *loc. cit.*：正义很少出现在硬币上，原因我不清楚。

8. 最佳元首

同样的动机解释了一种德性或者说一组德性的脱颖而出，[153] 还促使人们用最高级的词语"最佳"来修饰元首。这里有两种不同的用法："Optimus Princeps"，此处的"optimus"是一个形容词，这个短语的意思是"最佳元首"；[154] 以及"Optimus"，后面不接"princeps"，作为一种绰号，大多用在皇帝的名字后面，意思是"最佳的"。[155]

后者对"最佳"的用法与柏拉图－斯多葛式的理想君主制有某些类似之处。但这种类似只是表面的，并不能证明最佳元首的理念来源于古希腊哲学。这里需要注意几点：首先，哲学－王从根本上来讲是最聪明的人，[156] 而不是最好的人。其次，希腊人认为哲学－王的智慧是他与生俱来的权力，而罗马人认为元首的"善行"缓和了元老院与罗马人民授予他的权力。[157] 最后，"最佳"作为一种恭维的说法，只不过是"vir bonus"（好人）的强化版。"Vir bonus"意思是这个人拥有那些被罗马人尊敬的德性。"最佳"在皇帝看来实际上没有多

---

[153] 例如，恺撒与尼禄统治下的仁慈；提比略统治下的宽和，参见 Mattingly and Sydenham, *op. cit.* I, p. 108; Tac. *Ann.* II, 36, 2; III, 56, 1; Suet. *Tib.* 32, 2。奥古斯都的献身于德性、仁慈、正义、虔诚等，参见 *Res Gestae*, 34; M. P. Charlesworth, Pietas and Victoria: the Emperor and the Citizen, *J.R.S.* XXXIII (1943), 尤其见 p. 3。

[154] 最佳元首的说法早在提比略统治时期就出现了，参见 *C.I.L.* VI, 902, 904; 最佳的、最正义的元首, VI, 93。以及 *C.I.L.* X, 444 (=Dessau, *I.L.S.* 3546)：最佳的元首与主人（即图密善）。

[155] Pliny, *Paneg.* 2, 7. 一些例子参见 Mattingly and Sydenham, *op. cit.* II, pp. 534ff.。

[156] 参见 Tac. *Dial.* 41。

[157] 驯服和制约握有无限权力之人，Pliny, *Paneg.* 55, 9。

大意思，只是礼貌性地要求皇帝做到最好。[158]

从自由的角度来看，皇帝的完美程度就是唯一可以确保他的无限权力不会成为压迫性力量的东西。考虑到只有高尚的道德标准才能抵制权力的诱惑，这种道德保障就显得尤为重要。在帝国初期，罗马人看够了，也受够了，用阿克顿勋爵的话说，他们明白"权力总是导致腐败"。亲身经历让他们深刻认识到这个真理——"拥有无限权力将腐蚀君主的良知，坚硬他的心肠，混淆他的判断"。[159]正如权力对统治者产生败坏的影响一样，被统治者也无法幸免，因为一个邪恶的统治者会败坏整个社会。[160]消灭绝对权力是不可能的，唯一的希望就是元首的德性可以缓和这种权力。这种希望就表现在对最佳元首的恭维之中。

9. 收养制

如果说元首的德性是防止其滥用权力的唯一有效保障，也是平衡其权力的败坏影响的唯一力量，那么选择一个好人，而非正确界定其行动范围，就变成了一件极其重要的事情。此

---

[158] 作为一种恭维，Optimus（最佳的）含义并不比 bonus（好）更多。这一点可以从短语 optimus quisque（每个人都是最好的）意思是 quivis bonus（每个人都是好的）看出来。参见 Cic. *De Leg.* Ⅲ, 39, 在那里, optimus quisque 与 boni 指同样的东西，还可对比 *Pro Sest.* 96 with 137。另见, *Ad Fam.* Ⅹ, 31, 3; *De Senect.* 43; *De Off.* 1, 154. "比奥古斯都还成功, 比图拉真还优秀"（Eutrop. Ⅷ, 5）这种赞扬的话也可以表明，被恭维为"Optimus"让人感觉就是"bonus"的意思。塔西佗很好地解释了 Optimus 的用法，参见 Tac. *Dial.* 30, 10：是的, 他是最好的。

[159] Lord Acton, *Freedom in Antiquity*, p. 11. 参见 Tac. *Ann.* Ⅵ, 48, 4; ⅩⅣ, 1, 1; *Hist.* Ⅰ, 50, 3 f.; Ⅳ, 42, 5; Seneca, *Ep.* 14, 13; Suet. *Domit.* 10, 1. 另见 G. Boissier, *Tacitus*（English trans.）, p. 154。

[160] 参见 Tac. *Hist.* Ⅰ, 2, 3。

外，如果罗马想要在每一次发生掌权者的死亡时避免出现严重的危机，那么元首的继承方式就应该被确定下来，从而消除任何的不确定性，并防止出现过长的空位期。因为它们只会给那些野心勃勃的竞争者发出诱惑。

世袭制的继承有稳定性，但也有明显的弊端。这意味着元首的继承人应该被培养成皇太子，但很难让罗马贵族接受。[161]即便可以接受，继承人的素质也仍然是一个麻烦问题。[162]世袭制的继承带来了卡里古拉与尼禄这样的元首，他们在掌权之前都是毫无经验的年轻人，在掌权之后又变得堕落、残暴。在卡里古拉被刺杀之后的动荡局面下，禁卫军做出自己的选择，向元老院提交了一种既成事实。尼禄倒台后，意大利又爆发了内战。不用一个特别有想法的大脑就能看出，罗马需要的是一种制度，既要确保不受争议的继承，又要摆脱严格的世袭君主制的弊端。罗马人认为自己找到的解决元首继承问题的方式是收养制，它区别于根据出身权的继承。

罗斯托夫采夫认为，收养制学说来源于斯多葛-犬儒学派的哲学。这种哲学反对世袭君主制，主张由最智慧的人来进行统治。他还认为，通过接受这种学说，元首制与当时流行的哲学实现了和解。[163]然而，这种理论没有充分考虑到两个事实：

第一，斯多葛-犬儒学派的哲学-王，是根据他自己的权利而成为统治者。他的头衔就是他的智慧，凭借这种智慧他成为神在地上的代理人。这种王权理论可能会与世袭君主制发生

---

[161] 对提比略的批评参见 Tac. *Ann.* Ⅰ, 4, 4。
[162] Seneca, *De Clem.* Ⅰ, 1, 7：只要你的那些高贵的天赋尚未确定方向，那么罗马人就会面临极大的危险。
[163] 参见 M. Rostovtzeff, *op. cit.* pp. 110-16。

冲突，因为后者只想通过皇家血统来进行继承。[164]但是，这种理论本身并不会走向收养制的原则。[165]而且，斯多葛主义构想的王权，是基于一种将法律视为正确理性[166]的表达的理论，从而将行为与方向都只看作知识的结果，它根本不关心作为一种历史性制度的王权，也不关心它的合法性。[167]因此，这里无须详细说明如何任命国王。可以看到，斯多葛派的王权理论与罗马的收养制实践，是不同层面的问题。

第二，元首制与哲学之间实现和解的真正基础，不是元首接受了收养制学说，而是哲学家愿意将当时的元首视为他们理想中的哲学－王。

收养制学说也没有暗指选举君主制。[168]塔西佗确实曾经通过加尔巴之口，发表了一段关于收养制的讲话，"我们可以进行自由的选择"，[169]但是很明显这里的"eligere"指的是挑选，而不是一种宪制意义上的选举。在另一处，他笔下的加尔巴宣称，"他遵循神圣的奥古斯都的先例和士兵们选择战友的军事习惯，收养了皮索"。[170]此外，普林尼明确说过，"他应该是从全体臣民中选择出来的"，[171]而不是"由全体臣民"来进行选择。从宪制角度来看，区别于社会生活中的收养，收养

---

[164] 例如参见 Dio Chrys. IV, 62; Cic. *De Rep.* II, 24。
[165] 值得注意，迪奥·克瑞索托的《论王政》从未提到过收养制。
[166] 参见前文 pp. 133 f.。
[167] 对比 J. Kaerst, *Studien zur Entwickelung und theoretischen Begründung der Monarchie im Altertum* (1898), pp. 24 ff.。
[168] 赖岑施泰因就是这样认为的，参见 *Gött. Nachr.* (1914), p. 238，以及 Tacitus und sein Werk, *Neue Wege zur Antike*, IV, p. 9。
[169] *Hist.* I , 16, 1.
[170] *Ib.* I , 18, 2.
[171] *Paneg.* 7, 6.

制学说意味着由一个指定的继承人取代了血缘上的继承人，但是遗传原则并未由此而被废除，因为在罗马法上，养子与合法孩子拥有同样的家庭地位。

塔西佗与小普林尼清晰阐明了促成收养制学说的那些考虑因素。人们只需要注意在阅读相关的段落时不要参照迪奥·克瑞索托的《论王政》，而是参照朱里奥－克劳迪时期皇帝们的世袭制政策就能明白。

作为一种指定元首继承人方式的收养制，与元首制本身一样古老：第一个引入收养制的就是奥古斯都。[172]并且，就连他实际上也没有做出任何创新，他的世袭政策来自罗马人，尤其是贵族头头们在没有男丁时实行了很久的做法。就元首同时终生掌握着保民官权力这一点而言，收养制确保了继承权的不受干扰、不受质疑。[173]这无疑是一件值得坚持的好事，但奥古斯都将继承权建立在一种世袭制原则之上，[174]一些问题就从这里产生了。如果只凭借亲属关系决定谁来继承，那么就可能会由一个不相称的人来掌权，"因为生在帝王之家只是一种运气"，而尼禄就是一个让人引以为戒的例子。[175]此外，如果一个王朝持续地统治，国家就会变成像是一个家族的遗产。[176]然而，罗马人认为自己是共和国的自由公民，而不是主人的家

157

---

[172] Tac. Hist. Ⅰ, 15, 1; 18, 2; Ann. Ⅲ, 56; Vell. Pat. Ⅱ, 103. "这确实是一条通往元首的新道路，以前闻所未闻"(Paneg. 7, 1)，普林尼的这种感叹显然是错误的，而且很可能是出于一种致颂词者的过度热情。

[173] Ann. Ⅰ, 3, 3; Ⅲ, 56; Hist. Ⅰ, 29, 2.

[174] 奥古斯都从自己的家族之中挑选了一位继承人，Hist. Ⅰ, 15, 2。

[175] Ib. Ⅰ, 16, 2.

[176] 在提比略和盖乌斯统治时期，罗马可以说是一个家族的私产，Ib. Ⅰ, 16, 1. 对比 Pliny, Paneg. 7, 5 f.。

第五章　元首制与自由：两个长期不能并存之物　　185

奴。[177]最后，世袭君主制剥夺了贵族家庭的很多东西：不仅剥夺了他们的显赫地位以及获取权力的现有方式，甚至还剥夺了获得地位与权力的机会。在一个认为机会平等与自由差不多同样重要的国家里，这种情况很难让人接受："他应该是从全体臣民中选择出来的。"[178]

加尔巴预言并被涅尔瓦所接受的收养制学说，似乎是对奥古斯都范例的一种改进，因为它不是在一个家族内部，[179]而是在国家也就是说在元老阶层中寻找继承人。这种改进版的收养继承制，满足了罗马国家所要求的帝国权力不受干扰的连续性。它也标志着一种胜利，并非斯多葛派哲学的胜利，而是新的帝国贵族的胜利。他们主张自己有权提出元首候选人，就像为管理部门提出候选人一样。但这还不是全部。塔西佗通过加尔巴之口说，区别于世袭制血统继承，当收养原则对君主制来说必不可少之时，它就构成了自由的一种替代物。[180]这里的上下文清楚表明，自由指的就是共和国。他似乎认为，在君主统治之下，收养制尽可能多地保留了一些共和国的因素。因为它强调了这样一个事实：国家不是一个家族的财产，而是全体人的共同财产。如果"人民的"指的是共同体的，那么共和国就还是"人民的事务"。

作为一种宪制原则的收养制，不是在希腊理论的影响之下，而是在一些罗马事件的影响下建立的。它由一些政治家逐

---

[177] 因为你不是在为卑微的奴隶们制定一个主人，而是为罗马公民指定一个元首，*Paneg.* 7, 6。
[178] 对比 H. Last, *C.A.H.* XI, p. 413。
[179] 参见 *Hist.* I, 15, 2。
[180] *Hist.* I, 16, 1. 对比 Pliny, *Paneg.* 8, 1。

步建立起来，他们所关注的是严肃的事实，而非理论。不过，一旦被建立并被接受之后，对于那些想要使自己的理想适应于现实的哲学家们来说，它就被证明具有很大价值。人们所要做的就是假设这个养父是在众神的指引之下做出了自己的选择。（谁又胆敢或者想要否认呢？）[181]根据这种假设，很有可能毫不丢脸地将被收养的皇帝等同于理想的君主，确切地说是符合一切理想的君主。哲学家们可能很高兴地接受了收养制学说，但是没有什么可以证明或者暗示说是他们发明出来的。需要记住，正是那个独一无二的斯多葛派哲学家皇帝，为了传位于自己的儿子，而打破了收养制原则。

10. 公共的自由与安全

生命与财产的安全，住所与家庭的神圣性，公民权利的不可侵犯性，这些是罗马自由的主要因素。但是对于帝国早期的上层阶级来说，这些东西有时只是一种理想而非现实。他们常常生活在不安与恐惧之中。塞涅卡说，"我们害怕匮乏，我们害怕疾病，我们害怕强者的暴力所带来的麻烦。在所有这些之中，最具冲击性的，是从邻居的统治地位之中产生的一种笼罩着我们的恐怖感；因为它常常伴随着巨大的哭喊与喧嚣"。[182]叛国罪就像一把达摩克利斯之剑悬挂在每个人的头顶。[183]任何事情都可能带来灾难："高贵的出身、财富、拒绝或是接受官职。"[184]甚至哀悼

---

[181] 参见 Paneg. 8, 2。
[182] Seneca, Ep. 14, 3-4.
[183] Ann. I , 72 f.；II , 50；III, 38, 1 f.; Suet. Domit. 12, 1.
[184] Tac. Hist. I , 2, 3.

被判死刑的儿子,也可能是灾难性的。[185]告密者无处不在,暧昧的笑话甚至醉酒之后的不慎之言都会被记录下来。[186]尼禄经常在夜间袭击路人,那些敢于自卫的人就可能被杀死。[187]财产也不安全:尼禄的格言是,"我们得注意别让任何人拥有属于自己的东西"。[188]出版不讨好皇帝的书籍,或者从事自由的研究,这些都是危险的。[189]

在威胁生命的压迫下生活的人们,逐渐开始将自由主要理解为秩序、安全和信心。对塔西佗来说,在图密善的统治之后,自由的实现主要表现为"公共安全",以及当人们可以随心所欲地思考和说出想法时的一种幸福状态(短暂的幸福)。[190]

有趣的是从加尔巴开始,"公共的自由"变成了帝国硬币上常见的铭文。[191]公共的自由指的是公众享有的自由,也就是说没有压迫和违法。[192]它象征着一种事态,而不是一种政体。在帝国时期,它意味着秩序、安全与信心。这实际上就等同于安全。"无法想象随便什么人能够轻易重复这种情况:没有人用羞耻来换取安全,所有人的生命都是安全的,所有人的生命都是有尊严的,不用处心积虑地避人耳目。"[193]普林尼的这些话表明

---

〔185〕 *Ann.* Ⅵ, 10, 1. 对比 Suet. *Tib.* 61, 2。

〔186〕 Seneca, *De Benef.* Ⅲ, 26, 1; *De Clem.* Ⅰ, 26, 2; Tac. *Ann.* Ⅳ, 69, 6; Ⅵ, 7, 4; 5, 2; ⅩⅣ, 48, I f.

〔187〕 Tac. *Ann.* ⅩⅢ, 25.

〔188〕 Suet. *Nero*, 32, 4. 对比 *Calig.* 38; *Domit.* 12。

〔189〕 Tac. *Ann.* Ⅳ, 34 f.; *Agric.* 2; *Dial.* 2; Pliny, *Ep.* Ⅲ, 5, 5.

〔190〕 Tac. *Agric.* 3, 1 and *Hist.* Ⅰ, 1, 4.

〔191〕 参见 Mattingly and Sydenham, *op. cit.* Ⅱ, pp. 65, 70.

〔192〕 Cic. *De Dom.* 112 and 131, 似乎暗示克劳迪乌斯在西塞罗家中竖立的自由女神像是献给"公共的自由"的。

〔193〕 Pliny, *Paneg.* 44, 5.

了公共的安全与自由意味着什么。

11. 自由对塔西佗意味着什么?

塔西佗如何构想元首统治下的自由,这个问题引起了很多重视。因为他是我们最主要的文献权威之一,所以了解一下什么观点影响了他的叙述是很有趣的事情。此外,对于我目前的研究目的来说,这也许还更重要。它是一种善于接受意见和具有反思精神的同时代人的观点,不是由事后的智慧而是由个人的经验形成的。塔西佗本人生活在绝对主义之下,时而专制,时而开明。他的自由观念,可能一定程度上表明了自由在当时对他那个阶层的人来说意味着什么。

塔西佗对元首制和自由的态度最突出的特征也许是,他对前者的评价以及他对后者的理解都不仅是甚至说主要不是基于宪制上的考虑。的确,他偶尔用"自由"来描述共和政体。[194]但是这种传统用法并不能证明他想要恢复共和国,或者说他对某些皇帝的批评是出自同情共和制。无论他对共和主义有什么看法,他都看到并且毫不犹豫地说明了,共和国末期是一个腐败的、无法无天的时代,"没有习俗也没有法律"。[195]他的态度也许在《演说家对话录》中得到了最好的体现。[196]就算他的《对话录》并不比像是西塞罗的《国家篇》更

---

[194] 例如参见 Ann. Ⅰ, 1, 1; XⅢ, 50, 3; Hist. Ⅲ, 72, 2。
[195] Ann. Ⅲ, 28, 2. 对比 Ⅰ, 2, 2; 9, 4。
[196] 关于《对话录》作者身份的讨论参见 A. Gudeman, *Cornelii Taciti Dialogus de Oratoribus*, 2nd (German) edition, 1914, pp. 1-29; W. Peterson, *Cornelii Taciti Dialogus de Oratoribus*, Oxford, 1893, pp. ii-xxii; Fr. Leo, *G.G.A.* 1898, pp. 167 ff.。

具历史真实性，[197] 但是我们可以注意到的重要事实是，塔西佗毫不留情地批评了共和国，与此同时借马特尔努斯之口，积极地评价了元首制（*Dial.* 40 f.）。他描述的这个人因为在前一天公开背诵了自己的《加图篇》，结果在高层之中引发了不满（*Ib.* 2）。塔西佗与马特尔努斯一样，承认并且欣赏共和国的伟大，但是他们也认为自己这代人，由于无法同时享受共和式的自由与帝国式的和平，所以只能尽力过好自己的日子，"让每个人都充分利用自己时代的福祉，而不要轻视其他任何时代"（*Ib.* 41）。

也不像人们有时推测的那样认为，对作为一种政体形式的元首制的质疑态度构成了塔西佗历史著作的关键。[198] 我们被告知，塔西佗在写作生涯的早期是一个坚定的君主主义者。[199] 他相信元首制是理想的混合政体。[200] 但是随着对帝国历史的了解越来越多，他的理想幻灭了，紧接着放弃了官方的元首制理论。他意识到，"国家的衰败就在于元首制"。[201] 因此，在一种悲痛、愤懑的情绪之中，他决定揭露奥古斯都元首制。于是写就了《编年史》。这种理论旨在描绘并解释塔西佗政治观点的发展，它首先就预设元首制在官方看法中被描述为一种混

---

[197] Gudeman, *op. cit.* pp. 81-5; K. v. Fritz, Aufbau und Absicht des Dialogus de Oratoribus, *Rhein. Mus.* 81（1932）, pp. 275-300; K. Barwick, Zur Erklärung und Komposition des Rednerdialogs des Tacitus, in *Festschrift Walther Judeich*, Weimar, 1929, pp. 90 f.

[198] 参见 R. Reitzenstein, Bemerkungen zu den kleinen Schriften des Tacitus, *Gött. Nach.* 1914, pp. 235-52; Id. Tacitus und sein Werk, *Neue Wege zur Antike*, Ⅳ, pp. 8 f.。

[199] *Gött. Nach.* 1914, pp. 239 ff.; *Neue Wege zur Ant.* Ⅳ, 8.

[200] *Gött. Nach.* 1914, p. 248; *Neue Wege zur Ant.* Ⅳ, 9.

[201] "元首制"必将毁灭国家，*Neue Wege zur Ant.* Ⅳ, 8。

合政体。它还进一步假设,塔西佗对于作为一种政体形式的元首制的态度发生了彻底的转变。整个理论显然是建立在这两个假设之上,然而,它们全都经不起推敲。

除了对元首制哲学基础的猜测之外,并没有重要的证据表明,元首制在官方领域被构想为或者说代表了一种混合政体。的确,奥留斯·阿里斯蒂德斯(Aelius Aristides)在对罗马的颂词(Eις, ʻρώμην)之中,将罗马宪制描述为一种混合了所有政体的政体。但是,相关段落如果不是先入为主地来阅读的话,只能证明阿里斯蒂德斯重复了一种常见的政治理论,以及他很熟悉波里比阿的作品。[202] 如果元首制被官方描述为一种混合政体,那么人们应该期望小普林尼会在自己的《颂词》之中阐释这一理论。然而,他基本没有提到这件事。普林尼的沉默在这个问题上的重要性,远远超过阿里斯蒂德斯的雄辩。最后,塔西佗对混合政体的著名批判(*Ann.* IV, 33)更有可能是在针对西塞罗关于共和宪制的看法,[203] 而不是他自己时代的元首制。因为,他接着将共和国描述为这样一种时期——人民在那时是最有影响力的,而其他时期都是元老院占据优势地位。相比之下,西塞罗将共和宪制描述为,人民的权利、元老院的

---

〔202〕 就像他在《对话录》中批判了西塞罗关于雄辩术的看法,对比 *Dial.* 40, 5 f. with *Cic. Brut.* 45。

〔203〕 阿里斯蒂德斯对他那个时代(公元 2 世纪)罗马宪制的描述,其价值如何可以很容易从他的以下断言中看出:因此,当你看到人民的力量,看到他们多么容易就能得到自己想要的一切,你就会认为这是一个彻底的民主政体,但是却没有民主制的缺点。当你看到元老院作为一个议事机构并且监督着官员时,你会认为这是一种最完美的贵族制。当你看到监察官领导着一切,决定人民得到想要的东西以及少数人得到官职与权力,你会认为这是一个最完美的君主制,既排除了暴君的邪恶,又提高了君主的尊严。对比 Polyb. VI, 11, 12。

权威以及官员的权力三者之间的一种平衡。

至于另一个假设,即随着塔西佗认识到元首实际上是一人之治,所以他的态度发生了变化,需要注意两件事情。第一,塔西佗确实在《阿古利可拉传》与《历史》的开篇部分称赞了涅尔瓦和图拉真。但是,这种对在位皇帝及其养父的赞扬,并不能算是某种热情的信仰宣言。第二,需要记住,早在可能写作于1世纪之交的《演说家对话录》中(*Dial.* 41,7),[204]他就宣称统治罗马的是"一个最聪明的人";后来在《历史》的开篇(I. I. I),他又说阿克提乌姆战役之后,"和平的利益要求把全部权力集中到一人之手"。因此,他在《编年史》里说,"当形势发生变化,罗马世界成了君主制",也就不是什么新鲜事了。他远非认为罗马的衰落根源于元首制,而是一再宣称是元首带来并确保了和平与秩序。[205]因此,从我们能够收集到的塔西佗作品中的观点来看,他对作为一种政体形式的元首制的态度基本保持不变。如果说他确实以自由为名批评了在元首制之下看到的奴役,那么我们必须寻找一下原因。不过不是在他关于宪制的看法之中,而是到其他地方寻找。

就存在政治制度中的自由而言,塔西佗似乎认为元老院的自由是最高级的自由。[206]不过,与西塞罗不同,政治制度在他看来并不是政治生活最充分的表达,而不过是政治生活的背景。宪制框架是很重要,但并非最重要的。最重要的是人们如何运转他们的制度,而不是制度本身的情况。塔西佗知道,共和宪

---

[204] 参见 A. Kappelmacher, Zur Abfassungszeit von Tacitus' Dialogus de oratoribus, *Wiener Studien*, L(1932), pp. 121-9. 另见 Fr. Leo, *G.G.A.* 1898, pp. 174 f.。
[205] *Dial.* 38, 7; *Hist.* I, 1, 1; *Ann.* I, 9, 5; III, 28, 3.
[206] 参见前文 p. 137。

制在其最佳状态下提供了真正的政治自由,[207]但是他也没有忘记,古老的自由在元首制之下的消失,是罗马人为了极度扩张其权力而不得不付出的代价。[208]在他关于元首制的看法之中,似乎确实存在着一种内部冲突:一方面,他承认绝对主义是实现罗马治下的和平必不可少的前提条件;另一方面,他也清楚权力导致腐败,绝对主义也容易走向专制。他越是清楚地看到自由面临的危险,就越不想把希望寄托在宪制公式之上。[209]因为他太清楚,元首的权力事实上高于法律,法律已经无法继续保障公民权利。所以对他而言,自由与奴役的问题首先不是来源于表现在宪法层面的政体形式,而是来源于元首事实上行使权力的方式,尤其是来源于人民在面对元首时的行为方式。虽然专制主义是坏的,但是乐于服从专制者的妄想则更坏。

塔西佗认为,罗马人发现自己在元首统治下的悲惨境地,既是皇帝造成的,也是他们自己导致的。罗马人自己"争先恐后地当奴才"(*Ann.* I, 7, 1),他们放弃了尊严,争相做出卑鄙的谄媚与可怜的奴态。[210]《编年史》中强烈的阴郁气质,除了主题的性质之外,似乎是因为作者认识到罗马人的道德堕落[211]与最恶劣的专制统治一样危险。事实上,专制之所以如

---

[207] 例如参见 *Ann.* III, 60, 6; *Agric.* 2, 3。
[208] 如果帝国的庞大框架在没有一个统治者的情况下仍然能够维持下去的话,那么从我这时起,就可以把共和国重新建立起来了,*Hist.* I, 16, 1 (Galba)。另见 *Hist.* II, 38。
[209] Reitzenstein, *Gött. Nach.* 1914, p. 238 n. 4, 以及 *Neue Wege zur Ant.* IV, 9。这些研究过分强调了——所有人可以自由地选择(*Hist.* I, 16, 1)这句话的重要性。收养制并未让元首变成选举出来的。对比前文 p. 156。
[210] 例如参见 *Ann.* II, 32, 2 f.; III, 57; 65; XIV, 12, 1。
[211] "在这个时代,风气污浊、道德冷漠",*Agric.* I, 4; 这样一个堕落的时代,*Hist.* II, 37, 2; 那是如此污浊的一个时代,谄媚奉承又是如此地(转下页)

此可怕，恰恰因为它能够刺激和释放那些已经没有道德标准的人身上最坏的潜能。[212] 塔西佗意识到，专制统治已经让所有的宪制保障变得无效，同时也腐蚀着统治者与臣民的良知，所以，他更加重视品性而不是宪制。[213] 他的观点中最重要的是，他认为奴役与自由并不仅仅涉及是否有外在约束的问题，更重要的是人内心中的倾向，是选择奴役还是敢于追求自由。由于宪制已经不能继续有效地保护公民，自由与奴役就不再是政治权利或权利缺失的表现，而变成了个人的行为方式。[214]

165　　有几个例子可以说明最后一点。在描绘特拉塞亚勇敢介入元老院的一场叛逆罪审判所产生的效果时，塔西佗说，"特拉塞亚的自由改变了其他人的奴役"（*Ann.* XIV, 49, 1）。显然，这里的自由和奴役与宪制没有什么关系，自由指的是特拉塞亚的无畏精神，奴役指的是其他元老们奴性的服从。[215] 与之类似，据说塞涅卡的"性格是不喜欢谄媚，对于这一点，没有人比尼禄知道得更清楚，尼禄在塞涅卡身上看到的更多是坦率，而不是奴颜婢

（接上页）卑鄙可耻，以至于不仅是那些不得不以奴性来掩饰自己显赫名声的头面人物，就是所有那些曾经担任过执政官的元老、大部分担任过行政长官的元老以及许多普通元老，都争先恐后地提出过谄媚的、令人作呕的建议，*Ann.* III, 65, 2。

[212]　参见 *Ann.* IV, 28, 1 and *Hist.* IV, 42, 2。

[213]　对塔西佗的一种类似解释参见 Ed. Fraenkel, Tacitus, *N. J. f. Wiss.* VIII（1932），p. 225。

[214]　赫尔维迪乌斯从岳父那里继承了自由的精神，*Hist*, IV, 5, 2。另见 *Ann.* XVI, 11, 2-3。

[215]　谈到特拉塞亚走出元老院以示反对时，塔西佗说，"这种做法给他自己造成了危险，却未能刺激到其余元老们去追求自由"，*Ann.* XIV, 12, 2。塔西佗的意思不大可能是说特拉塞亚的举动没有被证明是政治形势的一个转折点。他的意思是，特拉塞亚的榜样并不能激励其他元老们鼓起勇气，像他一样，以某种方式表达自己的真实情感。因此，塔西佗的评论不太可能像菲尔诺（Furneaux *ad loc.*）所说的那样，包括了对特拉塞亚的一种批评。

膝"（*Ib*. XV，61，3）。与之前的例子一样，这里自由指的是直言不讳，奴役指的是阿谀谄媚。[216] 自由的含义还可以从塔西佗用来与之对比的名词那里推测出来，"拉贝奥是一个坚定自由的人，在民众之中收获了很高的声望；但卡皮托的谄媚奉承让他更讨得当权者的欢心"（*Ib*. Ⅲ，75，3）。"甚至这个不喜欢民众的自由的人，也对那些人的低三下四感到厌恶"（*Ib*. Ⅲ，65，4）。"这位皇帝既害怕自由，又讨厌谄媚的话语，人们的言论就很受限制并充满危险"（*Ib*. Ⅱ，87）。[217] 不用说，直言不讳与自尊并不是塔西佗赋予自由的唯一含义。[218] 但是，为了理解他，有必要在其用法之中区分哪些是传统的，哪些是他特有的。毫无疑问，他关于元首统治下的自由的看法中最独特、最重要的地方，就是他认为自由与其说是一种宪制权利，不如说是个人的自由意志与勇气。

然而，从关于自由和奴役的看法之中推断说塔西佗将挑衅的不妥协或者直言不讳的反对视为通向自由的捷径，这是错误的。那些崇拜被禁止的理想并且在殉道中追求荣耀的顽固分子，在他看来是毫无用处的自我宣称癖。他相信，炫耀式地主张自由虽然可能会给个人带来声望，却无益于国家。[219] 因此，虽然赫尔维迪乌斯·普里斯库斯赢得了塔西佗的部分尊重，但他毫不保留的赞美与钦佩留给了一种想法完全不同类型的人：雷必达、皮索，还有最重要的阿古利可拉。对这些人的赞美，使他

---

[216] 关于直言不讳这个层面上的自由，另见 *Dial.* 10 *ad fin.*; 27, 4; *Hist.* Ⅰ, 1, 1; 85, 3; Ⅳ, 44, 1; *Ann.* Ⅰ, 74, 6。

[217] 对比 *Dial.* 13, 6。

[218] 对于不列颠人与日耳曼人来说，自由通常意味着独立，例如参见 *Agric.* 30; *Ann.* Ⅱ, 15, 4; 45, 4; Ⅻ, 34, 2; XIV, 31, 4。对于罗马人来说，它有时意味着共和主义，更多时候则意味着元老院的自由。

[219] 参见 *Agric.* 42, 5。

对自由的理解显得更加清晰。因此，我要在这里大段引用：

> 我很满意这个雷必达，他是那个时代中一个既有原则又有智慧的人物。对于别人由于讨好而提出的许多残酷不仁的建议，他都能做出好的改变。另一方面，他做事又不缺乏策略，所以一直享有很高的声望，也受到了提比略的欣赏与器重。这不禁让我怀疑，国王对一个人的同情和反感，是否和其他偶然事情一样，取决于人们生来的命运与天意，抑或是在一定程度上，取决于我们自己的努力。以至于我们有可能在挑衅的独立和卑鄙的奴性中间，走出一条不受阴谋和危险侵害的道路。（*Ann.* IV, 20, 4-5）

> 大约在同一时间，祭司皮索自然地去世了，对于像他这种地位的人来说，这实在是罕见的事情。他从来没有主动提出任何阿谀奉承的建议，而在不可抗拒的压力方面，他也能做出明智的妥协……但是他最突出的荣耀，是担任市政长官时运用权威的高超技巧。要知道这个职位是刚刚变成常设化的，而人们并不习惯于服从于它。（*Ann.* VI, 10, 3-5）

> 图密善生性暴戾……但他终于被阿古利可拉的谦和与审慎所感化；阿古利可拉从不好勇斗狠，从不炫耀愚蠢的独立，来博取名声和招致毁灭。（*Agric.* 42, 4）

固执与挑衅不是明智之举。当一个人向必然性低头时，真正的罗马人还是会注意到他的尊严。因此，自由的范围就其并非民法意义上的个人自由而言，已经萎缩得快要看不到了。塔西佗理解的自由，看起来不是公民可以自由地决定自己及国家的命运,也不是公民权利的宪制保障,而只是在专制主义面前、在阿谀谄媚之中,敢于保持自尊。尽管有些狭隘,但是这种自由也是靠着这样一种意识在维持:自由不是人们有权获得的东西,而是对自己的尊严应负的责任。不同于首先强调人类尊严的塞涅卡,塔西佗首先关心的是体现在元老院与服务国家方面的尊严。不过对共和派贵族来说,自由是有权主张和提高自己的尊严,而对塔西佗来说,自由只是有勇气保持自己的尊严。

12. 监护之下的自由

据说自由与元首制在公元1世纪末实现了和解。[220] 而关于这场和解,普林尼在公元100年发表的《颂词》无疑是文学上的丰碑。对于本研究的目的而言,"颂词的可疑之处"尤其具有启发性,因为它揭示了致颂词者的思想。普林尼所选择的话题以及叙述方式,可以让人们非常清楚地了解所谓自由与元首制之间的和解究竟是什么。因此,有必要简要回顾一下普林尼认为图拉真的元首统治值得被颂扬的地方。[221]

皇帝不是由军队强加的(9,2),他也不是通过动荡的内战而夺得权力(5,1)。他是前任皇帝的养子(7,1f.),并且得到了元老院与罗马人民的一致同意(10,2)。他是从元老院里面选出来的(2,4;7,6)。元老院恢复了自己的尊严,不再为琐

---

[220] Tac. *Agric.* 3, 1. Dessau, *I.L.S.* 274:罗马建城约848年,涅尔瓦皇帝恢复了自由。这一年对应的是公元96年。
[221] 后文在括号中注明了颂词的章节与段落,参考的版本是 ed. Schuster, Teubner, 1933。

事而争论（54）；元首与元老院之间关系和睦（62，3 f.）；元老们可以畅所欲言（76，2）；叛国罪和告密者带给人们的恐惧消失了（36，2；42，1）。元老们很容易接近元首（48，1 f.）。官员们恢复了自己的声望（58，3 f.；63，1 f.；64，1 f.；93，1）。高贵的出身不再是一种危险（69，5）。通往光荣事业的道路向所有人开放（70，8）。财产是安全的（50，1 f.）。皇帝的释放奴不再专横跋扈（88，1 f.）。元首名副其实的是神在地上的代理人（80，4 f.）。他是一个元首，不是专制者。"你知道，暴君制与合法的君主制在性质上完全不同，所以人们有多么痛恨暴君，就有多么热爱元首。"（45，3）"你现在的雕像，看起来用的是与布鲁图斯和卡米卢斯一样的金属。你们的功绩看起来也差不多。他们赶走了暴君，赶走了我们城墙上的敌人。而你消灭并且永远消灭了暴政本身，消灭了奴役的枷锁造成的一切沉重后果，让元首制稳定了下来，让暴君无处容身。"（55，6 f.）

不妨来思考一下为什么元首不是专制者。答案似乎是，"我们确实服从你，但并不比我们服从法律的更多"（24，4）。与之类似，"我第一次听到并理解了一种新的说法——不是'元首高于法律'，而是'法律高于元首'；皇帝和其他执政官一样，也要受到限制"（65，1）。然而，法律的统治地位真的被重建起来了吗？真相可能大不相同。"在广场上，你自愿地走上讲台，同样一丝不苟地服从法律。"（65，1）也就是说，皇帝服从法律是出于自愿，而不是被强迫的，显然他有权改变自己的想法。元首的权力是无限的，不受法律约束，只有他的性格可以产生一些约束，"让他抵制住无限权力的诱惑"（55，9）。如果情况如此，那么很明显，普林尼所颂扬的一切东西即使属实，也不是出于宪制上的改革，而不过是因为碰巧遇到了一位善良慷慨的皇帝。它就是对最佳元首的冗长颂扬，颂扬他的宽和（54，5）、仁慈（35，1）、善良（50，7）、正义、人道和耐心（59，3）。

普林尼谈到了自由的恢复（58，3；78，3）。可这是一种什么样的自由呢？他在不经意间承认，这是一种非常不稳定的自由。"你要求我们自由，我们就会自由；你告诉我们公开地表达自我，我们就这么做。"（66，4）还有，"你要求我们使用自己的自由，我们就接受了；你命令我们说出自己的想法，我们就照做了"（67，2）。这种自由观念，如果确实是在皇帝的要求下享受到的一种自由，与李维写到自由"端赖自己的力量，而不取决于他人的意志"时所想的，真是有天壤之别啊！李维讲的是自由是与生俱来的权利，而普林尼的自由是得到默许的东西。

普通人民对元首的期望是什么？"许诺给予补偿和津贴将极大地鼓励人们生育孩子，如果有希望获得安全和免于恐惧的自由，那这种鼓励作用就更大了。"（27，1）一个元老可以期盼什么？答案在普林尼的一封信之中（Ⅲ，20，12）："今天的一切都取决于一个人的意志，他把我们关心的公共利益与责任都揽在自己身上；他注意到了我们的需求，慷慨的泉水向我们流淌。"普林尼在《颂词》中说（7，5）："当元老院、罗马人民、军队、外省和盟友都寄托于唯一的继承人时，你会让自己的妻子来当这个继承人？你只会在自己狭隘的家族内部来找一个？"这既不是口误也不是过分夸大。因为，尽管在理论上元首是元老院和罗马人民的代表，但实际上却是他们的主人。

因此，自由与元首制之间并没有在相互让步的基础上实现真实的和解，只不过是自由通过顺从与自弃，单方面地安抚了元首制。元首的权力还是像以前一样绝对。故意滥用权力的现象消失了，但是没有建立客观的保障措施来防止这种滥用的复发。不管怎么说，与之前相比，自由发生了彻底的变化。奥古斯都试图在一定程度上保留的传统看法认为，从根本上来讲，罗马人是他们自己的主人。他们的自由，最终依靠的是他们自己制定的法律或他们形成的习俗。现在他们变成了臣民，他们的福祉取决于一个通过直接命令来统治他们的绝对专制者。他们的自由，最终依靠统治者是否善良、开明。共和国的理想只剩下为了人民而统治这一点了。

发生改变的不仅仅是政治制度。在一种就算是开明的监护制下，自由也失去了最宝贵的内容：个人的独立与自主，或者就像李维说的，"端赖自己的力量，而不取决于他人的意志"。现在，所有的照料、所有的责任都逐渐移交给了元首，不可避免的结果就是，他的监督变得如此密集，他的干涉变得如此频繁，以至于在市政事务中，也没有留下多少空间让公民发挥创造力和承担责任了。皇帝的使节和代理人，根据明确的命令来行事并且持续地与皇帝的统治中心进行协商，在每一件事情上都有最终决定权。[222] 人们可能享有一种可观的自由，但是这种自由与责任和自主无关，充其量就是子女在慈爱父亲的照顾下所享有的自由。皇帝确实变成了父亲，但是帝国的父爱主义与政治自由都走向恶化了。罗马人民的自由变成了奥古斯都的自由、[223] 皇帝赐予人民的自由，或者用马库斯·奥勒留的话说——统治者的自由。[224] 自由现在意味着尊重公民的人身

---

[222] 普林尼与图拉真的通信很好地说明了这种事态。
[223] Mattingly and Sydenham, *op. cit.* I, p. 228 and II, p. 68.
[224] *Ad Semet Ipsum*, I, 14, 2.

与财产,安全还有福祉,但是在监护之下,它不可能意味着独立,在绝对主义统治下,它根本不是一种政治权利。

虽然说了这么多,但是如果要贬低罗马开明专制的成就却是错误的。如果把目光从罗马扩展到整个帝国,那么阿克顿勋爵关于皇帝的说法是有道理的:"他们的权力即使在被最明智地使用时也是独断的,不过,罗马帝国对自由事业的贡献要超过罗马共和国。"[225]在公元2世纪,罗马人自身并没有受到压迫,而且从管理的角度来看,他们得到了很多:他们受到了巧妙和人道的统治。不过,从自由的角度来看,有一些根本的事情需要注意:好的政府并不能替代有限政府。在绝对主义统治下,自由必然是不稳固的,因为一种无限权力既可行善,亦能作恶。法治体系与限制一切权力的伟大之处在于,在这种情况下,一个坏的政府也只会产生最小的伤害:

> 当起初有助于维护自由和促进公共利益的国王权力已经蜕化为暴政和压迫的时候,他们便改变了统治方式,任命了两位权限为期一年的官员;他们认为用这种办法可以防止统治者因为不受控制而变得专横起来。[226]

专制主义统治下的情况就完全不同了:取决于专制者是仁慈的还是邪恶的,同样的权力可以带来最大的好处,也可以制造无

---

[225] Freedom in Antiquity, *The History of Freedom*, p. 15. 另见,奥留斯·阿里斯蒂德斯,《罗马颂》,31 f.; 36:只有你一个统治着自由的人;51:在你之前的时代没有这种统治;59 ff.。除了考虑到致颂词者的表达艺术之外,阿里斯蒂德斯的评论,在某种程度上反映了一个受过教育的希腊人对罗马治下的和平的态度。

[226] Sallust, *Cat.* 6, 7.

限的伤害。

与元首制实现了和解的自由，是一种没有宪制保障的个人自由，或者更准确地说，是有虚幻的宪制保障。需要比普林尼的修辞还要多的粉饰，才能掩盖这样一个事实：他的颂词标志着放弃宪制上的自由。古老自由观念的失败是不可避免的：专制似乎是一种绝对必要的东西，但专制统治与宪制上的自由是无法相容的。

本研究试图探究的是，罗马政治领域中一种观念的本质与效力。由于其内容的多样性与含义的部分模糊性，自由很容易呈现为新的形式。有时，它激发了政治运动；有时，它被用于政治目的；最终，它变成表达政治期望而不是政治主张。共和时期的罗马人认为自由是公民在一个自由国家中的自由，在这个国家里，法律是不可剥夺的个人权利的保障。这些个人权利寻求在政治权利中得到表达，并且在政治制度中得到保障。然而，在这个从未彻底摆脱贵族制的共和国里，平等主义是不存在的：追求尊严的强烈冲动，给罗马那种讲求出身与职位的贵族制注入了力量，它与朝向彻底民主制的进程是不相容的。共和国末期发展出尊严之间的冲突，而不是自由的强化，这种冲突最终导致了元首制的建立。在元首的统治下，作为自由基础的法治实际上被元首的意志取代了。在罗马共同体内部，拥有自由不再是一种权利，而是变成了一种恩赐，自由失去了它的本质属性。

参考文献

I. 文本与评论

以下文本与评论用于引用片段或文件，或用于解释特定观点。

BRUNS, C. G. *Fontes Iuris Romani Antiqui, septimum edidit O. Gradenwitz.* Tübingen, 1909.
DESSAU, H. *Inscriptiones Latinae Selectae.* Berlin, 1892–1916.
FURNEAUX, H. *The Annals of Tacitus.* Oxford, vol. I, 1896; vol. II, 1891; 2nd ed. revised by H. F. Pelham and C. D. Fisher, 1907.
GAGÉ, J. *Res Gestae Divi Augusti, ex monumentis Ancyrano et Antiocheno Latinis et Ancyrano et Apolloniensi Graecis. Texte établi et commenté.* Paris, 1935.
HARDY, E. G. *The Monumentum Ancyranum.* Oxford, 1923.
MOMMSEN, TH. *Res Gestae Divi Augusti ex monumentis Ancyrano et Apolloniensi,* 2nd ed. Berlin, 1883.
GUDEMAN, A. *P. Cornelii Taciti Dialogus de Oratoribus mit Prolegomena ...und kritischem Kommentar,* 2nd ed. Leipzig–Berlin, 1914.
PETERSON, W. *Cornelii Taciti Dialogus de Oratoribus.* Oxford, 1893.
MALCOVATI, H. *Oratorum Romanorum Fragmenta,* vols. I–III. Turin, 1930.
MAURENBRECHER, B. *C. Sallusti Crispi Historiarum Reliquiae.* Leipzig, Fasc. I. Prolegomena, 1891; Fasc. II. Fragmenta, 1893.

TYRRELL, R. Y. & PURSER, L. C. *The Correspondence of M. Tullius Cicero.* Dublin–London, vol. I (3rd ed.), 1904; II (2nd ed.), 1906; III (2nd ed.), 1914; IV (2nd ed.), 1918; V (2nd ed.), 1915; VI, 1899; VII (indices), 1901.

II. 参考书籍和文章

ACTON, J. E. E., 1st Baron. *The History of Freedom and other Essays.* London, 1907.
ADCOCK, F. E. In *C.A.H.* vol. IX, chap. XV–XVII; vol. X, chap. XVIII.
ARNIM, H. von, *Leben und Werke des Dio von Prusa.* Berlin, 1898.
BARWICK, K. "Zur Erklärung und Komposition des Rednerdialogs des Tacitus", in *Festschrift Walther Judeich*, pp. 90 ff. Weimar, 1929.
BÉRANGER, J. "Pour une définition du principat: Auguste dans Aulu-Gelle, XV, 7, 3." *Rev. Ét. Lat.* XXI–XXII (1943–4), pp. 144–54.
BOISSIER, G. *L'Opposition sous les Césars*, 5th ed. Paris, 1905.
BOISSIER, G. *Tacitus and other Roman Studies*, Eng. trans. London, 1906.
BOTSFORD, G. W. *The Roman Assemblies from their Origin to the end of the Republic.* New York, 1909.
BRECHT, C. *s.v.* Occentatio in PW, XVII, 1752 ff.
BUCKLAND, W. W. *The Roman Law of Slavery.* Cambridge, 1908.
—— *A Textbook of Roman Law.* Cambridge, 1921.
Cambridge Ancient History (C.A.H.) vols. VII–XI.
CAUER, F. *Ciceros politisches Denken.* Berlin, 1903.
CHARLESWORTH, M. P. In *C.A.H.* vol. X, chap. XIX–XX; vol. XI, chap. I.
—— *Five Men.* Harvard Univ. Press, 1936.
—— "The Virtues of a Roman Emperor: Propaganda and the Creation of Belief", the British Academy Raleigh lecture. Oxford, 1937.
—— "Pietas and Victoria: the Emperor and the Citizen." *J.R.S.* XXXIII (1943), pp. 1 ff.
DAHLMANN, H. "Clementia Caesaris", *Neue Jahrb. für Wiss. und Jugendbildung*, X (1934), pp. 17–26.
DAUBE, D. "Two Early Patterns of Manumission", *J.R.S.* XXXVI (1946), pp. 57 ff.
DESSAU, H. *Geschichte der römischen Kaiserzeit*, vol. I. Berlin, 1924.
DOMASZEWSKI, A. von, "Die philosophische Grundlage des Augusteischen Principats", in *Bilder und Studien aus drei Jahrtausenden, Gothein-Festgabe*, pp. 63–71. Leipzig, 1923.
DUDLEY, D. R. *A History of Cynicism from Diogenes to the 6th century* A.D. London, 1937.

—— "Blossius of Cumae", *J.R.S.* XXXI (1941), pp. 95 ff.
EHRENBERG, V. "Monumentum Antiochenum", *Klio*, XIX (1925), pp. 189 ff.
ENSSLIN, W. "Die Demokratie und Rom", *Phil.* LXXXII (1927), pp. 313 ff.
FERRERO, G. *The Greatness and Decline of Rome*, trans. by H. J. Chaytor, vol. IV. London, 1908.
FRAENKEL, ED. "Tacitus", *Neue Jahrb. für Wiss. und Jugendbildung*, VIII (1932), pp. 218–33.
—— in *Gnomon*, I (1925), pp. 187 ff.
FRANK, T. In *C.A.H.* vol. VII, chap. XXV; vol. VIII, chap. XII.
—— "Naevius and Free Speech", *Amer. Journ. Phil.* XLVIII (1927), pp. 105 ff.
FRITZ, K. von, "Aufbau und Absicht des Dialogus de oratoribus", *Rhein. Mus.* N.F. 81 (1932), pp. 275–300.
FUCHS, H. Augustin und der antike Friedensgedanke, *Neue Philologische Untersuchungen*, 3. Heft. Berlin, 1926.
GELZER, M. *Die Nobilität der römischen Republik*. Leipzig–Berlin, 1912.
—— "Die römische Gesellschaft zur Zeit Ciceros", *Neue Jahrb. f. klass. Alt.* XLV (1920), pp. 1 ff.
GOODENOUGH, E. R. "The Political Philosophy of Hellenistic Kingship", *Yale Class. Stud.* I (1928), pp. 55 ff.
—— *The Politics of Philo Judaeus, Practice and Theory*. Yale Univ. Press, 1938.
GRANT, M. *From Imperium to Auctoritas, A Historical Study of Aes Coinage in the Roman Empire*, 49 B.C.–A.D. 14. Cambridge, 1946.
GRUEBER, H. A. *Coins of the Roman Republic in the British Museum*, 3 vols. London, 1910.
HAMMOND, M. *The Augustan Principate in Theory and Practice during the Julio–Claudian Period*. Harvard Univ. Press, 1933.
HANELL, K. "Bemerkungen zu der politischen Terminologie des Sallustius", *Eranos*, XLIII (1945), pp. 263–76.
HARDY, E. G. *Some Problems in Roman History*. Oxford, 1924.
HEINZE, R. "Ciceros politische Anfänge", *Abh. Sächs. Gesell. d. Wiss.* XXVII (1909), pp. 947 ff.
—— *Von den Ursachen der Grösse Roms*. Leipzig, 1921.
—— "Auctoritas", *Hermes*, LX (1925), pp. 348–66.
HENDERSON, B. W. *The Life and Principate of the Emperor Nero*. London, 1905.
HIRZEL, R. *Themis, Dike und Verwandtes: ein Beitrag zur Geschichte der Rechtsidee bei den Griechen*. Leipzig, 1907.
HOW, H. W. "Cicero's Ideal in his De Republica", *J.R.S.* XX (1930), pp. 24 ff.

IHERING, R. VON, *Geist des römischen Rechts auf den verschiedenen Stufen seiner Entwicklung*, Teil. II, 1, 3rd ed. Leipzig, 1874.
JONES, A. H. M. "Civitates Liberae et Immunes in the East", *Anatolian Studies presented to W. H. Buckler*, pp. 103 ff. Manchester Univ. Press, 1939.
KAERST, J. *Studien zur Entwickelung und theoretischen Begründung der Monarchie im Altertum*. Munich–Leipzig, 1898.
—— "Scipio Aemilianus, die Stoa und der Prinzipat", *Neue Jahrb. für Wiss. und Jugendbildung*, V (1929), pp. 653–75.
KAPPELMACHER, A. "Zur Abfassungszeit von Tacitus' Dialogus de oratoribus", *Wien. Stud.* L (1932), pp. 121–9.
KEYES, C. W. "Original Elements in Cicero's Ideal Constitution", *Amer. Journ. Phil.* XLII (1921), pp. 309–23.
KLOESEL, H. *Libertas*. Breslau Dissertation, 1935.
KÖSTERMANN, E. "Statio Principis", *Phil.* LXXXVII (1932), pp. 358–68 and 430–44.
KOLBE, W. "Von der Republik zur Monarchie", in Aus Roms Zeitwende, *Das Erbe der Alten*, Heft 20 (1931), pp. 39–65.
KROLL, W. *Die Kultur der ciceronischen Zeit*. Leipzig, 1933.
LAST, H. In *C.A.H.* vol. IX, chap. I–IV, VI, VII; vol. X, chap. XIV; vol. XI, chap. X–XI.
LAST, H. "Imperium Maius: a Note." *J.R.S.* XXXVII (1947), pp. 157 ff.
LEO, FR. *Gött Gel. Anzeigen*, 1898, pp. 167–188.
MCFAYDEN, D. "The Rise of the Princeps' Jurisdiction within the City of Rome", *Washington University Studies, Humanistic Series*, vol. X (1923), no. 2, pp. 181 ff.
MARSH, F. B. *The Founding of the Roman Empire*, 2nd ed. Oxford, 1927.
MATTINGLY, H. *Coins of the Roman Empire in the British Museum*, vol. I. London, 1923.
MATTINGLY, H. and SYDENHAM, E. A. *The Roman Imperial Coinage*. London, vol. I, 1923; vol. II, 1926.
MEYER, ED. *Caesars Monarchie und das Principat des Pompejus*, 3rd ed. Stuttgart–Berlin, 1922.
—— "Der Ursprung des Tribunats und die Gemeinde der vier Tribus", *Hermes*, XXX (1895), pp. 1 ff. = *Kl. Schr.* I^2, pp. 335 ff.
—— "Kaiser Augustus", *Kl. Schr.* I^2, pp. 425 ff.
MOMIGLIANO, A. In *J.R.S.* XXXI (1941), pp. 151 ff., and XXXII (1942), pp. 120 ff.
MOMMSEN, TH. "Bürgerlicher und peregrinischer Freiheitsschutz", *Juristische Abhandlungen, Festgabe fuer Georg Beseler*, pp. 255–72. Berlin, 1885.

—— *De Collegiis et Sodaliciis Romanorum*. Kiel, 1843.
—— *Römisches Staatsrecht*, vol. I (3rd ed.), 1887; vol. II (3rd ed.), 1887; vol. III, 1, 1887; vol. III, 2, 1888. Leipzig.
MÜNZER, F. *Römische Adelsparteien und Adelsfamilien*. Stuttgart, 1920.
PAULY-WISSOWA-KROLL. Real-Encyclopaedie der classischen Altertumswissenschaft (PW.).
PELHAM, H. F. "The Early Roman Emperors (Caesar–Nero)", *Essays*, collected and edited by F. Haverfield, pp. 21 ff. Oxford, 1911.
PLAUMANN, G. "Das sogenannte senatus consultum ultimum, die Quasidiktatur der späteren römischen Republik", *Klio*, XIII (1913), pp. 321–86.
PÖSCHL, V. Römischer Staat und griechisches Staatsdenken bei Cicero, Untersuchungen zu Ciceros Schrift de republica, *Neue Deutsche Forschungen, Band* 5 (104). Berlin, 1934.
POHLENZ, M. "Antikes Führertum, Cicero De Officiis und das Lebensideal des Panaitios", *Neue Wege zur Antike, zweite Reihe, Heft* 3, 1934.
—— "Cicero De Re Publica als Kunstwerk", in *Festschrift Richard Reitzenstein*, pp. 70–105. Leipzig–Berlin, 1931.
PREMERSTEIN, A. von, Vom Werden und Wesen des Prinzipats, *Abh. der bayer. Akad. phil.-hist. Abt. N.F.* 15, 1937.
REITZENSTEIN, R. "Die Idee des Prinzipats bei Cicero und Augustus", *Gött. Nach.* 1917, pp. 399 ff., 436 ff.
REITZENSTEIN, R. "Bemerkungen zu den kleinen Schriften des Tacitus", *Gött. Nach.* 1914, pp. 173–276.
—— "Tacitus und sein Werk", *Neue Wege zur Antike*, IV (1929).
REMY, E. "Dignitas cum otio", *Musée Belge*, XXXII (1928), pp. 113 ff.
RICE HOLMES, T. *The Roman Republic and the Founder of the Empire*. Oxford, 1923.
—— *The Architect of the Roman Empire*. Oxford, vol. I, 1928; vol. II, 1931.
ROBINSON, L. *Freedom of Speech in the Roman Republic*, Johns Hopkins University Dissertation. Baltimore, 1940.
ROSTOVTZEFF, M. *The Social and Economic History of the Roman Empire*. Oxford, 1928.
SCHÖNBAUER, E. "Untersuchungen zum römischen Staats- und Wirtschaftsrecht, Wesen und Ursprung des Prinzipats", *Z. d. Sav.-Stift. Rom. Abt.* XLVII (1927), pp. 264–318.
—— "Studien zum Personalitätsprinzip im antiken Rechte", *Z. d. Sav.-Stift. Rom. Abt.* XLIX (1929), pp. 345–403.
SCHULZ, F. *Prinzipien des römischen Rechts*. Munich, 1924.

—— "Bracton on Kingship", *Eng. Hist. Rev.* LX (1945), pp. 136 ff.
SCHUR, W. "Homo novus", *Bonner Jahrbücher*, CXXXIV (1929), pp. 54–66.
SHERWIN-WHITE, A. N. *The Roman Citizenship.* Oxford, 1939.
SPREY, K. *De M. Tullii Ciceronis Politica Doctrina*, Amsterdam Dissertation. Zutphen, 1928.
STARK, R. *Res Publica.* Göttingen Dissertation, 1937.
STRASBURGER, H. *Concordia Ordinum, eine Untersuchung zur Politik Ciceros.* Frankfurt Dissertation, 1931.
—— *s.v.* Nobiles in PW, XVII, 785 ff.
—— *s.v.* Novus homo in PW, XVII, 1223 ff.
—— *s.v.* Optimates in PW, XVIII, 773 ff.
SYME, R. *The Roman Revolution.* Oxford, 1939.
TAEGER, F. *Untersuchungen zur römischen Geschichte und Quellenkunde: Tiberius Gracchus.* Stuttgart, 1928.
TOYNBEE, J. M. C. "Dictators and Philosophers in the First Century A.D.", *Greece and Rome*, XIII (1944), pp. 43 ff.
VANČURA, J. *s.v.* Leges agrariae in PW, XII, 1150 ff.
VOGT, J. *Homo novus. Ein Typus der römischen Republik.* Stuttgart, 1926.
WARDE FOWLER, W. "On a passage in the Rhetorica ad Herennium" *Journ. Phil.* X (1882), pp. 197 ff.
WEBER, W. *Princeps, Studien zur Geschichte des Prinzipats*, vol. I Stuttgart-Berlin, 1936.
WEGEHAUPT, H. *Die Bedeutung und Anwendung von dignitas in den Schriften der republikanischen Zeit.* Breslau Dissertation, 1932.
WISTRAND, E. "Gratus, grates, gratia, gratiosus." *Eranos*, XXXIX (1941), pp. 17–26.

索 引

（索引标注的数字为原书页码，即本书边码）

涉及罗马人物时，按其名字中最为人熟知的部分进行编列。在需要区别的地方，于括号内注明了他们担任职务的时间。涉及的法律都归入 Lex 及 leges 词条。

Absolutism 绝对主义，theory of its legitimacy 其合法性理论，133；mitigated by the virtues of the Princeps 元首德性对其的缓和，154；incompatible with libertas 与自由的无法相容性，169 f.

Actio laesae maiestatis 叛国罪之诉，159

Actium 阿克提乌姆，battle of 阿克提乌姆之战，97，98，100，105，106

Adoptio 收养制，154-8

Aelius Aristides 奥留斯·阿里斯蒂德斯，161 f.

Aequae leges 平等的法律，notion explained 概念解释，10 f.；with regard to homines novi 涉及新人，55

Aequitas 平等，10；compared with *isotes*，与 isotes（古希腊的相等）的对比，13；in the propaganda of the Gracchi 在格拉古兄弟的宣传中，46

Aequum ius 平等的权利，identified with libertas 等同于自由，11 f.；compared with *isonomia*，与 isonomia（古希腊的平等）的对比，13 f.；and homines novi 与新人，55

Agricola, Cn. Iulius 克奈乌斯·尤里乌斯·阿古利可拉，149，166

Alieni iuris 他权人，1

Allies（socii）同盟者，their aims in the Social War 他们在同盟者战争中的目标，66 f.；enrolment in Roman tribes 被纳入罗马部落，69 f.

Appellatio 申诉，26-7

Appius Claudius 阿庇乌斯·克劳迪乌斯，xvir 十人委员会成员，10

Aristotle 亚里士多德，14，85

Army 军队，influence on politics 对政治的影响，73 f.

Antistius Sosianus 安提斯提乌斯·索西亚努斯，tried for maiestas 因叛逆罪受审，139

Antonius, M. (cos. 44 B.C.) 马克·安东尼（公元前 44 年执政官），104，105，106

Antonius, M. 马克·安东尼，orator 演说家，15；defence of Norbanus 为诺尔巴努斯辩护，49

Antonius, M. Creticus, 马克·克里提库斯·安东尼，63

Assemblies of the People 人民大会，functions and competence 职责与权限，18 f.，20；a subversive factor in the Late Republic 共和国末期的一项颠覆性因素，71 f.；popular elections abolished 人民的选举被废除，119

Auctoritas 权威，nature of 其本质，34 f.，112-3；与自由，35，112；and dignitas 与尊严，36；of Augustus 奥古斯都的权威，112-9；of the Senate 元老院的权威，113，119；of Republican principes 共和制元首的权威，114

Augustus 奥古斯都，Res Gestae《奥古斯都的神圣功业》，100-4，106；liberation of the State 解放了国家，100 ff.；constitutional settlement 宪制交接，107 ff.；potestas 权力，109-12；auctoritas 权威，112-9；the title Augustus 奥古斯都的名号，115；cura legum et morum 法律与道德的监督者，116；character of the Augustan Principate 奥古斯都元首制的特征，129；clementia 奥古斯都的仁慈，152

Axia 应得，13，14

Bibulus, M. Calpurnius 马尔库斯·卡尔普尼乌斯·毕布路斯，76

Blossius of Cumae 库迈的布洛修斯，45 n.

Brutus, M. Iunius 马尔库斯·尤尼乌斯·布鲁图斯，attitude to autocracy 对专制的态度，90 f.；view of auctoritas 关于权威的看法，112-3；memory worshipped 后世的纪念与崇拜，126-9，140

Caesar, C. Iulius 盖乌斯·尤里乌斯·恺撒；37；and the Lex Domitia de Sacerdotiis 与《关于祭司的多米求斯法》，49；attitude to the S.C. Ultimum 对元老院终极决议的态度，56 f.，60；dictatorship 独裁统治，56 n.，87-91；"regnum" "国王"，64；First Triumvirate 前三头同盟，76 f.；struggle for dignitas 为尊严而奋斗，77-8；honoured as liberator 被尊称为解放者，104 n.；clementia

仁慈，151

Caligula 卡里古拉，126，135，138，155

Capitis Deminutio Media 人格中变更，3 n.，4

Capito Cossutianus 卡皮托·科苏提亚努斯，Thrasea's prosecutor 特拉塞亚的指控者，140

Carbo, C. Papirius (cos. 120 B.C.) 盖乌斯·帕皮里乌斯·卡波（公元前120年执政官），defence of Opimius 为欧皮米乌斯辩护，58 f.

Cassius, C., Longinus (cos. 171 B.C.) 盖乌斯·卡西乌斯·隆吉努斯（公元前171年执政官），33 n.

Cassius, C., Longinus 盖乌斯·卡西乌斯·隆吉努斯，Caesar's murderer 刺杀恺撒的人，attitude to Caesar 对恺撒的态度，90；memory worshipped 后世的纪念与崇拜，126-9，140

Cassius, L., Longinus (tr. pl. 137 B.C.) 卢修斯·卡西乌斯·隆吉努斯（公元前137年保民官），40 n.

Cassius, L., Longinus (tr. pl. 104 B.C.) 卢修斯·卡西乌斯·隆吉努斯（公元前104年保民官），49

Cato, C. 监察官加图，76 n.

Cato, M., Porcius, Maior 马尔库斯·波尔求斯·加图，老加图，15，33 n.，38，62

Cato, M., Porcius, Uticensis 马尔库斯·波尔求斯·加图·乌提卡西斯，小加图，opposed extraordinary powers 反对非常规权力，63 f.；and the First Triumvirate 与前三头同盟，76；laudations of 收获赞美，89，161；memory worshipped，后世的纪念与崇拜，126-9，140，142

Catulus, Q. Lutatius 克温图斯·路泰提乌斯·加图路斯，opposed Pompey's commands 反对任命庞培，63

Censors 监察官，censorship 监察制度，27 f.

Cicero 西塞罗，rule of law 法治，7；view of egalitarianism 关于平等主义的看法，12；view of sanctity of the home 关于家宅神圣性的看法，29；considered freedom and citizenship indefeasible rights 认为自由与公民身份是不可被剥夺的权利，30；Pro Sestio《为塞斯提乌辩护》，40 f.，93 f.；De Re Publica《国家篇》，42 f.，79-83，86 f.，152f.；De Legibus《法律篇》，42 f.，79，83 f.；view of secret ballots 关于无记名投票的看法，50；view of tribunate 关于保民官的看法，52；view of homines novi and nobilitas 关于新人与贵族的看法，53-5；defence of Rabirius 为拉比利乌斯辩护 59 f.；banishment of 被流放，60 n.；assailed for having executed Catiline's associates 因为处决了喀

索 引 **211**

提林的同伙而遭到攻击，61 n.；
attitude to extraordinary executive powers 对非常规行政权力的态度，61；view of the Lex Manilla 关于《年龄法》的看法，63；view of Flavius's Land Bill 关于弗拉维乌斯土地法案的看法，73；concordia ordinum 阶级和谐，74；view of Caesar's and Pompey's aims 关于恺撒及庞培的企图的看法，64，78；under the First Triumvirate 在前三头同盟时期，74-7；attitude to Caesar's dictatorship 对恺撒独裁统治的态度，88-9，141；view of Caesar's assassination 关于恺撒遇刺的看法，91；cum dignitate otium 尊严与悠闲，93 f.；praise of Octavian 赞美屋大维，101，102；reputation under the Principate 在元首制时期的名声，128 f.；Pro Ligarioy《为利伽瑞乌斯辩护》151；Pro Marcelloy《为玛尔刻珥路斯辩护》151

Cinna, L. Cornelius (cos. 87 B.C.) 卢修斯·科尼利乌斯·秦纳（公元前87年 执政官），regime of 秦纳的君主制，62

Cinna, Cn., 科尔涅利乌斯·秦纳，pardoned by Augustus 被奥古斯都赦免，152

Citizenship 公民身份，civitas 公民身份，coterminous with libertas 与自由的范围相同，3 f.；embodiment of personal freedom 个人自由的具体表现，5；practically inviolable 几乎不受侵犯，30；meaning in the Social War 在同盟者战争中的意义，66 f.

Claudius 克劳迪乌斯，130，134

Clementia 仁慈，151-3

Cleopatra 克莉奥帕特拉，105，106

Clients 附庸，voting of 他们的投票，20，32

Clodius, P., Pulcher 普布利乌斯·克洛狄乌斯·普尔喀，76，103 n.

Comitia 人民大会，see under Assemblies 参见 Assemblies

Commendatio 推荐，119

Concordia ordinum 阶级和谐，42，74

Constitutio principis 君主谕令，132

Consulship 执政官的权力，powers checked by tribunes 权力受到保民官制衡，23；eligibility of homines novi to 新人担任执政官的资格，53 f.；and praetorship 与裁判官的权力，131

Contiones 国家事务，20

Conubium 通婚权，10 f.

Cornelius, C. (tr. pl. 67 B.C.) 盖乌斯·尼利乌斯（公元前67年 保民官），bill on privilegia 提出特权法案，49 f.

Cura et tutela r.p. universa 全面监督和保护共和国，118 n.

Cura legum et morum 监督法律与道德，116

Cura morum 监督道德，censorial 监察官的职权，27

Curio, C., the elder 老盖尤斯·库利奥，76

Curio, C., the younger 小 盖尤斯·库利奥，76

Cynicism 犬儒主义，144. See also under Kingship 亦可参见 Kingship 词条

Decemvirate 十人委员会，10，11 n.

Decius, Q. 克温图斯·德西乌斯，prosecution of Opimius 指控欧皮米乌斯，59

Demetrius the Cynic 犬儒学派的德米特里厄斯，142

Democracy 民主制，9 f.，13，72，73；criticized by Cicero 西塞罗的批评，81

Despotism 专制主义，143，164

Dictatorship 独裁统治，dictator 独裁官，22；incompatible with senatorial ascendancy 与元老院优势地位的冲突，56；Caesar's position 恺撒的地位，88

Dignitas 尊严，defined 定义，12f.，36 f.；and libertas 与自由，14-16；in respect of eligibility for consulship 涉及担任执政官的资格，53；rivalry for 争夺尊严，77 ff.，86，98 f.，114，115；as a sense of duty 作为一种责任感，86 f.；as a title to honour 作为荣誉的一种头衔，86 n.；cum dignitate otium 尊严与悠闲，93 f.；Tacitus's view of 塔西佗的看法，166 f.

Dio Chrysostom 迪奥·克瑞索托，135，145 n.；attacked philosophy 抨击哲学，143 f.

Distribution of power 权力分配，17 ff.，96，123，132

Dominium 支配，1，2

Dominus 主人，122 n.，130

Domitian 图密善，131，138，146 n.

Drusus, son of Tiberius 德鲁苏斯，提比略之子，125

Duronius, M. (tr. pi. 97 B.C.) 马尔库斯·德洛尼乌斯（公元前 97 年保民官），28

Dyarchy 双头政治，136

Egalitarianism 平等主义，9 f.；Cicero's criticism of 西塞罗的批评，12 f.

Electoral freedom 选举自由，参见 Suffrage 词条

Eleutheria 希腊的自由，10；compared with libertas 与罗马自由的对比，13

Enabling Act《皇权法》，see under Lex de Imperio 参见 Lex de Imperio 词条

Equality 平等，9

Executive power 行政权，17；and the People 与人民，20，48；and the Senate 与元老院，21；prerogatives of 其特权, 21 f.; constitutional checks of 宪法性的制衡, 22; potestates extraordinariae, 非常规权力, 61 ff.

Extraordinary powers 非常规权力, see under Executive power 参见 Executive power, Potestas, Imperium 等词条

Factio 少数人, 104; paucorum 少数派, 39; potentium, 少数派, 40

Fideicommissum 遗产信托, 117

First Triumvirate 前三头同盟, 74 ff.

Flaminius, C.(tr. pi. 232 B.C.) 昆特修斯·弗拉米尼（公元前 232 年 保民官）, 33

Flavius, L.(tr. pi. 60 B.C.) 卢修斯·弗拉维乌斯（公元前 60 年 保民官）, 73

Florus 弗洛鲁斯, historian 历史学家, view of First Triumvirate 关于前三头同盟的看法, 77

Foreigners 外邦人, status of 其地位, 3

Franchise 选举权, see under Suffrage 参见 Suffrage 词条

Freedom 自由, of association 关于结社, 28 f.; of public meetings 关于公共集会, 28; of speech 关于言论, 18 and n., 21, 89; religious 宗教的, 29; See also under Libertas 亦可参见 Libertas 词条

Fregellae 弗雷杰莱, rising of 其抗争, 67

Fulvius, M., Flaccus (cos. 125 B.C.) 马尔库斯·弗拉维乌斯·弗拉库斯（公元前 125 年 执政官）, 68 f.

Gabinius, A.(tr. pi. 67 B.C.) 奥卢斯·加比尼乌斯（公元前 67 年 保民官）, 49, 63

Gaius 盖尤斯, jurist 法学家, 132, 133

Galba 加尔巴, and the doctrine of adoption 与收养制学说, 156, 157, 158

Germanicus 日尔曼尼库斯, 125

Gracchi 格拉古兄弟, regarded as Populares 被视为平民派, 39 n.; social reform of 其社会改革, 44 ff.

Gracchus, C. Sempronius 盖约·塞姆普罗尼乌斯·格拉古, law to debar deposed magistrates from further office 禁止被罢免的官员继续任职的法律, 49; on maltreatment of Italians 关于意大利人受到的虐待, 68

Gracchus, Ti. Sempronius 提比略·塞姆普罗尼乌斯·格拉古, agrarian reform of 土地改革, 45 f.; deposition of tribune by 罢免保民官, 47 f.; said to have wished for a regnum 被指控想要建立王政, 62

Helvidius Priscus, C. 赫尔维迪乌斯·普里斯库斯, 147-9

Homines novi 新人, 52 ff.

Hortensius 荷尔顿西乌斯, orator 演说家, defence of Rabirius 为拉比利乌斯辩护, 59

Hostis rei publicae 共和国的敌人, 57 and n., 58

Imperium 治权, 17; temporary 临时性的, 22; prorogation imperii 治权延长 22; checked by tribunician veto 受到保民官否决权的制衡, 23; extraordinarium 非常规的, 61 ff.; maius 最高的, 109 n.

Independence 独立, interpretation of 相关解释, 67 and n.

Intercessio 干预权, 19, 22 and n., 23

Interrex 摄政王, 22, 53 n.

Isegoria 平等的权利, 13

Isonomia 民主式平等, 9 f.; different from aequum ius 与 aequum ius 的区别, 13

Italians 意大利人, their aims in the Social War 他们在同盟者战争中的目标, 66 f.

Italica libertas 意大利人的自由, 67

Ius 权利, agendi 召集开会的权利, 18; commune 公共性的权利, 12; Gentium 万民法上的权利, 2 n.; naturale 自然的权利, 2 n. See also under Aequum ius 亦可参见 Aequum ius 词条

Iustitia 正义, founded on law 建立在法律基础之上, 152, 153

Juvenal 尤维纳利斯, view of nobilitas 关于贵族的看法, 55

Kings of Rome 罗马诸王, elective 由选举产生, 111

Kingship 君主制, Hellenistic philosophy of 希腊的君主制哲学, 130 n., 133-4; Stoic view of 斯多葛派的看法, 145 f.; Platonic-Stoic ideal of 柏拉图-斯多葛派的理想类型, 153; Stoic-Cynic theory of 斯多葛-犬儒学派的理论, 155 f.

Labeo, M. Antistius 马尔库斯·安第斯第·拉贝奥, jurist 法学家, 120, 127, 148

Laberius, D. 德西默斯·拉贝里乌斯, poet 诗人, 89

Labienus, T. 提图斯·拉比埃努斯, prosecution of Rabirius 指控拉比利乌斯, 59

Latini Iuniani 无参政权的拉丁身份, 3 n.

Law 法律, rule of 法治, 7 ff., 17; failed in the Late Republic 在共和国末期的衰败, 96; its nature discussed by Cicero 西塞罗对其本质的讨论, 83 ff.; paramountcy of 至

索引 | 215

高无上的地位，129，131；princeps supra leges 元首高于法律，130 ff.；as the guardian of civic rights 作为公民权利的保障，151；See also under Ius 亦可参见 Ius 词条

Lepidus，M. Aemilius（cos. 78 B.C.）马尔库斯·埃米利乌斯·雷必达（公元前 78 年 执政官），52，92

Lepidus，M. Aemilius（cos. A.D. 11）马尔库斯·埃米利乌斯·雷必达（公元 11 年 执政官），166

Lex 法律，leges 法律，Aelia Sentia《艾里亚和森迪亚法》，2 n.；Agrariae《土地法》，44 ff.；Annalis《年龄法》，48，61，62；Cassia Tabellaria《卡西亚选举法》，20，33 n.；Coelia《科利亚法》，20；Cornelia de xx quaestoribus《科尼利亚二十人法》，43；de Imperio（Enabling Act）《皇权法》，133，see also under S.C. de Imperio Vespasiani 亦可参见 S.C. de Imperio Vespasiani 词条；Domitia de sacerdotiis《关于祭司的多米求斯法》，49；XII Tabularum《十二铜表法》，18 n.；Frumentariae《粮食法》，44 f.；Gabinia（139 B.C.）《加比尼亚法》（公元前 139 年），20，33 n.；Gabinia（67 B.C.）《加比尼亚法》（公元前 67 年），63；Hortensia《霍尔滕西亚法》，17 n.；imperfectae 不完善法律，17；Iudiciariae《审判法》，44；Iunia《尤尼亚法》，3 n.；Maenia《马艾尼亚法》，19；Manilla de Imperio Cn. Pompei《授权庞培的马尼乌斯法》，63；Oppia（215 B.C.）《欧比乌斯法》（公元前 27 年），27；Papiria（131 B.C.）《帕皮里亚法》（公元前 131 年），20；Porcia《波尔求斯法》，25，59，60；Publilia《普布利亚法》，19；Sempronia de provinciis consularibus《关于行省执政官的森普罗尼亚法》，23；Sempronia（concerning provocatio）《森普罗尼亚法》（关于申诉权），59；Sumptuariae 反奢侈法，27 f.；Tabellariae 投票法，20，33 n.，50；Valeria de provocatione《瓦雷流斯申诉法》，25

Libel law 诽谤法，18 n.

Libertas 自由，contrasted with slavery 与奴隶身份的对比，1-2；definitions of 定义，2，8；civic, not natural, 公民的而非天赋的，2，3 f.，7；independence and autonomy 独立与自由，4 f.；republicanism 共和制的，5，66；distinct from licentia 区别于放纵，7；dependent upon the rule of law 以法治为基础，7，122；consistent with restraint 与节制并存，8；a right and a duty 一种权利与义务，8；self-reliance 独立自主，9，168，169；aequa libertas 平等的自由，9-15；identified with aequum ius 等同于平等的权利，

11；different from eleutheria 区别于希腊的 eleutheria，13；relation to dignitas 与尊严的关系，14 and n.，15 ff.；lower limit of political rights 政治权利的下限，14；safeguards of 其保障，23；protection of the liberties of individual citizens 公民个人受到的保护，24 ff.；practically inviolable 几乎不受侵犯，30；not implying self-government 并不意味着自我统治，34；the freedom to choose an auctor 选择一个受让人的自由，35；in the propaganda of the Gracchi 在格拉古兄弟的宣传中，46 and n.；involved in the struggle for secret ballot 涉及无记名投票的斗争，50；involved in the issue over the S.C. Ultimum 涉及元老院终极决议的事务，58 f.；in the controversy between Optimates and Populares，在贵族派与平民派的争论中，64 f.；as conceived by Latins and Allies in the Social War 同盟者战争中拉丁人与同盟者的构想，66 f.，70；under Caesar's dictatorship 在恺撒的独裁统治下，88 f.；relation to auctoritas 与权威的关系，112 f.；opposition to the Principate 与元首制的冲突，124 ff.，esp. 135；Libertas Restituta "恢复自由"，124；realized in the conduct of a man as the courage to be free 体现在追求自由的勇敢行动之中，140，147，164-5，166；Stoic influence upon 斯多葛派的影响，146 f.；libertas publica 公共的自由，158-9；relation to the doctrine of adoption 与收养制理论的关系，158；reconciliation with the Principate 与元首制的和解，167，169 f.；libertas Augusti 奥古斯都的自由，170

Licentia 放纵，as distinct from libertas 与自由的区别，7 f.

Livia Augusta 莉薇娅·奥古斯塔，134

Livius, M., Drusus, the elder 老马尔库斯·李维·德鲁苏斯，68

Livy 李维，libertas 自由，9；aequa libertas 平等的自由，10；propaganda of homines novi 新人的宣传，54；republican sympathies 对共和制的同情，127

Lucan 卢坎，on conflict between liberty and Caesar 论自由与恺撒的冲突，124

Macer, C. Licinius（tr. pi. 73 B.C.）盖尤斯·李锡尼·马凯（公元前 73 年保民官），51 f.，92

Magistratus 官员，17；and the Senate 与元老院，21；prerogative affected by the deposition of a tribune 其特权受到保民官罢免权的影响，47

Manumission 释放奴，1 n.，2，3

Marius 马略，successive commands of

连续担任指挥官，62

Maternus 马特尔努斯，146 n.

Metellus Celer, Q. Caecilius，克温图斯·凯奇利乌斯·梅特鲁斯·采莱，103 n.

Mixed form of government 混合政体，31, 161 f.; its significance in Cicero's theory 在西塞罗理论中的意义，82

Moderatio 适度，15, 153 n.; inherent in libertas 内含于自由之中，7 f.

Musonius Rufus 穆索尼乌斯·鲁弗斯，144

Natural law 自然法, Cicero's doctrine of 西塞罗的学说，84 f.

Nero 尼禄，134-5, 138-40, 142-3, 155, 159

Nerva 涅尔瓦，157

Nobilitas 贵族, nobles 贵族, ascendancy of 其优势，32 f.; possessed power without privileges 拥有权力而非特权，34; notion defined 概念界定，37; destroyed the harmony between dignitas and libertas 破坏了尊严与自由之间的和谐，37 f.; exclusiveness 排外性，38; and homines novi 与新人，53 f.; and the doctrine of adoption 与收养制学说，158

Nomos empsychos 法律的化身，133 f.

Nursia 努西亚人, punishment of, by Octavian 被屋大维惩罚，101

Occentatio 诽谤，18 n.

Octavian 屋大维, see under Augustus 参见 Augustus 词条

Opimius, L. 卢修斯·欧皮米乌斯, trial of 受到审判，58 f.

Opposition to the Principate 反抗元首制，124; extent and motives 程度与动机，125-6, 129, 136; philosophic 哲学上的，138

Optimates 贵族派, opposed secret ballots 反对无记名投票，20, 50; defined 定义，39 and n.; Cicero's statement of their aims, 西塞罗对贵族派目标的阐释，40 f.; advocated senatus auctoritas 援引元老院的权威，44; opposed Ti. Gracchus 反对提比略·格拉古，46; attitude to the tribunate 对保民官的态度，51; and homines novi 与新人，53 f.; supported the S.C. Ultimum 支持元老院终极决议，58 f.; attitude to extraordinary executive powers 对非常规行政权力的态度，61-5; propaganda of 他们的宣传，92, 93 f.

Optimus Princeps 最佳元首，153-4

Otium 悠闲，92-4; cum dignitate 与尊严，41, 93 f.

Panaetius 巴内修斯，99 n.

Par potestas 同僚权，22-3; affected

by the deposition of Octavius by Gracchus 因为格拉古兄弟罢免奥克塔维厄斯而受到影响，48；and Caesar's dictatorship 与恺撒的独裁统治，88；as regards Augustus 涉及奥古斯都，109 f.

Parrhesia 直言，13

Patria potestas 父家长权，1

Patricians 贵族，10，11

Patrum auctoritas 元老院的批准，19

Pauci 少数派，as political term 作为政治术语，39-40

Pax 和平，93，94，97-8，105

Philosophers 哲学家，alleged hostility to the State 被指控敌视国家，142；persecution of 遭受迫害，144；See also under Stoicism 亦可参见 Stoicism 词条

Piso, L. 卢修斯·皮索，and Tiberius 与提比略，141

Piso, L. 卢修斯·皮索，pontifex 大祭司，166

Pisonian conspiracy 皮索的阴谋，126

Plebiscitum Duillianum 杜伊利安努姆平民会议决议，25

Plebs 平民，plebeians 平民，10，11

Pliny 普林尼，Panegyric《颂词》，167-9，171

Pollio, C. Asinius 盖乌斯·阿西尼乌斯·波里奥，74，90 n.

Pompey 庞培，proposal to make him dictator 提议自己担任独裁官，56；command against Sertorius 指挥镇压塞多留，63；Lex Gabinia and Lex Manilia《加比尼亚法》与《马尼乌斯法》，63；nobility unwilling to grant him extraordinary powers 贵族们不愿授予他非常规权力，64；"Pompey's Principate""庞培元首制"，64；First Triumvirate 前三头同盟，74，76，77；Civil War—a struggle for Dignitas 内战——为了争夺尊严，78

Populares 平民派，defined 定义，39 f.；and Leges Agrariae 与《土地法》，44 ff.；and secret ballots 与无记名投票，50；restoration of tribunician powers 恢复保民官权力，51 f.；and homines novi 与新人，53 f.；and S.C. Ultimum 与元老院终极决议，58-61；and extraordinary executive powers 与非常规的行政权，61-5；and the Assembly 与人民大会，72；propaganda of 他们的宣传，91 f.，94；phraseology of 他们的话语，104

Populus Romanus 罗马人民，18；power diminished 权力的流失，32；See also under Sovereignty 亦可参见 Sovereignty 词条

Positive law 实在法，133-4

Potestas 权力，ad tempus 临时性的，22，23，88，see also under par potestas 亦可参见 par potestas 词

条；extraordinaria 非常规的, defined 定义, 61; dangerous potentialities of 潜在的危险, 62; in the controversy between Optimates and Populares, 在贵族派与平民派的争论之中, 61-5; of the Princeps 元首的权力, 109-12

Power 权力, demoralizing influence of its possession 对掌权者的败坏, 154; See also under Distribution of power, Executive power, Imperium, Separation of Powers, Potestas 亦可参见 Distribution of power, Executive power, Imperium, Separation of Powers, Potestas 等词条

Praefectus urbi 罗马城司法官, 22

Praetorship 裁判官职权, 131

Princeps 元首, in Republican times 在共和制时期, 114 f.; not an official title 不是一个官方头衔, 115

Principate 元首制, not foreshadowed in Cicero's De Re Publica 西塞罗《国家篇》中没有预示, 87; removed rivalry for dignitas 消除了对尊严的争夺, 98 f.; influence of Greek thought upon 受到希腊思想的影响, 99 n.; and Roman republicanism 与罗马共和制, 107-16, 121 f.; ancient views of Augustus's settlement 关于奥古斯都宪制交接的古代看法, 107 f.; potestas 权力, 109-12; auctoritas 权威, 112-19;

S.C. de Imperio Vespasiani《韦伯芗大权法》, 118; cura et tutela r.p. universa 全面监督和保护共和国, 118 n.; character of the Augustan P. 奥古斯都元首制的特征, 129; the Princeps a citizen 元首是一个公民, 130; statio principis 国家元首, 130 n.; princeps supra leges 元首高于法律, 130 ff.; and the Senate 与元老院, 136 ff.; became tyranny under Nero 在尼禄时期变成僭主制, 143; succession by adoption 通过收养制来继承, 155 f.; not a mixed form of government 不是一种混合政体, 161 f.; Tacitus's view of 塔西佗的看法, 161-3; enlightened absolutism 开明的绝对主义, 169 f.

Privilegia 特权, 14 f.; law about 相关法律, 49 f.

Provocatio 申诉权, 24 f., 26, 27; for Italians and Latins 对意大利人和拉丁人来说, 68 f.

Rabirius 拉比利乌斯, trial of 审判, 59 f.

Regnum 王政, absolute monarchy 绝对君主之, 5; as a term of political invective 作为政治谩骂的一个用语, 23, 62 f.; the alleged aim of Ti. Gracchus 据说是提比略·格拉古的目标, 49; and of Caesar 也是恺撒的目标, 7 f.; denoting unconstitutional power 意味着不合

宪制的权力，62-4，110n，121 f.
Republic 共和国，republicanism 共和制，identified with political freedom 等同于政治自由，5，6；supremacy of the law 法律至上，9；constitution 宪制安排，17 ff.，61；Middle R. in fact aristocratic 共和国中期实际上是贵族政体，31 f.；failure of 其失败，95 f.；as a way of life 作为一种生活方式，88，90；competition for power and preeminence 争夺权力与优势，114，115；and the Augustan Principate 与奥古斯都元首制，107-16，121 f.；restoration of 恢复，contemplated after Caligula's death 在卡里古拉死后的一些思考，126
Res publica 人民的事务，meaning of 含义，14，80 f.，82 n.，121 and n.；under the Augustan Principate 在奥古斯都元首制时期，121 f.；embodied in the imperial Senate 体现在帝制时期的元老院，136，138；and the doctrine of adoption 与收养制学说，158
Responsa prudentium 法学家对法律的解释，117
Rights of Man 人权，69，146 f.
Rullus, P. Servilius 普布利乌斯·塞维利乌斯·茹卢斯，agrarian law of 其土地法案，72 f.

Sallust 萨卢斯特，view of homines novi and nobilitas 关于新人与贵族的看法，53，55；view of the contention between Optimates and Populares 关于贵族派与平民派之争的看法，65
Sanctity of the home 家宅的神圣性，29 f.
Saturninus, L. Appuleius 卢修斯·阿普雷乌斯·萨图尔尼努斯，62
Scipio 西庇阿，Africanus Maior 非洲征服者，11
Scipio, Aemilianus 西庇阿·埃米利安努斯，view of libertas 关于自由的看法，38；elected consul contrary to the Lex Annalis 违反《年龄法》被选为执政官，48，62；view of Ti. Gracchus 关于提比略·格拉古的看法，59 n.
Scribonianus, Furius Camillus 弗里乌斯·卡米卢斯·斯克里波尼亚努斯，126
Securitas 安全，and libertas publica 与公共的自由，159
Senate 元老院，procedure 运作程序，20 f.；functions 职能，21；auctoritas senatus 元老院的权威，21，40 ff.，58 f.，113；Senatus Consultum 元老院决议，21，35 n.；S.C. Ultimum 元老院终极决议，55-61；ascendancy of 优势地位，23，32 f.；contemplated restoration of the Republic after Caligula's death

在卡里古拉死后考虑恢复共和国，126；transformation under the Empire 在帝制时期的变革，136；libertas senatus 元老院的自由，137

Senatus consultum de Imperio Vespasiani《韦伯芗大权法》，118，135

Seneca 塞涅卡，the philosopher 哲学家，view of nobilitas 关于贵族的看法，55；attitude to Cato 对加图的态度，127 f.；De Clementia《论仁慈》，134，151 f.；preached resignation 宣扬放弃，146

Separation of Powers 分权，17，131

Servitus 奴役，conceived of by Tacitus as proneness to servility 塔西佗描绘了一种倾向奴役的心态，164-5；See also under Slavery 亦可参见 Slavery 词条

Slander 诽谤，18 n.

Slavery 奴隶制，characteristics of 其特性，1 f.

Social War 同盟者战争，motives of 其动机，67

Socrates 苏格拉底，130 n.，142，143

Sovereignty of the People 人民的统治权，17 f.；incomplete 不完整性，32；advocated by the Populares 被平民派援引，47 ff.

State 国家，and individual 与个人，16 f.，27，122

Stoicism 斯多葛主义，definition of libertas 对自由的定义，8；and Ti. Gracchus 与提比略·格拉古，45 n.；and the Principate 与元首制，99 n.，146；regarded as politically dangerous 被认为在政治上危险，142，143-4，145，147；theory of kingship 君主制理论，145 f.，155 f.，158；contribution to the Rights of Man 对人权的贡献，146 f.

Suae leges 自己的法律，and autonomy 与自治，4

Succession to the Principate 元首制的继承，155 ff.

Suffrage 选举权，20；freedom of 投票自由，54，119 f.

Sui iuris 自权人，concept of 概念，1

Sulla 苏拉，97，98 n.；repealed Lex Domitia de sacerdotiis 废除《关于祭司的多米求斯法》，49；reformed tribunate 改造保民官，51；dictatorship of 独裁统治，56 n.，62；Sullanum regnum 苏拉式王政，56，62，87；and extraordinary powers 与非常规权力，62 f.

Tacitus 塔西佗，view of the Principate 关于元首制的看法，97，161-3；view of Augustus 关于奥古斯都的看法，107；Annals《编年史》，124，150，164；view of the Republic 关于共和国的看法，160f.；Dialogus de Oratoribus《演说家对话录》，

160f.；view of libertas 关于自由的看法，163-7；view of despotism 关于专制主义的看法，164 f.

Thrasea Paetus 特拉塞亚·帕伊图斯，138-43，146，150，165

Tiberius 提比略，view of the Principate 关于元首制的看法，111f.，130；abolished elections by the Assemblies 废除人民大会的选举，119；attitude towards the Senate 对元老院的态度，137

Titinius Capito 提提尼乌斯·卡皮托，127

Titus 提图斯，144

Trajan 图拉真，130，167 f.

Tribunate 保民官，intercessio 干预权，23；ius auxilii ferendi 援助权，25 ff.；protects freedom 保护自由，26；and the Senate 与元老院，32 f.；deposition of Octavius by Gracchus 格拉古兄弟罢免奥克塔维厄斯，47 f.；in the controversy between Optimates and Populares 在贵族派与平民派的争论中，50 ff.

Tribunicia potestas 保民官的权力，109，110，119

Tyranny 僭主制，as opposed to true kingship 作为正宗君主制的反面，145 f.，150

Ulpian 乌尔比安，132 n.，133

Varro, M. Terentius 马尔库斯·特伦提乌斯·瓦罗，76

Vespasian 韦伯芗，147；banished philosophers 驱逐哲学家，144

Vestinus, M. Atticus (cos. A.D. 65) 马尔库斯·阿提库斯·维斯提努斯（公元前 65 年 执政官），126

Vindicare in libertatem 维护自由，103 f.，106

Vindicatio libertatis 恢复自由，52

Virgil 维吉尔，127

Voting 投票，19，20；See also under Suffrage 亦可参见 Suffrage 词条

Zeno 芝诺，143